JN006530

ヒントは条例にあり!?

法律相談を解決に導く

法律・条例の調べ方

By Industry How to research
laws and ordinances

業界別

［編］
第一東京弁護士会
若手会員委員会
条例研究部会

第一法規

は し が き

　第一東京弁護士会「若手会員委員会」は弁護士登録10年以内の委員で構成
されており、本年度は65期から74期までの弁護士が委員として就任していま
す。所属する委員の立場は、勤務弁護士、経営弁護士、企業内弁護士等々、
実に多様です。バックグラウンドについても、年齢、社会人経験の有無等々、
やはり多様です。共通しているのは、事件処理の最前線で日々奮闘する弁護
士であるということです。依頼者もまた多様です。それが個人であっても法
人であっても、様々な「業界」が関わってくるのは必定といえます。様々な
依頼者との交流を続けるにつれて、弁護士は特定の分野・業界に詳しくなっ
ていきます。それは個々の弁護士が事件処理を積み重ねていくことで得るこ
とができた、雨垂れ石を穿つ、誠実な成果といえましょう。

　ある特定の分野・業界に詳しくなったとしても、弁護士は事務所を移籍す
ることがあります。ひとたび事務所を移ると、次の事務所では依頼者層がガ
ラッと変わる。「霊園を拡幅したい。行政から指導が入った。どう対応すれば
よいのか」。それが未知な相談であることもあるでしょう。今まさに直面して
いる、その依頼者に対して「まったく知りません。お手上げです」と回答す
るのか。弁護士としては、どうしてもそうは言いづらく、何らかの有意な回
答をしなければなりません。依頼者からの期待に応えるべく、そこから弁護
士の「にわか勉強」が始まります。事件処理に「条例」が関わってくること
も珍しくありません。弁護士一般が「条例」を体系的に学ぶ機会がほとん
ない一方で、「条例」が事件処理の「肝」となることは案外多いものです。弁
護士一般として、このような経験は決して珍しいものではないでしょう。

　私たち弁護士にとって時間は有限です。仕事もあればプライベートもあり
ます。できることであれば、十分な業務遂行をしたうえで「早く帰りたい」
「別の業務もどんどんこなしたい」と思うのが本音でしょう。そうした若手弁
護士の「お悩み」を少しでも解消する方法がないものか。私たちは真剣に検
討しました。依頼者を取り巻くその業界の法体系につき、短時間にポイント
を抑えて把握する。まさに求められる「初動」で必要となる書籍を世に送り

出したい。本書は、そうした若手弁護士の日々の思いと事件処理の積み重ね
の成果物であり、執筆者29名の集合知そのものです。

　令和5年1月

第一東京弁護士会　若手会員委員会

委員長　弁護士　滝口大志

編集委員・執筆者一覧

滝口　大志　【編集委員】

丸の内仲通り法律事務所　弁護士。千葉大学法経学部法学科卒業、九州大学法科大学院卒業。平成25年1月弁護士登録。主な取扱分野は不動産、建築、一般民事全般。主な著作に『早期解決を実現する　建物明渡請求の事件処理80〔第2版〕—任意交渉から強制執行までの事例集』（税務経理協会、令和3年）、『Q＆A民法と不動産登記—実体法から登記手続への架け橋—』（共著、新日本法規、令和4年）。

澤木　謙太郎　【編集委員、序章、第5章】

浅沼・杉浦法律事務所　弁護士。立命館大学法学部卒業、中央大学法科大学院卒業。平成27年12月弁護士登録。令和4年第一東京弁護士会広報調査室嘱託。主な著作に「コンビニ加盟店の店舗従業員に対する本部（フランチャイジー）の労組法上の使用者性」（季刊労働法258号、2017年）、『Q&A労働時間・休日・休暇・休業トラブル予防・対応の実務と書式』（共著、新日本法規、令和2年）、『最新　労働者派遣法の詳解—法的課題　その理論と実務』（共著、労務行政、平成29年）。

山田　まどか　【編集委員】

みなと青山法律事務所　弁護士。千葉大学法経学部法学科卒業、明治大学法科大学院卒業。平成29年1月弁護士登録。主な取扱分野は企業法務全般、一般民事、家事、刑事など。著作に『実践弁護士業務　実例と経験談から学ぶ資料・証拠の調査と収集—相続編—』（共著、第一法規、令和4年）。

髙見　駿　【編集委員、第5章】

堀総合法律事務所　弁護士。大阪大学法学部卒業、京都大学法科大学院修了。平成28年12月弁護士登録。令和4年4月より株式会社みずほフィナンシャルグループに出向中（株式会社みずほ銀行、みずほ信託銀行株式会社を兼務）。金融、M&A、労働など、企業案件を幅広く取り扱う。著作に「J-Debitの仕組みを活用したキャッシュアウトに関する法的枠組みの概要」（共著、金融法務事情2092号、2018年）、「資金決済法改正による為替取引の規制に関する展望」（REGULATIONS、2019年第6号）など多数。

阿部　造一　【第1章】

小川・大川法律事務所　弁護士、新宿区建築審査会委員。日本大学法学部法律学科卒業、日本大学法科大学院修了。建築審査会では、審査請求に対する裁決、建築基準法に規定する同意やまちづくりへの提言等を行う。著作に『新・行政不服審査法の実務』（共著、三協法規出版、令和元年）、『若手弁護士・パラリーガル必携　委任状書式百選』（共著、新日本法規、令和3年）。

廣野　亮太　【第1章】

山分・島田・西法律事務所　弁護士、中小企業診断士。平成19年早稲田大学法学部卒業、民間企業2社（情報サービス業、国際物流業）勤務を経て、平成27年首都大学東京（現：東京都立大学）法科大学院修了。平成29年12月弁護士登録。主な取扱分野は①不動産取引全般（売買・賃貸トラブル、賃料増減額請求、土地・建物明渡請求、建築トラブル等）、②事業承継・相続、③反社会的勢力及びクレーマーの不当要求対応・関係遮断等。

井口　賢人　【第1章、第2章】

江川西川綜合法律事務所　弁護士。平成23年明治大学法学部法律学科卒業、平成25年早稲田大学法科大学院修了。労働事件を中心に、企業法務、民事事件等を幅広く取り扱う。明治大学法曹会事務局。著作に『若手弁護士・パラリーガル必携　委任状書式百選』（共著、新日本法規、令和3年）、『3訂版　標準実用契約書式全書』（共著、日本法令、令和2年）、『最新　取締役の実務マニュアル』（共著、新日本法規、平成19年～（加除式））、『実務家に必要な刑事訴訟法―入門編』（共著、弘文堂、平成30年）など。

前澤　駿　【第1章】

谷法律事務所　弁護士。早稲田大学法学部卒業、早稲田大学大学院法務研究科卒業。平成29年12月弁護士登録。主な取扱分野は金融関連、不動産関連、一般民事など。

森田　和雅　【第2章】

芝琴平法律事務所　弁護士。平成24年専修大学法学部法律学科卒業、平成28年北海道大学法科大学院修了。令和3年東京三会裁判員制度協議会委員。注力分野は、中小企業のM＆A、不動産取引、倒産事件、医療事件（患者側）、刑事事件、少年事件、家事事件。主要な著作に「脳腫瘍の疑いを見落とした過失と後医での術後に残

存した後遺障害との因果関係が認められた事例－前医と後医との過失の競合が主張される事例における因果関係の判断－」（ドクターズマガジン2020年12月号）、『子どものための法律相談』（共著、青林書院、令和4年）。

坪井　僚哉　【第2章】

法律事務所アルシエン　パートナー弁護士。平成24年後楽園ホールでプロボクシングデビュー戦3ラウンドTKO勝利。平成29年神戸大学法科大学院修了。平成30年世界一周、象使い免許取得、日本一周。注力分野は、中小企業顧問、不動産オーナー・不動産会社等の抱える不動産トラブル解決。主要な著作に『最新　取締役の実務マニュアル』（共著、新日本法規、平成19年～（加除式））、「Connecting The Dotsと弁護士実務」（第一東京弁護士会会報誌、令和2年）。主要なメディア出演として、東洋経済オンライン、不動産投資の楽待、不動産投資DOJO、区民ニュース、川崎FMラジオ「不動産・相続お悩み相談室」。

土淵　和貴　【第3章】

TF法律事務所　弁護士。立命館大学法学部卒業、大阪大学高等司法研究科（法科大学院）修了。主な取扱業務は企業法務、M＆A／企業再編、損害保険会社の相談業務（交通事故等）、企業犯罪を含む刑事事件。著作に『中小企業経営者のための事業の「終活」実践セミナー』（共著、清文社、平成27年）、『中小企業のための民事再生手続活用ハンドブック』（共著、きんざい、令和3年）。

小俣　梓司　【第3章】

浅沼・杉浦法律事務所　弁護士。明治大学法学部法律学科卒業、中央大学法科大学院修了。主な取扱業務は中小企業を対象とした企業法務、一般民事、家事、刑事、犯罪被害者支援など。著作に『最新　取締役の実務マニュアル』（共著、新日本法規、平成19年～（加除式））、『〔改訂版〕証拠・資料収集マニュアル―立証計画と法律事務の手引―』（共著、新日本法規、令和4年）など。

佐々木　将太　【第3章】

法律事務所ASCOPE　弁護士。平成28年明治大学法科大学院修了。平成29年弁護士登録。主な取扱分野は人事労務問題を中心とした企業法務のほか、一般民事、刑事など。主要な著作に『最新　取締役の実務マニュアル』（共著、新日本法規、平成19年～（加除式））、『〔改訂版〕証拠・資料収集マニュアル―立証計画と法律事務の手引―』（共著、新日本法規、令和4年）など。

本多　翔吾 【第3章】

法律事務所ASCOPE　弁護士。駒澤大学法学部法律学科卒業、明治大学法科大学院修了。主な取扱業務は一般企業法務、労働法務（使用者側）、一般民事、家事、破産、刑事など。

加藤　聡一郎 【第4章】

つかさ綜合法律事務所　弁護士。一橋大学法学部法律学科卒業、立教大学法務研究科修了。平成27年12月弁護士登録。主な取扱分野は企業法務（病院法務）、刑事事件、家事事件、一般民事全般。主な著作に『若手弁護士・パラリーガル必携　委任状書式百選』（共著、新日本法規、令和3年）など。

五反田　美彩 【第4章】

弁護士法人GVA法律事務所　弁護士。日本大学法学部法律学科卒業、立教大学法科大学院修了。平成27年12月弁護士登録。主な取扱分野は企業法務、医療機器・医薬品・ヘルスケア、ファイナンス、IPO等。

宮田　智昭 【第4章】

弁護士法人GVA法律事務所　弁護士。京都大学法学部卒業、京都大学法科大学院修了。令和元年12月弁護士登録。主な取扱分野は企業法務、医療機器・美容・ヘルスケア、ファイナンス、ベンチャー法務等。

藤村　亜弥 【第4章】

弁護士法人GVA法律事務所　弁護士。中央大学法学部卒業。令和2年12月弁護士登録。主な取扱分野は医療・美容・ヘルスケア、宇宙、ファイナンス、ベンチャー法務など。

野口　あゆ 【第4章】

弁護士。一橋大学法学部法律学科卒業、通信社報道記者を経て令和2年12月弁護士登録。

前田　俊斉 【第5章】

前田俊房法律事務所　弁護士。早稲田大学法学部卒業、国内製薬企業の営業勤務を経て、平成28年早稲田大学大学院法務研究科修了。平成30年12月弁護士登録。第一東京弁護士会子ども法委員会にて、小中学校でのいじめ防止授業講師などを務め

る。個人事件のほか、大手企業による独占禁止法違反行為再発防止の為の調査委員会にも携わる。

林　誠吾　【第6章】

シグマ麹町法律事務所　弁護士。平成23年中央大学法学部法律学科卒業、平成26年日本大学法科大学院修了。弁護士として不動産関連事件、暗号資産関連事件に注力するほか、日本大学法学部助教として、民事訴訟法の研究及び教育活動を行う。近年の著作に『シェアリングエコノミーの法規制と実務』（共著、青林書院、令和4年）、『事例でわかる不動産の強制執行・強制競売の実務―任意売却・共有・引渡命令・配当手続』（共著、日本加除出版、令和4年）他多数。

谷口　奈津子　【第6章】

虎ノ門第一法律事務所　弁護士。平成25年慶應義塾大学法学部法律学科中退（法科大学院に飛び入学のため）、平成28年慶應義塾大学大学院法務研究科修了。弁護士として企業法務（特に労働事件）に注力するほか、令和3年9月から慶應義塾大学大学院法務研究科助教として刑法の教育活動を行う。令和2年より『こんなときどうする　製造物責任・企業賠償責任Q&A＝その対策のすべて＝』（第一法規、平成12年～（加除式））の執筆に参加。

遠藤　泰裕　【第6章】

永沢総合法律事務所　弁護士。平成19年北海道大学法学部卒業、平成22年早稲田大学大学院法務研究科修了。平成30年第一東京弁護士会広報調査室嘱託。企業法務、倒産・事業再生法務、保険法務を取り扱う。主な著作に『若手弁護士・パラリーガル必携　委任状書式百選』（共著、新日本法規、令和3年）、「『不適切会計』に対する内部統制と監査」（共著、会社法務A2Z 2015年12月号）、『最新　取締役の実務マニュアル』（共著、新日本法規、平成19年～（加除式））。城東地区をはじめとした昭和感のあるレトロサウナを好む。

矢野　篤　【第7章】

インテグラル法律事務所　弁護士。中央大学法学部法律学科卒業、中央大学法科大学院卒業。平成24年12月弁護士登録。主な取扱分野は一般民事事件、家事事件、交通事故、企業法務。著作に『弁護士のための　イチからわかる交通事故対応実務』（共著、日本法令、平成30年）、『外国人の法律相談Q&A　第四次改訂版』（共著、ぎょうせい、令和元年）。

松本　啓　【第7章】

渋谷宮益坂法律事務所　弁護士。中央大学法学部法律学科卒業、中央大学法科大学院卒業。平成26年12月弁護士登録。主な取扱分野は家事事件、一般民事事件。

笠井　菜穂子　【第7章】

TMI総合法律事務所　弁護士。中央大学法学部法律学科卒業、一橋大学法科大学院卒業。令和2年12月弁護士登録。主な取扱分野は個人情報保護法、海外データ保護法、データ利活用、サイバーセキュリティなど。

伊藤　洋実　【第8章】

九帆堂法律事務所　弁護士。同志社大学法学部卒業、中央大学法科大学院卒業。平成28年12月弁護士登録。主な取扱分野は一般企業法務、労働法務、不動産法務、一般民事。主な著作に『職務給の法的論点　人事コンサルタントによる導入実務をふまえた弁護士による法律実務Q&A』（共著、日本法令、令和3年）、「職務給と法的論点」（共著、ビジネスガイド896号、令和3年）、『実践弁護士業務　実例と経験談から学ぶ資料・証拠の調査と収集―相続編―』（共著、第一法規、令和4年）など。

三木　優子　【第8章】

大崎・三木法律事務所　弁護士。東京大学法学部卒業、東京大学大学院法学政治学研究科卒業。平成24年12月弁護士登録。主な取扱分野は一般民事、家事、著作権関係事案など。

上村　遥奈　【第8章】

弁護士法人　瓜生・糸賀法律事務所　弁護士。早稲田大学法学部卒業、東京大学大学院法学政治学研究科卒業。平成26年12月弁護士登録。主な取扱分野は企業法務、労働法務など。

凡　例

1.　裁判例の書誌事項の表示について

　裁判例には、原則として判例情報データベース「D1-Law.com 判例体系」
（https://d1l-dh.d1-law.com）の検索項目となる判例IDを記載した。

　例：最三小判平成11・11・9民集53巻8号1421頁〔28042624〕

2.　判例集及び継続的刊行物の略称について

　本書に引用される判例集及び継続的刊行物については、原則として以下の
略称を用いている。

民集	最高裁判所民事判例集
集民	最高裁判所裁判集民事
下級民集	下級裁判所民事裁判例集
判タ	判例タイムズ
判時	判例時報

3.　チャート図の掲載について

　弁護士が依頼者から持ち込まれうる相談内容に対し、想定される対応例と
その根拠となる法律、条例等をチャート図に整理して各章の冒頭に掲載した。
一部、特定の自治体の条例等を掲げているが、あくまで参照例として示した
ものである。

〈ヒントは条例にあり!?〉
業界別　法律相談を解決に導く法律・条例の調べ方

目　次

1　はじめに

　本書は、条例を鍵として、業界ごとの制度を概観することを目的としている。条例をめぐる規律は多岐にわたるが、以下、条例の定義・位置づけや本書の各章における解説の前提として必要ないくつかの規律について簡単な説明を行う。

2　条例等の定義、位置づけ

1　条例等の定義

　「条例」（狭義の条例）とは、地方公共団体独自の法源として、地方公共団体の議会が制定する法的拘束力を有する規範をいう。

　また、同様に法的拘束力を有する地方公共団体独自の法源であるが、地方公共団体の長および委員会の制定するものを「規則」という（以下、本章において「条例」又は「規則」との用語を用いる場合、特に断りのない限り、かかる意味によるものとする）。

2　経　緯

　旧憲法には、地方自治に関する規定は設けられていなかった。条例・規則も、法律（明治21年に定められた市制31条１号、町村制33条１号、道府県については昭和４年の府県制改正で追加[1]）によって制定が可能とされていたが、憲法上規定されたものではなかった。

　日本国憲法では、第八章（92条から95条）において、地方自治について規定

---

1)　総務省ホームページ「地方自治制度の歴史」
　　https://www.soumu.go.jp/main_sosiki/jichi_gyousei/bunken/history.html

されており、条例についても憲法上の制度として保障されるに至った。[2]

　また、日本国憲法と同時に地方自治法も施行された。地方自治法は、その施行後も地方自治の拡充のため、数度にわたる改正がされてきた。特に平成年間に入ると地方分権の機運が高まり、第1次地方分権改革（平成11年の地方自治法改正[3]など）、第2次地方分権改革（平成23年の第1次一括法から令和2年の第10次一括法まで）が行われた。

③　委任条例・自主条例

1　総　論

　日本国憲法94条は、「地方公共団体は……法律の範囲内で条例を制定することができる。」と定める。この「法律の範囲内で」との語句については、「法律の範囲内で」と解釈する立場が通説であり、法律によって委任された条例（委任条例）のほか、法律に反しない限り、法律の委任のない条例（自主条例）を定めることも可能とされている。[4]

2　委任条例

　委任条例とは、法律の委任に基づく条例である。具体的には、法律の条文において、「○○については、都道府県（市区町村）が条例で定める」といった規定があり、これを受けて地方公共団体が制定する条例である。

　本書の各章でも、委任条例は頻出するが、委任条例については、当該条例

---

2)　条例制定権の憲法上の根拠については、学説上、92条に求める見解と94条に求める見解があるものの、憲法が地方自治体に条例制定権を認めているという点では一致している（野中俊彦・中村睦男・高橋和之・高見勝利『憲法Ⅱ（第5版）』（有斐閣、平成26年））。また、憲法94条のいう「条例」の範囲についても学説上争いがあるが、狭義の条例（地方公共団体の議会の定めるもの）のほか、地方公共団体の長や委員会の定める規則も含むとする見解が多数説とされている（松本英昭『新版　逐条地方自治法（第9次改訂版）』（学陽書房、平成29年）153頁）。
3)　改正の内容は多岐にわたるが、例えば、国と地方公共団体との関係を対等・協力関係とするとの趣旨でされた機関委任事務の廃止と自治事務・法定受託事務の創設（地方自治法2条8項・9項）や、地方公共団体に対する国（及び市町村に対する都道府県）の関与の見直し（法定主義、必要最小限度の原則など）がある。
4)　宇賀克也『地方自治法概説（第9版）』（有斐閣、令和3年）228頁

の条文だけに着目するのではなく、委任元となる法律の条項や、その法律と
条例とを合わせた法体系を理解することが重要である。

3 自主条例

　自主条例とは、法律の委任を受けずに地方公共団体が制定する条例である。

　自主条例制定権の範囲について、従前は、地方公共団体の処理する国の事
務である機関委任事務については地方公共団体の条例制定権の範囲外とされ
ていたが、地方分権改革による改正（平成11年の地方自治法改正）で機関委任
事務が廃止され、従前に機関委任事務とされていた事務の多くは国の事務で
はなく地方自治体の事務（自治事務ないし法定受託事務）とされることとなっ
た。これにより、地方自治体の条例制定権の対象は大幅に拡大された[5]（地方自
治法1条、同2条）。

4 法律と条例

1 上乗せ条例

　「上乗せ条例」とは、国の法令に基づいて規制が加えられている事項につい
て、当該法令と同一の目的で、それよりも厳しい規制を定める条例を意味す
る[6]。

　委任元となる法令に、地方公共団体の条例による上乗せを認める旨の明文
が置かれている場合もあるが、条例による上乗せが規定されていない場合に
は、法令が条例による上乗せを認める趣旨である場合等には、条例による上
乗せが可能であるとされている[7]。

---

5) 　松本英昭『新版　逐条地方自治法（第9次改訂版）』（学陽書房、平成29年）156頁
6) 　宇賀克也『地方自治法概説（第9版）』（有斐閣、令和3年）233頁
7) 　徳島県公安条例事件最高裁判決（最大判昭和50・9・10刑集29巻8号489頁〔27670784〕）、宇賀
　　克也『地方自治法概説（第9版）』（有斐閣、令和3年）232頁

2　横出し条例

　「横出し条例」とは、国の法令と条例が同一目的で規制を行う場合において、法令で規制が加えられていない項目について規制する条例をいう。横出し条例の許容性についても、上乗せ条例と同様、法令が排他的包括的に規制する趣旨かどうか、法令による規制値を最大限とする趣旨であるかどうかによって判断される[8]。

5　事務処理の委任

1　「条例による事務処理の特例制度」

　「条例による事務処理の特例制度」とは、地方分権一括法による地方自治法の改正により導入された制度であり[9]、都道府県がその知事の権限に属する事務の一部を、条例の定めるところにより、市町村が処理することとすることができるとする制度であり、当該市町村が処理することとされた事務は、当該市町村の長が管理し及び執行される（地方自治法252条の17の2第1項）。

　事務を市町村に委任するかどうかは、都道府県知事の判断に委ねられており、委任をする場合、都道府県の条例（事務処理特例条例）で定めることとなる。事務処理特例条例を制定するにあたって、都道府県知事は、事務を委任することとなる市町村長と協議をする必要がある（地方自治法252条の17の2第2項）。

　この事務処理の委任がされる場合、法令・条例・規則中、都道府県に関する規定は、当該事務の範囲内において、当該市町村に関する規定として当該市町村に適用されることとなる（地方自治法252条の17の3）。

---

8)　宇賀克也『地方自治法概説（第9版）』（有斐閣、令和3年）235頁

9)　改正前において都道府県知事から市町村長への事務の委任は、機関委任という形で行われていたが、市町村長の意思に関係なく一方的に委任し事務処理を行わせることが可能であった点や、委任した事務についてもなお都道府県知事からの強い指揮監督が及ぶ点が問題視されていた（さらに、機関委任された事務は市町村長の事務とはならないので、市町村の条例制定権の対象外でもあった）。松本英昭『新版　逐条地方自治法（第9次改訂版）』（学陽書房、平成29年）1352頁。

2 委任の例

　多くの事務処理特例条例では、2列の表を設け、委任する事務と委任される自治体が規定されている。例えば、東京都の場合、事務処理特例条例（市町村における東京都の事務処理の特例に関する条例）2条の表の左側に委任する事務が、右側に委任されることとなる市町村が記載されている[10]。

　事務処理の特例制度はまだ新しい制度であり、特に、事務の委任は事務処理特例条例で定めればよいというものではなく、委任を受ける市町村において事務処理のための体制を構築・整備する必要があり、体制の整った市町村から随時事務が委任されているところであり、現在、都道府県から市町村への事務の委任は過渡期といえる状況にある。

〔澤木謙太郎〕

---

10) なお、東京都では特別区についても事務処理特例条例が存在する（市町村への委任とほぼ同内容ではあるが、一部異なる点もあるため、注意が必要である）。

第 1 章

建　築

相談内容	対応例
	▪ 地域の特殊性を確認する
	▪ 都市計画との関係を調査する
	▪ 都市計画区域との関係を調査する 　▪ 都市計画区域等外である場合 　▪ 都市計画区域等内である場合 　　▪ 建築自体の制限 　　　▪ 用途地域内 　　　▪ 特別用途地区内 　　　▪ 特定用途制限地域 　　▪ 建築物にかかる制限
▪ 建物を建てるにあたり、 敷地との関係で 何を確認・調査すればよいか	▪ 地区計画区域との関係を調査する
	▪ 建築協定を調査する
	▪ 災害危険区域を調査する
	▪ 臨港地区を調査する
	▪ 敷地の前面道路との関係を確認する 　▪ 幅員を確認する 　▪ 接道の長さを確認する 　　▪ 2 項道路かを確認する 　　　▪ セットバックの必要性を確認する 　　▪ 3 項道路かを確認する 　　　▪ 2 m以上の接道を確認する 　▪ 特殊建築物などに該当するかを確認する
	▪ 敷地ががけ地にあたるかを確認する

根拠法	根拠条例等
▪ 建築基準法40条	▪ 建築基準法施行条例
▪ 都市計画法 ▪ 建築基準法	
▪ 建築基準法41条 ▪ 建築基準法第三章、41条の 2	
▪ 建築基準法48条、別表第二 ▪ 建築基準法49条 1 項 ▪ 建築基準法49条 2 項 ▪ 建築基準法49条の 2 ▪ 建築基準法50条	▪ 制限規定 ▪ 緩和規定
▪ 建築基準法68条の 2	▪ 地区計画条例
▪ 建築基準法69条、75条	▪ 建築協定
▪ 建築基準法39条	▪ 災害地域区域条例
▪ 港湾法40条 1 項	
▪ 建築基準法42条 1 項 ▪ 建築基準法43条 1 項 ▪ 建築基準法42条 2 項 ▪ 建築基準法44条 ▪ 建築基準法42条 3 項 ▪ 建築基準法43条の 2 ▪ 建築基準法43条 3 項	▪ 狭あい道路拡幅事業条例 ▪ 制限規定 ▪ 建築基準法施行条例
▪ 建築基準法19条 4 項	▪ 建築基準法施行条例

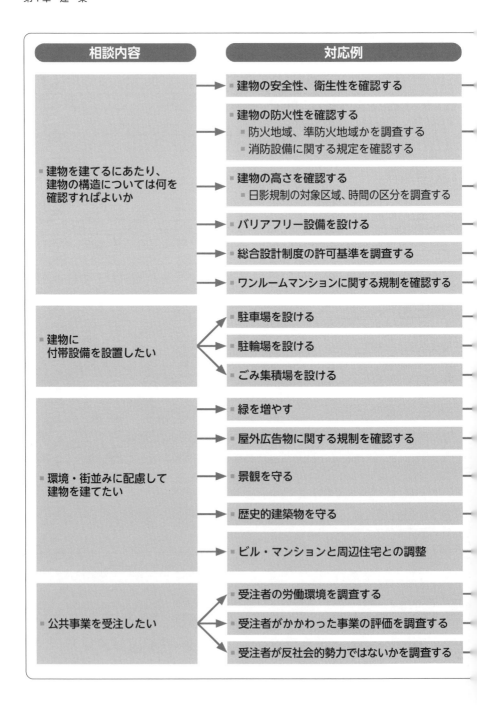

相談内容	対応例
建物を建てるにあたり、建物の構造については何を確認すればよいか	建物の安全性、衛生性を確認する
	建物の防火性を確認する 　防火地域、準防火地域かを調査する 　消防設備に関する規定を確認する
	建物の高さを確認する 　日影規制の対象区域、時間の区分を調査する
	バリアフリー設備を設ける
	総合設計制度の許可基準を調査する
	ワンルームマンションに関する規制を確認する
建物に付帯設備を設置したい	駐車場を設ける
	駐輪場を設ける
	ごみ集積場を設ける
環境・街並みに配慮して建物を建てたい	緑を増やす
	屋外広告物に関する規制を確認する
	景観を守る
	歴史的建築物を守る
	ビル・マンションと周辺住宅との調整
公共事業を受注したい	受注者の労働環境を調査する
	受注者がかかわった事業の評価を調査する
	受注者が反社会的勢力ではないかを調査する

根拠法	根拠条例等
建築基準法40条	建築基準法施行条例
建築基準法40条 消防法9条、9条の2	建築基準法施行条例 火災予防条例
建築基準法56条の2、別表第四	建築基準法施行条例
バリアフリー法14条3項	バリアフリー条例
建築基準法59条の2など	総合設計許可要項
	ワンルームマンション条例
駐車場法20条	駐車場条例
自転車法5条4項	自転車駐車場附置義務条例
廃棄物処理法4条1項	リサイクル条例など
都市緑地法39条1項	緑化条例
屋外広告物法5条、6条	屋外広告物条例
景観法 建築基準法69条	景観条例 建築協定
建築基準法85条の2、85条の3	文化財保護条例ほか
	中高層建築物の建築に係る紛争の予防と調整に関する条例
	公契約条例
	公共事業評価制度
	暴力団排除条例

1 概 要

　建物の建築にかかる条例には、建築基準法が定める建築物の敷地、構造及び建築設備に関する内容の条例のほか、地域の環境や町並みに配慮した内容の独自の条例がある。

　特に、建築物の敷地との関係においては、都市計画法の影響や身近な道路との関係に注意する必要があるため、詳細にみていくことにする。

　また、公共工事との関係では、公共工事を受注する際に適用される公契約条例や公共事業評価制度が存在する。現在、いくつかの自治体が自主条例として定めているが、今後同様の条例は増加していくことが予想される。

　複雑な建築法規を補完する機能を有する各条例の概略を見ていくこととする。

2 建物の建築

1 関係する法律・条例

(1) 建築基準法

　建築基準法は、建築物の敷地、構造、設備及び用途に関する最低の基準を定める（建築基準法1条）。

　また、建物は、それが集まると人も集まり街や都市を形成する一方で、土地に定着することでその土地の利用を制限する。都市計画法は、都市の健全な発展と秩序ある整備を図ることが目的であり（都市計画法1条）、都市計画法で定める都市計画が建築基準法に影響を与えている（建築基準法第三章「都市計画区域等における建築物の敷地、構造、建築設備及び用途」、建築基準法41条の2）。

　建築基準法は全国一律の最低基準を定めた法律である。そのため、地方公

---

1)　都市計画とは、都市の健全な発展と秩序ある整備を図るための土地利用、都市施設の整備及び市街地開発事業に関する計画で、都市計画法第二章（「都市計画」）の規定に従い定められたものをいう（都市計画法4条1項、建築基準法2条19号）。

共団体が条例によって建物の建築に関する規定を具体化し、制限を付加又は緩和している。

(2) 建築基準法施行条例

ア 概　要

　各都道府県は、建築基準法施行条例を設けている（東京都建築安全条例や建築基準条例（横浜市）といった名称もある）。

　建築基準法施行条例は、総則として建築物の敷地（道路やがけ地など）、構造及び建築設備（防火や防寒構造、避難経路、長屋）に関する規定、学校、共同住宅、百貨店、ホテル等の旅館や劇場・映画館などの特殊建築物に関する規定、日影による中高層の建築物の高さの制限に関する規定などに分類される。

　建築基準法との関係では、主に建築基準法40条（気候や風土の特殊性などによる条例による制限付加）、43条3項（特殊建築物等の敷地と道路との関係における必要な制限付加）、56条の2第1項（日影による中高層の建築物の高さの制限区分）に関する規定を定める。

　このように、建築基準法が建築物の敷地、構造、設備及び用途に関する全国一律の最低の基準を定めていることから、条例によって、地域の特殊性を含めた必要な制限の付加や具体的な指定を定めている。

イ　都道府県条例と市町村条例の関係

　建築基準法施行条例については、都道府県が制定するほか、市区町村によって制定される場合もある。

　都道府県条例と市区町村条例との適用範囲については、各都道府県にかかる建築基準法施行条例の中で、「ある市区町村の区域内においては適用しない」とする適用除外規定が設けられている。適用除外となる市区町村は、建築基準法施行条例が制定されている市区町村の場合（愛知県、兵庫県など）もあれば、建築主事が置かれている市区町村の場合（神奈川県や大阪府）もあり、各都道府県でも規定が異なる。

---

2)　建築主事とは、建築基準法4条の規定により建築確認を行うため地方公共団体に設置される公務員をいう。人口25万人以上の市で政令で定めるものは必置である（同法4条1項）。

　東京都では、特別区及び市町村が東京都建築安全条例と同等以上の制限の付加等を講ずることとなるよう定めている場合、「当該区市町村条例の規定に相当するこの条例の規定は、当該区市町村の区域内においては、適用しない」とされている（東京都建築安全条例1条の3）。

(3)　事務の窓口

　建築確認申請の受理や建築確認済証の交付などの事務処理は、特定行政庁[3]（建築基準法2条35号）が行う。東京都は、都の建築主事の確認対象となる建築物等に係る事務のうち一部の事務は特別区又は市町村が処理するものとしている（特別区における東京都の事務処理の特例に関する条例、市町村における東京都の事務処理の特例に関する条例）。

2　敷地との関係

(1)　気候や風土の特殊性

　建築基準法40条は、地方公共団体がその地方の気候や風土の特殊性等により建築物の安全、防火又は衛生の目的を充分に達し難いと認める場合においては、条例で、建築物の敷地、構造又は建築設備に関して安全上、防火上又は衛生上必要な制限を付加することができると規定する。

　これを受けて各地方公共団体の建築基準法施行条例においては、地方の気候や風土の特殊性に応じた制限を付加している。

(2)　都市計画との関係

ア　概　要

　都市計画法で定める都市計画は、建築基準法にも影響を与えており、建物の具体的な制限を定めるいくつかの規定が建築基準法の中に存在する。これらの規定は都市計画区域及び準都市計画区域内における建物と町並みの調和

---

3)　特定行政庁とは、建築主事を置く市町村の区域については当該市町村の長をいい、その他の市町村の区域については都道府県知事をいう（建築基準法2条35号）。

4)　都市計画区域と準都市計画区域は、それぞれ以下のとおりである（都市計画法4条2項、建築基準法2条20号）。都市計画区域とは、一体の都市として総合的に整備、開発などの必要がある区域（都市計画法5条）をいい、準都市計画区域とは、都市計画区域外の区域のうち、将来における一体の都市としての整備、開発などに支障が生じるおそれがあると認められる一定の区域（同法5条の2）をいう。また、都市計画区域について、無秩序な市街化を防止し、計画的な市街化を図るため必要があるときは、都市計画に、市街化区域と市街化調整区域との区分を定めること

を図る目的から、建物を集団として捉え、集団としての秩序を保つ趣旨で規定されるものであり、「集団規定」と称される。集団規定は、建築基準法第三章「都市計画区域等における建築物の敷地、構造、建築設備及び用途」に規定されている（建築基準法41条の２）。

　一方、都市計画区域外等においては、市町村は、条例により、建築基準法の敷地の安全及び衛生等の規定を適用しないことや緩和することができると規定されている（建築基準法41条）。

　建物を建築する敷地が都市計画区域に該当するか否かで、条例によって制限が付加されるか又は緩和されるかが異なるため、注意が必要である。

イ　都市計画区域等内での制限

（ア）　建築自体の制限

　用途地域内においては、一定の建築物以外の建築物は建築してはならない（建築基準法48条、別表第二）。加えて、用途地域の指定を補完する特別用途地区では、条例で建築の制限強化又は緩和が可能になっている。

　すなわち、特別用途地区内においては、用途地域内の建築制限を除くほか、その地区の指定の目的のためにする建築物の建築の制限又は禁止に関して必要な規定が条例で定められている（建築基準法49条１項）。例えば名古屋市では、建築基準法49条１項により中高層階住居専用地区建築条例、市特別工業地区建築条例、文教地区建築条例、研究開発地区建築条例などが制定されている。

　一方で、特別用途地区内では、その地区の指定の目的のために必要と認める場合においては、国土交通大臣の承認を得て、条例で、用途地域内の建築

　　ができる（同法７条１項）。市街化区域でも市街化調整区域でもない区域は、非線引き区域という。
5)　国土交通省住宅局建築指導課『2021　図解建築法規』（新日本法規、令和３年）
6)　用途地域とは、都市計画区域・準都市計画区域内における地域地区の一つ（都市計画法８条１項１号、同条２項、建築基準法２条21号）をいい、住居系、商業系、工業系など13に区分された地域（第一種低層住居専用地域、商業地域など）がある。建築基準法48条は、各用途地域内において同別表第二に掲げる建築物以外の建築物は、建築してはならないと規定する。また、用途地域の区分に従い、容積率や建蔽率などの建築物にかかる制限もある（建築基準法52条、53条など）。
7)　特別用途地区とは、用途地域内の一定の地区における当該地区の特性にふさわしい土地利用の増進、環境の保護等の特別の目的の実現を図るため当該用途地域の指定を補完して定める地区（都市計画法８条１項２号、９条14項、建築基準法２条21号）をいう。具体的には、中高層階住居専用地区、文教地区、観光地区などがある。

制限を緩和することができる（建築基準法49条2項）。例えば昭島市では、特別用途地区として定める立川基地跡地広域行政機能地区内における建築物の建築の制限の緩和に関する条例が定められている（立川基地跡地広域行政機能地区建築条例）。

　また、特定用途制限地域[8]における建築物の用途の制限は、当該特定用途制限地域に関する都市計画に即し、政令で定める基準に従い、地方公共団体の条例で定めるものとされている（建築基準法49条の2）。例えば沖縄市では、特定の建築物及び工作物の用途の制限を定めることにより合理的な土地利用を図り、もって良好な環境の形成及び保持に資することを目的とした条例が定められている（沖縄市特定用途制限地域内における建築物等の制限に関する条例）。

（イ） 建築物にかかる制限

　地方公共団体（主に市町村）は、用途地域、特別用途地区、特定用途制限地域、都市再生特別地区[9]、居住環境向上用途誘導地区[10]又は特定用途誘導地区[11]内における建築物の敷地、構造又は建築設備に関する制限で当該地域又は地区の指定の目的のために必要なものについて、条例で定めることができる（建築基準法50条）。

　例えば横浜市では、平成6年の建築基準法改正により、地下室の緩和制度

8) 特定用途制限地域とは、非線引き区域のうち、用途地域が定められていない土地の区域内において、その良好な環境の形成又は保持のため当該地域の特性に応じて合理的な土地利用が行われるよう、制限すべき特定の建築物等の用途の概要を定める地域（都市計画法8条1項2号の2、9条15項、建築基準法2条21号）をいう。例えば、用途地域のない地域でも、風俗店や危険度の高い工場などの建設を規制することができる。

9) 都市再生特別地区とは、都市再生特別措置法に基づき指定された都市再生緊急整備地域内において、既存の用途地域等に基づく用途、容積率等の規制を適用除外とした上で、自由度の高い計画を定めることができる区域をいう（都市再生特別措置法36条1項、都市計画法8条1項4号の2、建築基準法2条21号、60条の2）。

10) 居住環境向上用途誘導地区とは、立地適正化計画（コンパクトシティを実現するためのマスタープラン）を作成した区域内において、病院、店舗その他の都市の居住者の日常生活に必要な施設であって、居住環境の向上に資するものを有する建築物の建築を誘導する必要があると認められる区域をいう（都市再生特別措置法94条の2第1項、都市計画法8条1項4号の2、建築基準法2条21号、60条の2の2）。

11) 特定用途誘導地区とは、立地適正化計画に記載された都市機能誘導区域のうち、当該都市機能誘導区域に係る誘導施設を有する建築物（医療施設、福祉施設、商業施設）の建築を誘導する必要があると認められる区域をいう（都市再生特別措置法109条1項、都市計画法8条1項4号の2、建築基準法2条21号、60条の3）。

が導入されたことをきっかけに、斜面地周辺の住宅地において、周囲に圧迫感を与える建築物が増加し、周辺住民とのあつれきが多発したことを契機に、周囲の住環境に与える圧迫感やボリュームの軽減を目的として、建築基準法50条の規定に基づき地下室建築物の構造に関する制限である「横浜市斜面地における地下室建築物の建築及び開発の制限等に関する条例」が定められている（川崎市でも同様の「川崎市斜面地建築物の建築の制限等に関する条例」がある）。

ウ　地区計画区域内での制限

　都市計画区域については、都市計画に、地区計画等[12)]を定めることができる（都市計画法12条の4第1項）。市町村は、地区計画等の区域内において、建築物の敷地、構造、建築設備又は用途に関する事項で当該地区計画等の内容として定められたものを、条例で、これらに関する制限として定めることができる（建築基準法68条の2。なお、特別区も同条に基づく条例がある）。例えば大田区田園調布地区では、大田区田園調布地区地区計画の区域内における建築物の制限に関する条例とともに、一般社団法人田園調布会が策定した「環境保全及び景観維持に係わる規定」により、建築が制限されている。

　また、条例の定めにより壁面の位置制限がある場合では、容積率の緩和（建築基準法52条12項）や建蔽率の緩和（建築基準法53条4項、5項3号）にかかる規定を適用することができる。これを受け、各市区町村では、地区計画条例が定められている（例として名古屋市地区計画条例、新宿区地区計画の区域内における建築物の制限に関する条例など）。

(3)　建築協定での制限

　市区町村は、建築協定（後述6(4)）を締結することができる旨を、条例で定めることができる（建築基準法69条）。建築協定の認可等の公告のあった建築

---

12)　地区計画等とは、都市計画法12条の4第1項各号に定める地域をいう（都市計画法4条9項、建築基準法2条22号）。①地区計画（建築物の建築形態、公共施設その他の施設の配置等からみて、一体としてそれぞれの区域の特性にふさわしい態様を備えた良好な環境の各街区を整備し、開発し、及び保全するための計画。都市計画法12条の5）、②防災街区整備地区計画（密集市街地における防災街区の整備の促進に関する法律32条1項）、③歴史的風致維持向上地区計画（地域における歴史的風致の維持及び向上に関する法律31条1項）、④沿道地区計画（幹線道路の沿道の整備に関する法律9条1項）、⑤集落地区計画（集落地域整備法5条1項）がある。

協定は、その公告のあった日以後において当該建築協定区域内の土地の所有者等となった者に対しても、その効力があるものとして、建築物にかかる制限を受けることになる（建築基準法75条）。

　京都市などの町並みを保存する都市のほか、多くの市区町村で建築協定を採用している。

(4)　災害危険区域内での制限

　地方公共団体は、条例で、津波、高潮、出水等による危険の著しい区域を災害危険区域として指定することができ（建築基準法39条1項）、災害危険区域内における住居の用に供する建築物の建築の禁止その他建築物の建築に関する制限で災害防止上必要なものは条例で定めることとされている（建築基準法39条2項）。

　これを受け、各市区町村では、災害地域区域条例が制定されている（例として仙台市災害危険区域条例、名古屋市臨海部防災区域建築条例など）。

(5)　港湾法における建築制限

　臨港地区[13]内における分区の区域内においては、各分区の目的を著しく阻害する建築物その他の構築物であって、港湾管理者としての地方公共団体の条例で定めるものを建設してはならず、また、建築物その他の構築物を改築し、又はその用途を変更して当該条例で定める構築物としてはならないとされている（港湾法40条1項）。

　港湾における様々な事業活動が同一地域に混在すると、港湾機能が十分発揮されず、円滑な港湾の管理運営や整備に支障をきたすことから、取り扱う貨物等の種類に応じて、目的別に分区を定め、各分区の目的に応じて構築物を規制している（例として東京都臨港地区内の分区における構築物に関する条例など）。

---

13)　臨港地区とは、港湾を管理運営するため定める地区（都市計画法9条23項、8条9号）又は港湾法38条の規定により港湾管理者が定めた地区をいう。

3 敷地の周辺との関係

(1) 道 路

　道路とは、建築基準法42条1項各号に該当する幅員4m（特定行政庁が指定した区域内では6m。以下同じ）以上のものをいう。

　具体的には、①国道や市道などの道路（道路法による道路。1号）②都市計画法、土地区画整理法などに基づいて造られた道路（2号道路。2号）③建築基準法が施行される前から存在する道路（既存道路。3号）④都市計画法等により新設または変更の事業計画のある道路で、2年以内にその事業が執行される予定のものとして特定行政庁が指定したもの（計画道路。4号）⑤宅地造成など土地を建築物の敷地として利用するための私道で、特定行政庁からその位置指定を受けたもの（位置指定道路。5号）とされている。

　もっとも、後述の通り、建築基準法では、それ以外の道路も建築基準法上の道路として取り扱われている。

(2) 適用範囲

　建築基準法41条の2は、建築基準法第三章の規定（第八節を除く）について都市計画区域及び準都市計画区域内に限り適用する旨を定めている。従って、都市計画区域及び準都市計画区域外の道路は、建築基準法上の道路には該当せず、また後述する接道義務等も問題とならない。

　ただし、建築基準法68条の9第1項では、都市計画区域及び準都市計画区域外の地域においても、条例で建築物の敷地と道路との関係に関して一定の制限を設けることができることとされている。例えば、後述の通り神奈川県では都市計画区域及び準都市計画区域外の地域において接道義務等を課している。

(3) 接道義務

　建築物の敷地は、道路に2m以上接しなければならない（建築基準法43条1項。例外として、同項1号・2号及び同法44条1項参照）。すなわち、建物を建てる敷地が、原則として、幅員4m以上の道路に2m以上接していなければならず、これをいわゆる接道義務という（図1参照）。この義務に反する建築物

に対しては、当該工事の施工の停止や相当の猶予期限を付して当該建築物の除却、移転等の措置が講じられる（建築基準法９条）

【図１】

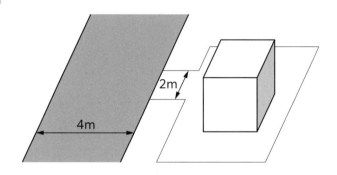

ア　２項道路の拡幅

（ア）概　要

　建築基準法が施行されたのは昭和25年11月23日である。同法が施行される前においては旧市街地建築物法にて、幅員は原則約2.7m（条件により約1.8m）[14]とされており、４m未満の道路が多数存在していた。従って、４m未満の道路をすべて建築基準法上の道路ではないものとすると、接道義務を満たさないこととなってしまう。そこで、建築基準法は例外を設けており、その１つとして挙げられるのが建築基準法42条２項の道路である（いわゆる２項道路）。[15]

　建築基準法42条２項は、①「都市計画区域若しくは準都市計画区域の指定若しくは変更又は第六十八条の九第一項の規定に基づく条例の制定若しくは改正によりこの章の規定が適用されるに至つた際現に建築物が立ち並んでいる幅員四メートル未満の道」で、②「特定行政庁の指定したものは、前項の規定にかかわらず、同項の道路とみな」すとしている。以下、各要件について順次解説していく。

14）　旧市街地建築物法では、幅員９尺（条件により６尺）と定められていた。
15）　建築基準法令研究会編著『新訂第２版　わかりやすい建築基準法』（大成出版社、平成21年）240頁

（イ） 要件①について

２項道路と認められるためには、まず、建築基準法第三章の規定が適用されるに至った時点（以下、基準時という）[16]で、現に建築物が立ち並んでいるのが幅員４m未満の道であることが必要となる。

a　基準時について

このうち、基準時、すなわち建築基準法第三章の規定が「適用されるに至った際」とは、建築基準法が施行（昭和25年11月23日）された結果として接道義務等の同法第三章の規制を受けることとなった場合のほか、建築基準法の施行時点では都市計画区域とされていなかったが、その後に都市計画区域や準都市計画区域として指定を受けることとなった場合や、条例の制定・改正（建築基準法68条の９第１項）により建築基準法第三章の適用を受けることとなった場合も含まれる。

条例制定・改正による制限の例としては、神奈川県建築基準条例がある。同条例では、52条の５第１項にて、「この章の規定は、都市計画区域及び準都市計画区域以外の区域内に限り、適用する。」と規定し、同条例52条の６にて、「建築物の敷地は、道路に２メートル以上接しなければならない。」として、都市計画区域や準都市計画区域以外の地域において、接道義務等の規制を行っている。

b　「立ち並んでいる」とは

「現に建築物が立ち並んでいる」という要件について、国土交通省は、少なくとも基準時に建築物が最低２棟以上立ち並んでいる道であることが必要であるとしている[17]。ここでは、建物が「立ち並んでいる」か否かは、基準時において判断されるものであり、現在の立ち並びの状況は２項道路該当性の判断において関係がないことに注意が必要である。なお、国土交通省は、個別実態を見て判断するともしており、必ずしも２棟以上が立ち並ぶ必要性はないものと考えられる。過去の裁判例において１棟の長屋があった道路につき、社会通念上２戸の建物があったとされたものもある[18]。

---

16)　国土交通省「建築基準法道路関係規定運用指針」４頁による用語。
17)　国土交通省「建築基準法道路関係規定運用指針の解説（平成21年１月改定）」48頁
18)　東京高判平成12・10・24裁判所ウェブサイト掲載判例〔28152131〕

（ウ）　要件②について

　特定行政庁の指定には、対象土地を特定した個別的指定と特定行政庁の規則あるいは告示の形式により一定の基準を設けてその基準を超える道は指定したものとみなす包括的指定とがある。

　たとえば東京都では、告示の形式で包括的指定をしている（昭和30年 7 月30日都告示第699号、改正昭和50年 4 月 1 日都告示第355号）。具体的には、㋐建築基準法第三章の規定が適用されるに至った際、幅員 4 m未満2.7m以上の道で、一般の交通の用に使用されており、道路の形態が整い、道路敷地が明確であるもの、㋑旧市街地建築物法の規定により昭和 5 年 1 月 1 日以降指定された建築線間の道の幅が 4 m未満1.8m以上のもの、㋒建築基準法第三章の規定が適用されるに至った際、幅員 4 m未満1.8m以上の道で一般の交通に使用されており、その中心線が明確であり、基準時にその道のみに接する建築敷地があるもの（例外あり）が、指定をされている。

　個別的指定が原則であるものの、実際には包括的指定による方法がほとんどである。なお、1.8m未満の道を指定する場合は、建築審査会の同意を得る必要がある（建築基準法42条 6 項）。

（エ）　効　果

　上記要件を満たす道路は、建築基準法42条 1 項にかかわらず、同項の道路とみなされる。この場合、原則として、その中心線から水平距離 2 mの線をその道路の境界線とみなすこととなる。その結果、幅員 4 m未満の道路に接する敷地は、当該道路が建築基準法上の道路とみなされることにより、接道義務には違反しないこととなる。

　なお、その道が中心線からの水平距離 2 m未満でがけ地、川、線路敷地その他これに類するものに沿う場合においては、当該がけ地等の道の側の境界線及びその境界線から道の側に水平距離 4 mの線をその道路の境界線とみなす（建築基準法42条 2 項ただし書）。

（オ）　セットバック

　上記の通り 2 項道路と指定された道路はその中心線から 2 mの地点を道路と敷地の境界線とみなすところ、当該道路に接する敷地上にある建築物が、

2mの中に存する場合がある。その場合、建築基準法44条では、建築物は道路内に建築してはならないと規定しているものの、建築基準法3条2項により、建築基準法44条の制限を受けることはない。すなわち、中心線から2m内に建物等が建築されていたとしても、除却等の措置を受けることはない。

しかし、2項道路に接している敷地上の建物を新築または増改築する場合には、建築基準法3条3項3号により、同条2項が適用されず、建築基準法44条の適用を受けることとなるため、新築または増改築する場合には、中心線から水平距離2mの線まで後退して、建築しなければならない。これをいわゆるセットバックという（図2参照）。

【図2】

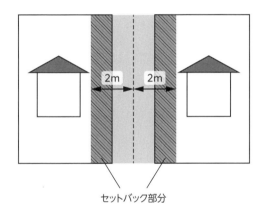

セットバック部分

（カ） 狭あい道路拡幅整備条例

各自治体は、幅員4m未満の道（いわゆる狭あい道路）の拡幅整備を図るために、狭あい道路拡幅整備事業を行っている。そもそも建築基準法42条1項にて幅員を4m以上としている趣旨は、道路が通行のためだけでなく、災害時の避難路、消防活動の場として用いられることから、一定の幅員を確保する必要がある点にある。

2項道路についても、その趣旨に合致するよう、各自治体が拡幅事業を行っている。当該拡幅事業を遂行するため、各自治体は、狭あい道路拡幅整備

に関する条例を制定している。

　当該条例の構造としては、狭あい道路に接する土地で建物を建築・改築・増築しようとする建築主との協議についての規定、その他の関係者（狭あい道路に接する敷地の所有者や地上権者、賃借権者など）との協議についての規定、拡幅工事やその施工者・費用負担者に関する規定、私人が拡幅工事を行う場合の助成金についての規定などが定められていることが多い。

　たとえば、東京都台東区では、2項道路に接する敷地内に建物を建築する際は、あらかじめ区長と狭あい道路の拡幅整備に関する協議を行わなければならないとしており、この協議を開始するためには、建築主が区長に拡幅整備事前協議書を提出しなければならない（東京都台東区狭あい道路拡幅整備条例6条1項、東京都台東区狭あい道路拡幅整備条例施行規則3条1項）。

　注意すべきこととして、当該協議書は、原則として、建築確認申請の受付30日前までに提出する必要がある（東京都台東区狭あい道路拡幅整備条例施行規則3条2項）。

　また、事前協議書を提出する際には、規則で定められている書類の添付が求められる。この協議においては、現地での立会いが行われることもあり（東京都台東区狭あい道路拡幅整備条例施行規則4条2項）、事前協議が終了した場合、区長から拡幅整備事前協議済通知書が交付される（東京都台東区狭あい道路拡幅整備条例施行規則5条）。当該通知書は、建築確認申請の際に添付する必要がある。協議により後退部分を確認した後に、原則として、区が整備事業を行う（東京都台東区狭あい道路拡幅整備条例8条）。

　また、狭あい道路の拡幅整備事業が行われる場合、区に対して助成金の交付の申請をすることもできる（東京都台東区狭あい道路拡幅整備条例13条、東京都台東区狭あい道路拡幅整備条例施行規則15条）。

イ　3項道路のみの接道

（ア）概　要

　上記アにて指定された2項道路のうち、土地の状況によりどうしても拡幅することが困難な場合がある。それにもかかわらず、常に2項道路に接する敷地は、建て直し等の際にセットバックをしなければならないとすると、建

て替えを控えるようになり、建物が老朽化してもなおそのままでいるおそれがある。そこで、密集市街地等のうち土地利用の状況から道路の拡幅が困難である区域など土地の状況によりやむを得ない場合においては、特定行政庁はセットバックの後退距離を緩和して指定することができるものとされている（水平距離指定（いわゆる3項道路）。建築基準法42条3項）。

緩和の内容としては、道路の中心線から左右にそれぞれ2m未満1.35m以上の範囲内で、また、がけ地等の境界線からの距離について片側に4m未満2.7m以上の範囲内で水平距離を指定することができる（図3参照）。当該指定においては、建築審査会の同意を得て行われる。

【図3】

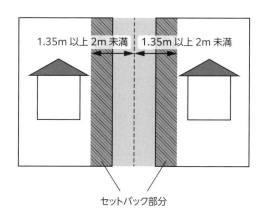

1.35m以上 2m 未満　1.35m以上 2m 未満

セットバック部分

（イ）　条例による制限の付加

3項道路のうち、その敷地が3項道路にのみ2m以上接する建築物について、交通上、安全上、防火上又は衛生上必要がある場合、地方公共団体は、条例で、その敷地、構造、建築設備又は用途に関して必要な制限を付加することができる（建築基準法43条の2）。

これを受けて、例えば京都市では、京都市細街路にのみ接する建築物の制限等に関する条例を制定し、同条例5条1項にて、建築基準法42条3項の指定をされた道路のうち「伝統的な建築様式による建築物及びその敷地が接す

る細街路により形成される町並みの景観を保全し，及び継承するために，その敷地が当該道路にのみ2メートル以上接する建築物の構造に関し防火上必要な制限を付加する必要があるものを，歴史的細街路として指定することができる」としている。

　また、その他にも同条例では2項道路を袋路2項道路、特定防災街路と細分化し、それぞれの道路に接する敷地内の建物の建築制限等もおこなっている。

ウ　特殊建築物等の敷地と道路

　接道義務について述べたとおり、建築物の敷地は、原則として幅員4m以上の道路に2m以上接しなければならないとされている（建築基準法43条1項）。

　さらに、地方公共団体は特殊建築物等[19]について、その用途、規模又は位置の特殊性により、2m以上の接道によっては避難又は通行の安全の目的を十分に達成することが困難であると認めるときは、条例で、その敷地が接しなければならない道路の幅員、その敷地が道路に接する部分の長さその他その敷地又は建築物と道路との関係に関して必要な制限を付加することができる（建築基準法43条3項）。

　かかる規定を受けて、都道府県や市区町村は、条例を定めて敷地と接する道路の幅員等について制限を付加している場合がある。

　例えば、東京都では東京都建築安全条例において、自動車の出入りに伴う通行の安全を図るために特殊建築物の敷地にかかる前面道路の幅員と前面道路に面した自動車の出入り口を設置する義務を定め（東京都建築安全条例10条の2）、また、災害時における避難上及び通行上の安全確保と非常用進入口に対処するために特殊建築物の敷地が前面道路に接すべき部分の長さの最低限度を定めている（東京都建築安全条例10条の3）。

---

19)　建築基準法43条3項各号の定める建築物は、以下のとおりである。
　　①特殊建築物（建築基準法2条2号）、②階数が3以上である建築物、③無窓の居室を有する建築物（建築基準法施行令144条の5）、④延べ面積1,000㎡を超える大規模建築物などの建築物、⑤敷地が袋路状道路にのみ接する建築物（一戸建ての住宅を除く）で、延べ面積が150㎡を超えるもの

⑷ がけ地

建築基準法19条4項は、建築物ががけ崩れ等による被害を受けるおそれのある場合においては、擁壁の設置その他安全上適当な措置を講じなければならないと規定する。

かかる規定を受けて、都道府県又は市区町村が、がけ地について定める条例(いわゆるがけ条例)を設けている場合がある(建築安全条例や建築基準条例の中にがけ地に関する規定が設けられている例が多い。なお、大阪府が特定行政庁となる市町村等、がけ条例が存在しない場合もある)[20]。

例えば東京都建築安全条例6条2項本文では、「高さ2メートルを超えるがけの下端からの水平距離ががけ高の2倍以内のところに建築物を建築し、又は建築敷地を造成する場合は、高さ2メートルを超える擁壁を設けなければならない。」と定め、具体的な規制を設けている。

4 建物の構造

⑴ 防　火

ア　建築基準法施行条例

建築基準法施行条例では、建築基準法40条に基づき、その地方の気候や風土の特殊性等により建築物の安全、防火又は衛生の目的を充分に達し難いと認める場合においては、条例で、建築物の敷地、構造又は建築設備に関して安全上、防火上又は衛生上必要な制限を付加することができるものと定めている。

例えば、東京都の場合、建築基準法施行条例として東京都建築安全条例が設けられており、防火との関係では、防火地域又は準防火地域内における耐火・準耐火構造建築物での建築義務(7条)や避難設備の設置(8条)といった規定がある。

---

20)　大阪府ホームページでは、「大阪府が特定行政庁の市町村にはありません。」とされている(https://www.pref.osaka.lg.jp/kenshi_shinsa/kenchiku_faq2/index.html#%E3%81%8C%E3%81%91%E6%9D%A1%E4%BE%8B%E3%81%AF%E3%81%82%E3%82%8A%E3%81%BE%E3%81%99%E3%81%8B%EF%BC%9F)。ただし、「がけ地に関する規定として、『土砂災害特別警戒区域(レッドゾーン)』、『災害危険区域』という区域の指定を受けている場合、それぞれ関係規定に適合する必要があります。」とも記載されているため、これらの規定を参照する必要はある。

イ　火災予防条例

（ア）　概　要

消防設備に関する規定として、市町村は火災予防条例を設けており、主に消防法9条及び9条の2にかかる制限について規定する。

消防法9条は、「かまど、風呂場その他火を使用する設備又はその使用に際し、火災の発生のおそれのある設備の位置、構造及び管理、こんろ、こたつその他火を使用する器具又はその使用に際し、火災の発生のおそれのある器具の取扱いその他火の使用に関し火災の予防のために必要な事項は、政令で定める基準に従い市町村条例でこれを定める」と規定する。

また、消防法9条の2は、住宅の用途に供される防火対象物の関係者は、「住宅用防災機器……の設置及び維持に関する基準に従って、住宅用防災機器を設置し、及び維持しなければならない」とし、「住宅用防災機器の設置及び維持に関する基準その他住宅における火災の予防のために必要な事項は、政令で定める基準に従い市町村条例で定める」と規定する。

（イ）　内　容

消防法9条や同法9条の2等の規定を受けて、市町村において、火災予防条例が制定されている。なお、東京都特別区については、東京都が火災予防条例を定めている。

火災予防条例では、火を使用する設備の位置、構造及び管理の基準等や、住宅用防災機器の設置及び維持に関する基準等が定められている。

例えば、東京都の火災予防条例では、火を使用する設備の位置、構造及び管理の基準等は第三章に規定されており、炉（3条）や厨房設備（3条の2）、ボイラー（4条）といった火を使用する設備の種類ごとに、その設備の位置、構造及び管理の基準等が定められている（3条ないし17条）。その他には、喫煙（23条）やたき火（25条）、空地・空き家の使用（25条）などに分けて火の使用に関する制限に関する規定等がある。

(2)　日　影

日影は、日照を遮る中高層建築物の高さ、形状、位置によって近隣に影響を受けるほか、時間や季節が異なれば太陽高度や太陽方位も異なることとな

る。日影規制は、中高層建築物が近隣の敷地に落とす影を制限する規定である（建築基準法56条の２）。

　具体的には、冬至日に真太陽時による午前８時から午後４時（北海道は午前９時から午後３時）までの間において、平均地盤面から一定の高さ（１～３階の各階の窓の中心高さを想定）における敷地境界線から５ｍ超、10ｍ超の範囲内で一定時間以上の日影を生じさせないことが求められる（建築基準法別表第四）。

　かかる規定を受け、日影規制を課すべき対象区域や日影時間の制限の区分等に沿った規制値を条例により指定している（例として大阪府建築基準法施行条例69条、東京都日影による中高層建築物の高さの制限に関する条例など）。

　もっとも、日影規制を遵守したからといって近隣の日照権などを確保したとはいえないことに注意が必要である（いわゆる受忍限度論）。

(3)　バリアフリー

　いわゆるバリアフリー法と呼ばれる高齢者、障害者等の移動等の円滑化の促進に関する法律（以下「バリアフリー法」という）は、高齢者、障害者等の自立した日常生活及び社会生活を確保することの重要性に鑑み、建築物の構造及び設備を改善するための措置などを講ずることにより、高齢者、障害者等の移動上及び施設の利用上の利便性及び安全性の向上の促進を図り、もって公共の福祉の増進に資することを目的とする（バリアフリー法１条）。

　地方公共団体は、移動等円滑化（高齢者、障害者等の移動又は施設の利用に係る身体の負担を軽減することにより、その移動上又は施設の利用上の利便性及び安全性を向上すること。バリアフリー法２条２号）を促進するために必要な措置を講ずるよう努めなければならないとされている（バリアフリー法５条）。

　また、バリアフリー法14条３項では、地方公共団体は、移動等円滑化のために必要な建築物特定施設の構造及び配置に関する基準（建築物移動等円滑化基準）に必要な事項を条例で付加できること等が規定されている。

　かかる規定を受け、例えば東京都では、高齢者、障害者等が利用しやすい建築物の整備に関する条例（通称：建築物バリアフリー条例）を定め、①バリ

---

21)　国土交通省住宅局建築指導課『2021　図解建築法規』（新日本法規、令和３年）

アフリー化の義務付け対象とする建物の拡大（バリアフリー法で定める特別特定建築物（不特定多数、又は主として高齢者、障害者等が利用する建築物）に加えて共同住宅、学校等の特定建築物（多数の者が利用する建築物）も義務付け）、②対象建物の規模の引き下げ（バリアフリー法で定めるバリアフリー化の義務付け対象となる規模（床面積の合計が2,000㎡）の要件を引き下げ、特別特定建築物の用途に応じて、全ての規模（床面積を問わない）、床面積の合計が500㎡以上、床面積の合計が1,000㎡以上、を対象とする）、③整備基準の強化（バリアフリー法が定める建築物移動等円滑化基準に上乗せし、建築物の経路をより利用しやすくする）等が規定されている。

　なお、条例で付加された基準適合義務等の事項は、バリアフリー法14条4項に基づき、建築基準関係規定とみなされ、建築確認申請の審査対象になる。

⑷　総合設計許可基準

　総合設計制度とは、一定規模以上の敷地で敷地内に一定割合以上の空地を有する建築物について、計画を総合的に判断して、敷地内に歩行者が日常自由に通行又は利用できる空地（公開空地）を設けるなどにより、市街地の環境の整備改善に資すると認められる場合に、特定行政庁の許可により、容積率制限や斜線制限、絶対高さ制限を緩和する制度をいう。

　建築基準法59条の2に基づく総合設計制度は、一定規模以上の敷地面積及び一定割合以上の空地を有する建築計画について、その容積及び形態の制限を緩和する統一的な基準を設けることにより、建築敷地の共同化及び大規模化による土地の有効かつ合理的な利用の促進並びに公共的な空地空間の確保による市街地環境の整備改善等を図ることを目的とするものである。また、長期優良住宅の普及の促進に関する法律18条1項に基づく総合設計制度は、認定長期優良住宅の建築を促進するとともに、公開空地の確保や地域の防災、環境等への貢献等を通じて、市街地の安全性の向上や良好な市街地住宅の供給の促進等良好な建築物の誘導を図り、もって市街地環境の整備改善に資することを目的とするものである。さらに、マンションの建替え等の円滑化に関する法律105条1項においても総合設計制度が規定されている。

　総合設計制度の積極的な活用を図るため、総合設計許可の取扱方針として、

都道府県や都市部の市区において、総合設計許可要綱が設けられている（例として東京都総合設計許可要綱、大阪市総合設計許可取扱要綱、千代田区総合設計許可要綱など）。

(5) ワンルームマンション

ワンルームマンションは単身世帯が多い都市部で建設されることが多いが、その特徴から、住戸が狭小であること、住環境が良好でないこと、また近隣住民とのトラブルが生じること等の問題がある。

そのため、市区町村の中には、生活環境の維持向上を図ると共に、良好な近隣関係の形成を図るため、自主条例としてワンルームマンション条例を設ける例がある。例えば新宿区では、近隣への建築計画の周知（6条）、専有面積を25㎡以上とすること（10条）、駐輪場等を設けること（11条）、高齢者の入居への配慮（13条）が規定されている（新宿区ワンルームマンション等の建築及び管理に関する条例）。

5 付帯設備

(1) 駐車場

ア 概　略

駐車場法は、都市における自動車の駐車のための施設の整備に関し必要な事項を定めることにより、道路交通の円滑化を図り、もって公衆の利便に資するとともに、都市の機能の維持及び増進に寄与することを目的とする法律である（駐車場法1条）。

地方公共団体との関係で特に重要な事項は、駐車場の附置義務である。駐車場法20条は、地方公共団体は、駐車場整備地区内又は商業地域内若しくは近隣商業地域内において、一定規模以上の建築物を新築または増改築する場合には、条例で駐車施設を設けることを義務付けることができる旨規定しており、地方公共団体に自動車の駐車のための施設を附置する義務付けを行うことができる法律的根拠を付与している。

イ 標準駐車場条例

国土交通省は、標準駐車場条例を公表しており、同条例を参考に各地方公

共団体は、駐車場条例を制定している。標準駐車場条例では、大きく分けて①路上駐車場、②路外駐車場、③駐車場設置適正化区域、④建築物等における駐車施設、⑤罰則が規定されており、このうち④については、㋐対象地域、㋑設置が義務付けられる建築物の規模、㋒建築物の広さ及び建築物の用途に伴う駐車場の台数等が細かく規定されている。

　条例を定めることができる地方公共団体には、都道府県だけではなく市区町村も含まれる[22]。なお、現在、都道府県で駐車場法に基づく駐車場条例を制定しているのは東京都のみであり、他道府県では各市区町村によって制定されている。

　東京都駐車場条例では、建築物を建築する際、その建築される区域、建築物の床面積の広さに応じて駐車場の規模を定めている（東京都駐車場条例17条）。ただし、駐車場整備地区のうち駐車場整備計画が定められている区域において、知事が地区特性に応じた基準に基づき、必要な駐車施設の附置の確保が図られていると認める場合には、同条は適用されず、その地域に沿ったルール（いわゆる地域ルール）を制定することができるとされている（同条ただし書）。たとえば、銀座では、中央区附置義務駐車施設整備要綱を策定し、事業区域規模が500㎡以上である場合、附置義務台数は東京都駐車場条例で定められた台数に1.2を乗じた台数としている。

　なお、近年、自動車保有者が減っていることもあり、地域ルールにて附置台数を減らす地区も出ている。たとえば、渋谷や新宿駅東口では、東京都駐車場条例で定める台数よりも減少させる形でルールを策定している。

　したがって、東京都では、駐車場を設置する際には、都の条例だけではなく、地域ルールを確認する必要があるため注意を要する。

(2)　駐輪場

ア　概　要

　自転車の安全利用の促進及び自転車等の駐車対策の総合的推進に関する法律[23]（以下「自転車法」という）は、自転車に係る道路交通環境の整備及び交通

---

22)　駐車場法研究会『駐車場法解説』（ぎょうせい、平成17年）116頁
23)　平成5年の改正によりこの名称となり改正前は「自転車の安全利用の促進及び自転車駐車場の整備に関する法律」とされていた。

安全活動の推進、自転車の安全性の確保、自転車駐車場の整備等に関し必要な措置を定め、もって自転車の交通に係る事故の防止と交通の円滑化を図り、あわせて自転車利用者の利便の増進に資することを目的に制定されたものである（自転車法1条）。

　自転車の利用が増加したことにより、路上に放置される自転車が増え、歩道等の安全な通行や良好な景観を阻害していることから、自転車の受入先の確保や商業施設等に一定の規模の駐輪場の設置義務を課すことができるようにしている。

　このうち、商業施設といった人の往来が激しい施設では、自転車の利用が多いことが予想され、そのような施設に駐輪場がなければ、人の通行する道に自転車が放置されることが容易に想定される。そこで、自転車法5条4項は、大量の駐車需要を生じさせる施設について、地方公共団体が地域の実情に応じ、その設置者に対し条例によって自転車駐車場の附置義務を課することのできる根拠として規定されている。

　これを受けて、昭和56年11月28日付で建設省都市局長から「標準自転車駐車場附置義務条例について」と題する通達が各都道府県知事、各指定都市の長あてに出されている。また、平成24年には、国土交通省が「自転車等駐車場の整備のあり方に関するガイドライン」を策定し、駅周辺及び中心市街地における自転車等駐車場整備のための調査方法や自転車等駐車場整備の方策を示している。

イ　標準自転車駐車場附置義務条例

　標準自転車駐車場附置義務条例では、①施設を新築する場合（3条）、②施設を増築する場合（6条）、③施設が指定地区の内外にわたる場合（7条）に、施設の種類や規模に応じて自転車駐車場の設置台数を課すこと、自転車駐車場を設置する場合には、あらかじめ市長に届出をする必要があること等が規定されている（9条）。また、附置義務に反する場合や、構造・管理に問題がある場合、措置命令（13条）をとることができ、措置命令に応じない場合の罰則についても定められている（14条）。

　上記の標準自転車駐車場附置義務条例をもとに、各自治体はそれぞれ自転

車駐車場附置義務条例を制定している。たとえば、大田区では大田区自転車等の適正利用及び自転車等駐車場整備に関する条例[24]を制定し、①放置禁止区域の指定、②区営自転車等駐車場の設置、③民間施設における自転車の駐車場の設置と、路上に自転車が放置されないよう自転車駐車場の確保に努めている。このうち③にて、施設の用途、施設の規模に準じて自転車駐車場の規模を定めており（大田区自転車等の適正利用及び自転車等駐車場整備に関する条例23条）、これに反する場合、区長は是正措置を勧告することができ（33条）、勧告に従わない場合、その旨及び勧告の内容を公表することができるとされている（34条）。また、大田区では平成25年に附置義務対象区域を拡大しており、自動車の場合と異なり、自転車駐車場の設置範囲が広がっている。

ウ　小　括

　上記の通り、自転車駐車場設置義務については、自動車の場合とは異なり、拡大傾向にあるため、建物建築の際は当該建物が所在する市区町村の最新の条例を確認する必要がある。

(3)　ごみ集積所

　市町村は、その区域内における一般廃棄物の減量に関し住民の自主的な活動の促進を図り、及び一般廃棄物の適正な処理に必要な措置を講ずるよう努めなければならない（廃棄物の処理及び清掃に関する法律4条1項）。

　この点、地域によって一般廃棄物の種類や処理方法は様々であることから、市区町村は、一般廃棄物の処理やリサイクルに関する自主条例を制定している。

　例えば、荒川区廃棄物の処理及び再利用に関する条例では、延床面積が1,000㎡以上又は住戸数15以上の建築物を建設する時は、建築物内又は敷地内に一般廃棄物の保管場所及び再利用の対象となる物の保管場所を設置しなければならないと定めており、建築の際は、同様の条例の適用の有無、適用される場合のごみ収集場の位置や規模等について行政側と事前に協議しておくことが肝要である。

---

24)　令和2年1月1日に改正されこの名称となり、改正前は「大田区自転車等の放置防止及び自転車等駐車場整備に関する条例」とされていた。

6　環境・町並みへの配慮

⑴　緑化条例

　平成28年度末現在、36都道府県515都市で緑化を進めるための緑化条例や自然環境を守るための環境保全条例等が制定されている[25]。

　例えば、都市緑地法39条１項の委任に基づき緑化率を条例で定めている場合がある（例：三鷹市地区計画の区域内における建築物の緑化率の最低限度に関する条例）[26]。

　また、自主条例である東京における自然の保護と回復に関する条例（通称：東京都自然保護条例）では、都内1,000㎡（国及び地方公共団体が有する敷地にあっては250㎡）以上の敷地で、建築物・駐車場等を新築・増築する者は、緑化計画書の提出義務及び屋上・壁面・ベランダにおいて、原則的に利用可能部分の20％に相当する面積以上の樹木・芝等による緑化義務を負う旨を定めている（東京都自然保護条例14条、47条及び48条、同条例施行規則６条、別表第四）。

　なお、都内各区が独自に定めるみどりの保護条例等によって、緑化計画書の提出義務の対象となる範囲を敷地面積200㎡以上等に拡大している場合もあるため注意が必要である（例：文京区みどりの保護条例）。

⑵　屋外広告物

　都道府県は、条例で定めるところにより、良好な景観又は風致を維持するために必要があると認めるときは、一定の地域又は場所について、広告物の表示又は掲出物件の設置の禁止（屋外広告物法３条）、若しくは都道府県知事の許可を受けなければならないとすることその他必要な制限をすることができる（屋外広告物法４条）ほか、条例で、広告物の形状、面積、色彩、意匠その他表示の方法の基準などを定めることができる（屋外広告物法５条）。

　また、景観との調和を図るため、景観行政団体が定めた景観計画に広告物

---

25)　都市緑化データベース「緑化・保全に関する条例等」（https://www.mlit.go.jp/crd/park/joho/database/toshiryokuchi/jyourei/index.html）

26)　建築物の緑化施設（植栽、花壇その他の緑化のための施設及び敷地内の保全された樹木並びにこれらに附属して設けられる園路、土留その他の施設（当該建築物の空地、屋上その他の屋外に設けられるものに限る）をいう）の面積の敷地面積に対する割合（都市緑地法34条２項）。

の表示及び掲出物件の設置に関する行為の制限に関する事項が定められた場合、景観行政団体が制定した屋外広告物条例は、当該景観計画に即して定めることを要する（屋外広告物法6条）。

　これを受けて、都道府県には屋外広告物条例が制定されているほか、特別区や政令指定都市、中核市においても屋外広告物条例が制定されている[27]。

(3)　景観条例

　地方公共団体が定める景観条例は、平成17年まで法令の委任に基づかない自主条例だったため、建築等の行為の届出勧告を定めるだけで、いざというときの強制力に欠けていた。しかし、景観法が平成17年6月1日に公布されて以降、同法によって強制力を伴う法的規制の枠組みが設けられ[28]、併せて、地方公共団体が独自に条例で景観に関する規制内容を定めること等ができる法的仕組み[29]が導入された。

　また、歴史的建築物については、当然ながら建築されてかなりの年数が経っており、建築基準法等の法令の現行規定には適合しないこととなっている（建築基準法3条2項）。しかし、古い建築物であっても、主要構造物を大規模に修繕、模様替えをする場合、大規模な増築をする場合、一定の用途変更をする場合は、現行規定に適合させなければならず、歴史的建築物の価値が大きく損なわれることが想定される。そこで、建築基準法3条1項は、①文化財保護法の規定によって国宝、重要文化財、重要有形民俗文化財、特別史跡名勝天然記念物又は史跡名勝天然記念物として指定された建築物、②文化財保護法182条2項の条例（文化財保護条例）その他の条例の定めるところにより現状変更の規制及び保存のための措置が講じられている建築物であって、

---

27)　屋外広告物法26条、27条。また、景観法の施行に伴って、政令指定都市・中核市は自動的に景観行政団体となった（景観法7条1項）。

28)　建築物の建築等または工作物の建設等の行為のうち、条例で「特定届出対象行為」と定めたものについて、景観計画に定められた建築物又は工作物の形態意匠の制限に適合しない行為をした者に対し、設計の変更その他必要な措置をとることを命ずることができる（景観法17条1項）。

29)　例えば、東京都景観条例11条は、以下のように定めている。
　法第17条第1項の条例で定める行為は、次に掲げる行為とする。
　一　建築物の新築、増築、改築若しくは移転、外観を変更することとなる修繕若しくは模様替又は色彩の変更（以下「建築等」という。）
　二　工作物の新設、増築、改築若しくは移転、外観を変更することとなる修繕若しくは模様替又は色彩の変更

特定行政庁が建築審査会の同意を得て指定したもの等については、建築基準法の規定は適用除外としている。

国土交通省は、「その他の条例」で「現状変更の規制及び保存のための措置」を講じることを促すため、平成30年3月16日付「歴史的建築物の活用に向けた条例整備ガイドライン」を発表している。独自の条例としては、例えば京都市歴史的建築物の保存及び活用に関する条例や鎌倉市歴史的建築物の保存及び活用に関する条例などがある。また、景観条例等の改正としては、神戸市都市景観条例や横浜市魅力ある都市景観の創造に関する条例などがある[30]。

また、建築基準法も、景観法19条1項に規定する景観重要建造物や文化財保護法143条に規定する伝統的建造物群保存地区内での建築物について、国土交通大臣の承認を得て、条例により、建築基準法に係る制限を緩和できるものとしている（建築基準法85条の2、85条の3）。例えば太宰府市では、太宰府天満宮参道景観保全地区内における景観重要建造物として指定された部分を有する建築物に対する法の規定による制限を緩和するために必要な事項を定めている（太宰府市景観育成地区における建築基準法の制限の緩和に関する条例）。

コラム① 国立マンション事件

景観法が制定されるきっかけとなった国立マンション事件について紹介する。

この事案は、以下の通りである。国立市は大学通り沿いに高さ約20mで揃った銀杏並木と桜並木が続いていた。その大学通り沿いにX社が高さ約44mのマンションの建築を計画し、東京都の建築主事から建築確認を取得し、「根切り工事・山留め工事」を開始した。これに対して住民の反対運動を受けた国立市は、当該敷地周辺の建築物の高さを20mに制限するといった地区計画を策定するとともに、建築条例を改正し、当該地区計画の内容は建築基準法上の制限となった。国立市の住民らは、条例

30）『歴史的建築物保存及び活用に関する条例』一般財団法人地方自治研究機構、令和4年9月（http://www.rilg.or.jp/htdocs/img/reiki/058_historic_building.htm）

が改正されたことで、X社や東京都に対して20mを超える部分の撤去や建築確認の無効を求め訴訟提起をし、一方でX社は国立市及び国立市長を相手に地区計画・建築物制限条例の無効確認並びに取消しを求め、さらに損害賠償請求訴訟を提起する等、様々な訴訟提起がなされた。

このうち、国立市住民らがX社を相手にして提起した当該建物の高さ20mを超える部分の撤去及び景観を破壊されたことに対する慰謝料を求めた事案で、最高裁ははじめて景観利益を法律上保護に値する利益として認めた（最判平成18・3・30民集60巻3号948頁〔28110839〕）。しかし、最高裁は私法上の権利とまではいえないとし、さらに景観利益が法律上保護に値する利益としても、ある行為が景観利益に対する違法な侵害に当たるといえるためには、少なくとも、その侵害行為が刑罰法規や行政法規の規制に違反するものであったり、公序良俗違反や権利の濫用に該当するものであるなど、侵害行為の態様や程度の面において社会的に容認された行為としての相当性を欠くことが求められるとして、X社にはそのような行為がなかったことから、国立市住民らの請求は認められずに終わった。

国立マンション事件をきっかけに、景観法が施行されたことで、これまで自主条例として強制力のなかった景観条例に一定の法的根拠を見出せるようになった。景観法が施行されたことで、住民の景観に対する意識は強まったとも思われる。景観法施行後の著名な事案としては、鞆の浦の埋立免許差止請求事件（広島地判平成21・10・1判時2060号3頁〔28154038〕）が挙げられ、同事件では、景観利益を認め、原告らの請求を一部認めるまでに至った。景観に対する意識を広げるきっかけとなった国立マンション事件が、その後の建築業界に影響を与えていることは間違いない。高層建築物だけではなく、景観に対して何かしらの影響を与える建築を計画することとなれば、当該地域の住民らの理解を得る努力が一層求められるだろう。

〔前澤　駿〕

コラム② 建築確認処分が取り消されたら何が起きるのか（文京区マンション建築確認取消事件）

　本事件の概要は、デベロッパーが建築主となって東京都文京区にて建築する分譲マンション（地上8階、地下2階、総戸数107戸。以下「本件マンション」という）について指定確認検査機関による建築確認処分が平成26年3月12日付でなされた後、本件マンションの周辺住民らが建築確認処分の取消しを求めて審査請求をしたところ、既に建物の完成間近で全戸が完売していたものの、東京都建築審査会が平成27年11月2日付で、条例違反を理由に建築確認を取り消す旨の裁決をした、というものである。

　条例違反の点は複雑なので簡略化して説明すると、東京都建築安全条例32条6号は、避難階（直接地上へ通ずる出入口のある階）以外の階に大規模駐車場（格納又は駐車の用に供する部分の床面積が合計500㎡以上のもの）を設ける場合は、地上に通ずる直通階段を設け、避難階段としなければならない旨を定めているが、避難階に大規模駐車場を設ける場合には、避難階段は不要となっている。

　この点、指定確認検査機関は、本件マンションの大規模駐車場（以下「本件駐車場」という）は、建築確認申請上、1階に当たり、直接地上へ通じているため、避難階に設けられており避難階段は不要と判断して建築確認処分を行った。

　しかし、本件マンションの周辺住民らが建築確認処分について審査請求をしたところ、東京都建築審査会は、本件マンションが傾斜地に建っているという特殊性などから、本件駐車場は直接地上へ通じておらず避難階に設けられているとはいえないところ、本件駐車場に避難階段は設置されていないため、都条例32条6号に違反する、として建築確認を取り消す旨の裁決をした（26建審・請第1号審査請求事件）。

　その後、建築主のデベロッパーなどが原告となり、東京都建築審査会がした裁決の取消しを求めて平成28年5月10日付で提訴したが、原告の請求は棄却され（東京地判平成30・5・24日判タ1457号142頁〔28262615〕）、

最高裁まで争ったものの一審判決は覆らずに確定した（最決令和元・8・16公刊物未登載〔28273703〕）。本件マンションは判決確定後も取り壊されておらず、令和5年1月現在も、条例に違反した建設中の建物となったまま存在している。

なお、日経クロステックの令和元年10月3日の記事（https://xtech.nikkei.com/atcl/nxt/column/18/00154/00679/）によれば、建築主のデベロッパーは、同年5月、東京都を被告として国家賠償法に基づき約50億円の損害賠償などを求める訴訟を提起したほか、同年9月には、建築確認処分をした指定確認検査機関を被告として、約107億円の損害賠償などを求める訴訟を提起しており、今後の展開も目が離せない。

〔廣野 亮太〕

⑷ 建築協定条例

市区町村は、その区域の一部について、住宅地としての環境又は商店街としての利便を高度に維持増進する等建築物の利用を増進し、かつ、土地の環境を改善するために必要と認める場合においては、土地の所有者及び借地権を有する者が当該土地について一定の区域を定め、その区域内における建築物の敷地、位置、構造、用途、形態、意匠又は建築設備に関する基準についての協定を締結することができる旨を、条例で定めることができる（建築基準法69条）。

建築協定条例のほか、まちづくり条例の中の一規定として定めている場合もある（地域力を生かした大田区まちづくり条例）。

⑸ 中高層建築物の建築に係る紛争の予防と調整に関する条例

ビルやマンション等の中高層建築物が建つと、周辺の住宅の日照、通風、採光の阻害、電波障害等の問題が生じ、周辺住民と建築主との間で紛争が起こる可能性がある。

そこで、例えば、東京都中高層建築物の建築に係る紛争の予防と調整に関する条例では、建築計画を事前に公開することで紛争の予防を目指し、建築主に対して建築計画の概要を記載した標識の設置や（同条例5条）、近隣住民

に対する建築計画の事前の説明会等による説明を義務付けている（同条例6条）。また、建築主と近隣関係住民の双方から紛争の調整の申出があったときは、都知事があっせんを行うこと（同条例7条）、あっせんが打ち切られた後、必要があると認められる場合で、当事者双方が受諾したときは調停を行うこと（同条例9条）を定めている。

　なお、市区町村でも同様の条例が設けられている場合もあり、その場合の適用関係が問題になる。例えば東京都の特別区での区域内においては、計画建築物の延べ面積が10,000㎡を超える場合には都条例が適用され、10,000㎡以下の場合には各区の条例が適用されることになる。

〔阿部　造一、廣野　亮太、前澤　駿〕

③ 公共事業等

1　公契約条例

(1)　概　説

　地方公共団体が行う建築等の公共事業を受注したい場合、事業者としては、いわゆる公契約条例について確認しておく必要がある。

　公契約条例とは、広義では当事者の少なくとも一方が公の機関である契約において、公契約に係る手続を通じ、その自治体における何らかの政策を実現するために必要な事項を定める条例をいうが、狭義では公契約に係る業務に従事する労働者等に、受注者等が支払うべき賃金の下限額に関する規定（賃金条項）を有するものを指す。本項では狭義の公契約条例について解説する。

(2)　公契約条例の目的

　地方公共団体が公共事業を発注する場合、一般競争入札、指名競争入札、随意契約等の契約方式が採られる。この点、バブル崩壊後の長期不況の中、特に一般競争入札の場面において、委託企業間の価格競争が激化し、落札額の低下が進み、サービスの質の低下や現場従事者がワーキングプアとなるような労働条件の悪化が生じていることが指摘されていた。

　これに対し、公契約条例は、現場従事者の賃金水準を確保し、ダンピング受注を排除することを主たる目的としている。

　我が国では、平成21年9月に全国で初めて、千葉県野田市で公契約条例が制定された。その後、野田市の事例を皮切りに、一部の地方自治体で同条約が制定されているが、一例として、千葉県野田市の公契約条例の規定を紹介する。

千葉県野田市公契約条例　前文

　地方公共団体の入札は、一般競争入札の拡大や総合評価方式の採用などの改革が進められてきたが、一方で低入札価格の問題によって下請の事業者や業務に従事する労働者にしわ寄せがされ、労働者の賃金の低下を招く状況になってきている。

　このような状況を改善し、公平かつ適正な入札を通じて豊かな地域社会の実現と労働者の適正な労働条件が確保されることは、ひとつの自治体で解決できるものではなく、国が公契約に関する法律の整備の重要性を認識し、速やかに必要な措置を講ずることが不可欠である。

　本市は、このような状況をただ見過ごすことなく先導的にこの問題に取り組んでいくことで、地方公共団体の締結する契約が豊かで安心して暮らすことのできる地域社会の実現に寄与することができるよう貢献したいと思う。

　この決意のもとに、公契約に係る業務の質の確保及び公契約の社会的な価値の向上を図るため、この条例を制定する。

---

(3)　公契約条例の法的位置づけ

　公契約条例は、ILO（国際労働機関）の第94号条約として成立した「公契約における労働条項に関する条約」に由来するものである。我が国は同条約に批准してはいないものの、前掲の千葉県野田市のように一部の地方自治体で、自主条例として、同条約の趣旨を取り入れた公契約条例が制定されている。

　もっとも、自主条例という位置付けであるため、地域によって公契約条例

の有無が異なる上、公契約条例が制定されている場合でも賃金条項の有無や定め方、位置づけ等の点で、内容には大きな地域差がある。

(4) 賃金条項

公契約条例の特徴は、現場従事者の賃金水準を確保するための賃金条項が設けられていることである。

ここでも一例として千葉県野田市の賃金条項を紹介する。

> **千葉県野田市公契約条例　第6条（抜粋）**
> 　受注者等は、適用労働者に対し、次に定める1時間当たりの賃金等の最低額（1円未満の端数があるときは、これを切り上げた額）以上の賃金等を支払わなければならない。

上述の通り、千葉県野田市においては、公契約を受注した事業者は、当該事業に従事する従業員や下請業者に対し、公契約条例で定められた基準以上の賃金を支払わなくてはならないとされている。なお、受注者が下請業者を使う場合には連帯責任を課す規定（同条例8条）や、市長の報告や立入検査の規定（同条例9条）、一定の場合には公契約を解除する規定（同条例11条）等も併せて設けられており、これらの規定によって前掲の賃金規定の実効性が担保されている。

(5) 小 括

公契約条例では、千葉県野田市の場合のように、受注者にとって厳しい条例を制定している地域も存在する。ダンピング受注等によって現場従事者の労働環境が悪化するような事態を避けるべきであるのは言うまでもないが、上述の通り公契約条例には地域差が大きいため、事業者から公共事業に参入したいという相談を受けた場合には、公契約条例の有無及び内容について調査をする必要がある。

2　公共事業評価制度

公共事業特有の制度として、公共事業の評価制度がある。事業評価には、

計画段階での評価、新規事業採択時の評価、再評価、完了後の事後評価があり、いずれも事業の必要性や費用対効果、公共事業の進め方を客観的に検証することを目的としている。

　公共事業に特有といえるのは再評価制度であるが、同制度は事業の効率性や実施過程の透明性の向上のため、事業採択後一定期間未着工の事業や、事業採択後に長期継続している事業等の一定の事業に関し、事業の実施主体が、学識経験者等で構成される事業評価委員会からの意見や助言を受けた上で、評価を行い、事業の継続又は中止の判断を行うものである。

　このような公共事業評価制度については、各地方自治体にて、対象となる事業や検討の方法等、独自に定められているので、必要に応じて調査の必要がある。

3　暴力団排除条例

　その他、全都道府県で施行されている暴力団排除条例にも注意する必要がある。暴力団排除条例は、建設業や公共事業に特有の条例ではないものの、建築業が取引の対象が高額であることを理由に暴力団等に利用されるリスクが高いことや、公共事業においては一般の取引以上に暴力団排除の要請が高いことから、例えば東京都暴力団排除条例7条のように、特に暴力団排除措置が定められている場合がある。こういった規定により、公共事業の入札の場面では、暴力団関係者では無いことの誓約書が求められる等の手続が生じたり、暴力団関係者であることが疑われて入札への参加を拒否されるようなトラブルが生じたりする可能性がある。

　そのため、公共事業に関する相談を受けた場合には、暴力団排除条例を調査する必要が生じることもある。

〔井口　賢人〕

コラム③ 建設業者の指名停止措置

　指名競争入札においては、あらかじめ公共事業の発注者が審査をして事業者の名簿を作成し、公共事業の発注に際して当該有資格者の名簿から競争に参加する事業者を指名する。また、各地方公共団体には、いわゆる「暴力団排除条例」が制定されており、その内容は条例ごとに異なる部分もあるものの、基本的には、暴力団等と関与がある建設業者は地方公共団体と契約できず、また入札に参加できない仕組みが備えられている。それでは、入札資格を有する建設業者が、暴力団等との関与があるとされて指名を停止された場合（いわゆる「指名停止措置」）には、どのように対処すればよいのだろうか。

　対応方法についてはもちろんケースバイケースであるが、ひとつ留意が必要なのは暴力団等との関与を実質的に認定する主体は指名停止措置をとる地方公共団体というよりも、警察であるという点である。地方公共団体は、警察からの排除要請を受け、地方公共団体が発注する契約に係る競争入札等からの除外措置を講じているものであり、警察の判断が覆らない限り地方公共団体の判断も変わらない。まずは暴力団との関与が無いことを警察等に示し、早急に指名停止措置の解除を目指すことが、会社の存続のために有用な方策となり得る。

　まずは、警察が暴力団等との関与を認定した根拠となる事実を明らかにしてもらうことが必要であるが、いわゆる刑事事件の手続とは異なり、開示手続が法定されているものではないため、スムーズに情報開示を受けられないこともある。むしろ、警察から建設業者に対して「心当たりのある暴力団との関与事実を全て自ら開示せよ」との要請がされることもある。どの事実が認定の根拠となっているのかが分からない中で、適切な対処をすることは難しい面もあるが、指名停止措置となった建設業者側に暴力団等との関与がある役員や従業員がいれば、その人物を会社から排除する方法を取ることが一般的である。また、取引先が暴力団等に関与している場合にも、その取引先との取引を完全に停止し関与を断つことが必要となる。

　なお、指名停止措置は行政法上の「処分」に該当しないとされており、行政訴訟によって争うことは現実的ではない。訴訟を検討する場合には、国家賠償責任を事後的に問う方法しかないと考えられる。

〔三木　優子〕

コラム④　審査請求のすすめ

　建築確認など特定行政庁等の建築審査に関する処分にかかる不服申立ての方法の一つとして、行政不服審査法上による審査請求がある（行政不服審査法2条）。審査請求の申立先は、建築審査会である（建築基準法94条1項、行政不服審査法9条1項の審査庁となる）。

　平成26年の行政不服審査法改正により審査請求前置主義が廃止され、いきなり裁判所に対して行政訴訟を提起することが可能になった。では、いきなり裁判所へ訴訟提起をするメリットがあるかというとそうともいえない。

　建築審査会に対して審査請求を行うメリットとしては、①専門分野をもった委員による個々の分野の実務を踏まえた判断ができること、②当事者の主張立証に依存することなく、職権で審理ができること、③訴訟手続より簡易迅速かつ弾力的な審理手続を採ることができること、④違法事由だけでなく不当事由も判断することができること、⑤取消裁決が出れば、直ちに効力が生じ、工事が停止すること、⑥原則書面審理であるから何度も出頭する必要がないこと及び⑦申立費用が不要であることなどが挙げられる。専門的な建築技術の問題点や現場地域の実情の把握などでは建築審査会の方が理解に優る場合もある（青柳馨編著『新・行政不服審査の実務』（三協法規出版、令和元年）57頁）。

　訴訟では当事者に主張・立証責任があるので、争点を明確化することについてのハードルは相当高くなる。一方で、審査請求は、「疑義がある」という程度の主張をする場合が多い。職権審査であるため、「疑義がある」という程度の主張でも建築審査会が職権で調査する。訴訟に比べ

て、主張立証のハードルは低いといえる。

　もっとも、複雑難解な建築法規を理解した上で、建築図面と照合して主張立証しなければならないことには変わりがない。この点、審査請求では弁護士代理の原則はなく、審査請求人が一級建築士を代理人として選任することもある（行政不服審査法12条1項）。

　また、審査請求人は、処分庁が有する建築審査で用いた図書を建築審査会へ提出させ（物件の提示要求。行政不服審査法33条）、提出書類等の閲覧または写しを求めることによって（行政不服審査法38条）、建築審査に関する情報を収集することができる。

　直近では、東京都のある特別区所在のマンションにかかる建築確認に対する審査請求において、建築確認処分を取り消す裁決があった。建築基準法施行令119条が、共同住宅の住戸の床面積の合計が100㎡を超える階における共用のものであり、かつ、廊下の配置が、両側に居室がある廊下における場合、廊下の幅は1.6m以上としなければならないと規定するところ、建築計画では廊下幅が1.6mに満たないことから違法であるとした。

　マンションの共用廊下の幅員に関する情報は、審査請求人が審査請求したことによって得られた情報といえる。訴訟では高いハードルでも、行政不服審査法の制度を積極的に活用すれば、事案解明に少しでも近づくことができる。

〔阿部　造一〕

第 **2** 章

不動産

第 2 章 不動産

相談内容	対応例
▪ 宅建業者として開業したい	▪ 国土交通大臣又は各都道府県知事の免許の取得 ▪ 営業保証金の供託 ▪ 不動産団体に登録し、弁済業務保証金の支払によって営業保証金の供託に代えることの検討
▪ 宅建業者が不動産の売買の売主になりたい	① 広告等に関する規制の調査 ② 説明事項の調査 ③ 重要事項説明の実施 ④ 決済
▪ 宅建業者が不動産売買の媒介をしたい	① 広告等に関する規制の調査 ② 仲介の立場及び媒介契約の内容の確認 ③ （売手側の場合）説明事項の調査 ④ （売手側の場合）重要事項説明の実施 ⑤ 決済への立会い
▪ 宅建業者が賃貸の仲介をしたい	▪ 重要事項説明で説明すべき事項の確認
▪ 宅建業者が賃貸管理事業を始めたい	▪ 賃貸住宅管理業者の登録
▪ 借主と原状回復の内容が折り合わない	▪ ガイドラインの調査
▪ トラブルが話し合いで解決しない	① 裁判所を使った手続（訴訟、調停） ② 住宅紛争審査会による紛争処理 ③ （社）日本不動産仲裁機構による ADR

根拠法	根拠条例等

- 宅建業法 3 条 1 項等

- 宅建業法25条、64条の13等

- 宅建業法32条、33条、34条、35条、37条〜43条等
- 消費者契約法 2 条 3 項、8 条
- 景品表示法31条 1 項
- 住宅の品質確保の促進等に関する法律95条 1 項

- 既存住宅流通促進指針（東京都）
- 公正競争規約（不動産公正取引協議会連合会）
- 東京都住宅マスタープラン（東京都）

- 宅建業法35条

- 賃貸住宅紛争防止条例（東京都）
- 宅地建物取引業者による人の死の告知に関するガイドライン（国土交通省）
- 貸室・設備等の不具合による賃料減額ガイドライン（（公財）日本賃貸住宅管理協会）

- 賃貸管理適正法 3 条

- 賃貸住宅紛争防止条例（東京都）

- 民法621条

- 原状回復をめぐるトラブルとガイドライン（国土交通省）

- ① 民事訴訟法等
- ② 住宅の品質確保の促進等に関する法律66条

1 概　説

1　はじめに

　本章では、事業者が不動産業者として開業して不動産取引等を行う場合に
必要となる手続やこれに関する条例等について解説する。不動産を巡っては
多様な法律関係が存在し、不動産業の業態も多種多様であるが、本章では不
動産業の典型である不動産の売買、売買の仲介及び不動産の賃貸管理につい
て取り扱う。なお、本章は不動産業者（不動産取引を業として行う者）に関す
る規制を解説するものであり、個人売買等の場合については取り扱わない。

2　関係する法律・条例等

　本章の対象である事業者による不動産取引等に関わる法令としては、その
開業等や取引等を規制する宅地建物取引業法（以下、「宅建業法」という）が中
心となる。以下で取り扱う法律や条例等は、宅建業法の存在を前提にその内
容を敷衍したり、補足したりするものが多い。なお、不動産の取引である以
上、民法や消費者契約法のように私人間の取引一般に適用される法令等にも
注意すべきではあるが、原状回復ガイドラインのように不動産取引に特有の
規制がある場合を除き、本章では取り扱わない。

⑴　宅建業法

　宅建業法は、不動産業者に対し免許制度を設けて事業に規制を行うことで、
同事業の適正な運営と不動産取引の公正を確保し、もって不動産購入者等の
利益の保護と宅地及び建物の流通の円滑化を図ることを目的とする法律であ
る（宅建業法 1 条参照）。

　なお、宅建業法の規定を受けた施行規則として、宅地建物取引業法施行規
則（以下、「宅建則」という）が存在する。

⑵　宅地建物取引業法施行細則

　宅建業に関して自治体が設ける規制としては、各都道府県に宅地建物取引
業法施行細則が設けられている。例えば東京都では「東京都宅地建物取引業

法施行細則」（以下、「東京都細則」という）、大阪府では「大阪府宅地建物取引業法施行細則」、神奈川県でも「宅地建物取引業法施行細則」が設けられており、他の都道府県でも同様の細則が制定されている。

　同施行細則では、宅建業法3条1項の「事務所」の形態や宅建業の免許申請手続の具体的内容、宅地建物取引士の登録手続の具体的内容等、主として開業や届出に関する手続の詳細（届出書等の書式）が規定されている。

　なお、以下では東京都細則を中心に自治体の規制を取り上げるが、他の自治体でも概ね同様の規制がなされているので、適宜参照されたい。

⑶　各種ガイドライン

　国土交通省や、都道府県からは、一定の事項についてガイドライン等の文書が出されている場合がある。例えば賃貸の場面では原状回復に関して国土交通省や都道府県からガイドラインが出されているところ、これらのガイドラインの調査が必要となる。なお、同ガイドラインの中には必ずしも宅建業者（定義については後述する）に対してのみ向けられたものではないものも含まれるが、不動産取引等を業として行う宅建業者がこれらのガイドラインについて知悉すべきことはいうまでもない。

⑷　宅建業に関係する団体の各種ルール

　その他、宅建業者として事業を行う場合、宅建業法に基づく営業保証金を供託する必要があるが、各都道府県の宅地建物取引業協会（宅建協会）や全日本宅地建物取引業協会（全日）等の宅建業に関係する諸団体に加入することで低額な弁済業務保証金の支払で済ませることができる[1]。また、これら宅建業に関係する諸団体に加入することで各地域の指定流通機構が運営する不動産流通標準情報システム（レインズ）の利用が可能になる。

　そのため、多くの宅建業者が前述の不動産団体に加入している。かかる実情から、宅建業者の事業を知るためには、宅建業に関係する諸団体が公表す

---

1)　厳密には、宅建業者は諸団体に加入する際に、各団体が運営する保証協会（公益社団法人全国宅地建物取引業保証協会や、公益社団法人不動産保証協会等）にも加入することとなり、同保証協会が弁済業務保証金の業務を行う（https://www.hosyo.or.jp/、https://www.fudousanhosho.or.jp/等参照）。

るものについても、適宜、把握しておく必要がある。[2]

コラム⑤　営業保証金・弁済業務保証金

　宅建業者として事業を行う場合、宅建業法に基づき営業保証金を供託するか、保証協会に加入して弁済業務保証金を支払ってこれに代えるかいずれかをしなくてはならない。前者の供託金額は1,000万円（なお、支店がある場合、支店ごとに500万円）であるが、後者は60万円（なお、支店がある場合、支店ごとに30万円）であって、前者と比べてかなり低額であるため、殆どの宅建業者が全国宅地建物取引業保証協会や全日本不動産保証協会等の保証協会に加入している。

　宅建業者との間で宅建業に関する取引をした者（ただし、宅建業者は除かれている）は、その取引により生じた債権に関して、かかる供託金について還付請求（なお、弁済業務保証金の場合は、先に保証協会からの還付金額の認証を受けた上で還付を受けることとなる）を行うことができる。かかる制度によって、宅建業者との間で宅建業に関する取引をした者は、仮に当該宅建業者からの弁済が得られない場合でも営業保証金・弁済業務保証金からの還付を受けることができる。

　他方、宅建業者に対して債権を有する債権者であっても、債権の発生原因が宅建業に関する取引ではない場合や、自身もまた宅建業者である場合には営業保証金や弁済業務保証金からの還付を受けることはできない。しかしながら、この場合であっても営業保証金・弁済業務保証金を差し押さえて債権回収を実現できる場合もあるので、同制度について知っておいて欲しい。

〔井口　賢人〕

---

2)　宅建業に関係する諸団体では、会員向けに契約書式や重要事項説明書等を公表しているため、実務上これらの契約書式を目にすることも多い。

3 定義等

(1) 宅地建物取引業（宅建業）

宅建業法上、「宅地建物取引業」とは、以下の類型に該当する「宅地建物取引」を業として行うものと定義されている（宅建業法2条2号）。

① 宅地又は建物の売買、交換
② 宅地又は建物の売買、交換又は貸借の代理
③ 宅地又は建物の売買、交換又は貸借の媒介

この定義からも分かる通り、宅建業には、自らが主体となって宅地建物を取引する場合と、他人の宅地建物取引を代理又は媒介する場合とがあることに留意されたい。なお、「業として行うもの」のみを宅建業と定義しているため、反復継続して行われない一回限りの個人間の取引等は宅建業に当たらないこととなる。

(2) 宅地建物取引業者（宅建業者）

宅建業を行うためには宅建業法3条1項に定める免許（事業所の区域に応じ、国土交通大臣免許又は都道府県知事免許のいずれか）を受けなければならない。そのため、宅建業法において宅建業者とは、かかる「免許を受けて宅建業を営む者」と定義されている（宅建業法2条3号）。

(3) 宅地建物取引士（宅建士）

宅建業者は、その事務所等ごとに、事務所等の規模、業務内容等を考慮して国土交通省令で定める数の成年者である専任の宅建士を置かなければならない（宅建業法31条の3第1項）。

「宅建士」とは、宅建業法22条の2第1項の宅地建物取引士証（以下「宅建士証」という）の交付を受けた者をいう（同法2条4号）。宅建士証の交付を受けるには、宅建士試験に合格した後、一定の実務要件等を満たした上で、都道府県知事の登録を受け（同法18条1項）、宅建士証の交付の申請を行う必要がある（同法22条の2第1項）。

4　本章の構成

　上述の通り、本章では、宅建業者が関与する取引を念頭に置き、不動産業の典型である不動産の売買、売買の仲介及び不動産の賃貸管理について取り扱う。

　以下では、宅建業者の開業等に関する規制を $\boxed{2}$ で解説した後、売買に関する事項を $\boxed{3}$ で、賃貸に関する事項を $\boxed{4}$ でそれぞれ解説する。

〔井口　賢人〕

$\boxed{2}$　宅建業者の開業規制と業務規制

1　開業規制と業務規制

　宅建業法の規制は、大きく分けて、①宅建業を開業する際の規制（開業規制）と、②宅建業を実際に行う際の規制（業務規制）の二段階に分かれている[3]。

　以下では、かかる分類を前提に詳述する。

2　開業規制の内容

(1)　免許の種類

　前述のとおり、宅建業は、免許を受けなければ営むことができない（宅建業法12条1項）。宅建業の免許には、国土交通大臣が付与する免許（大臣免許）と、都道府県知事が付与する免許（知事免許）の2種類がある（同法3条1項）。

　2つ以上の都道府県の区域内に事務所を設置して宅建業を営もうとする場合には大臣免許が必要となり、1つの都道府県の区域内に事務所を設置して宅建業を営もうとする場合には知事免許が必要となる。

　なお、無免許で宅建業を営んだ場合、3年以下の懲役若しくは300万円以下

---

3)　富田裕・小里佳嵩編著『弁護士・法務担当者のための不動産・建設取引の法律実務〜売買、賃貸借、媒介、開発、設計・監理、建設請負〜』（第一法規、令和3年）3頁

の罰金又はこれらの併科となる可能性がある（宅建業法12条１項、79条２号）。

(2) 免許の申請手続

ア　申請書の提出

　宅建業の免許を受けようとする者は、その主たる事務所の所在地を管轄する都道府県知事に、又は同知事を経由して国土交通大臣に、それぞれ免許申請書を提出する（宅建業法４条１項、78条の３第１項）。

イ　申請内容の審査

　免許申請書が受理されると、行政庁において申請内容の審査に入る。審査の標準処理期間は、大臣免許については100日程度[4]、知事免許については各自治体により差異があるが、東京都の場合は約30日〜40日とされている[5]。

　審査が完了すると、行政庁から申請者に対し免許通知が発行される。

ウ　免許通知の受領後

　免許通知を受領した後、営業保証金の供託を行い（同法25条）、行政庁から免許証の交付を受ける（同法６条）ことで、宅建業の業務を開始することができる。

(3) 免許申請の様式及び添付書類

　免許申請書の様式は、宅建則別記様式第一号によることとされている（宅建則１条）。免許申請書には、免許申請者が宅建業法５条１項１号に規定する破産手続開始の決定を受けて復権を得ない者に該当しない旨の市町村の長の証明書や、事務所付近の地図及び事務所の写真等、宅建則１条の２第１項各号に定める書類を添付する必要がある。

　なお、東京都細則においては、申請者が外国人（日本国に在留しない外国人を除く）である場合には、前述の「免許申請者が宅建業法５条１項１号に規定する破産手続開始の決定を受けて復権を得ない者に該当しない旨の市町村の長の証明書」に代えて、国籍等の記載のある住民票の写し及び「破産手続開始の決定を受けて復権を得ない者に該当しない旨の誓約書」を添付するこ

4)　国土交通省「宅地建物取引業の免許について」(https://www.mlit.go.jp/totikensangyo/const/1_6_bt_000242.html)

5)　東京都「宅地建物取引業免許申請の手引」(https://www.juutakuseisaku.metro.tokyo.lg.jp/sinsei/takken_menkyo.pdf)

ととされている（東京都細則 2 条 3 項）。

　また、東京都細則では、宅建業の免許申請の際、知事は、専任の宅建士が専任であることを証するために必要な書面を添付させることができるとされている（東京都細則12条の 2 第 2 項）。

(4)　免許の基準

ア　欠格事由

　宅建業法は、免許の基準について、 5 条 1 項各号に欠格事由を定め、同号の「いずれかに該当する場合又は免許申請書若しくはその添付書類中に重要な事項について虚偽の記載があり、若しくは重要な事実の記載が欠けている場合においては、免許をしてはならない。」と定めている（同法 5 条 1 項柱書）。

　欠格事由は、大きく、取引能力の欠如、法令遵守・規範意識の欠如の観点から定められており、例えば、「破産手続開始の決定を受けて復権を得ない者」（宅建業法 5 条 1 項 1 号）や、「禁錮以上の刑に処せられ、その刑の執行を終わり、又は執行を受けることがなくなった日から 5 年を経過しない者」（同項 5 号）、「免許の申請前 5 年以内に宅地建物取引業に関し不正又は著しく不当な行為をした者」（同項 8 号）等が定められている。

　また、宅建士の設置基準を満たしていない事業者についても欠格事由とされているため（同法 5 条 1 項15号）、事務所に必要な数の成年者である専任の宅建士を設置していなければ、免許を受けることができない。

イ　自治体独自の規制

　なお、免許の基準に関する自治体独自の規制として、審査基準を設けている場合がある。その例としては、沖縄県が制定している「宅地建物取引業の免許に係る『事務所』及び『専任の宅建士』の審査基準」（以下「沖縄県審査基準」という）が挙げられる。

　沖縄県審査基準では、宅建業法 3 条 1 項にいう「事務所」該当性の基準について、「社会通念上、①継続性（宅建業の営業活動の場として継続的に使用することができること）及び②独立性（他の事業者の業務活動とは別個独立した人的、物的設備を有すること）を明確に認識し得るもの」と定められている。また、宅建士の専任性（宅建業法31条の 3 第 1 項）の有無に関する基準について

は、「①その事務所に常勤すること（常勤性）と②宅地建物取引業に専ら従事する状態にあること（専従性）」と定められている。

　なお、こういった基準が審査基準として制定・公表されている地方自治体は少数であるが、他の地方自治体においても免許申請の手引き等が公表されることで、その内容が事実上の審査基準として機能している場合もある（例えば、神奈川県では「宅地建物取引業法免許申請書等の記載手引」が公表されている）。そのため、当該事業者が所在する地域に応じて、これらの基準ないし基準に準ずるものについての調査が必要である。

3　業務規制の内容

(1)　業務処理の原則

　宅建業法は、業務処理の原則として、宅建業者が取引の関係者に対し、信義誠実に業務を行うべきことを規定している（同法31条）。これは、宅建業者の心構えを規定した訓示規定と理解されており、業務規制としての具体的義務を課したものではないと解されている[6]。

(2)　宅地建物取引士の設置

　前述の通り、宅建業者は事務所等ごとに専任の宅建士を設置しなければならない（宅建業法31条の3第1項）。具体的には、宅建業者の事務所には宅建業者の業務に従事する者のうち5名に1人以上、案内所等には少なくとも1人の成年者である専任の宅建士を設置することが義務付けられている（宅建則15条の5の3）。

　なお「専任」とは、宅建業を営む事務所等に常時勤務し（常勤性）、専ら業務に従事する状態（専任性）をいうものと解釈されている[7]。

(3)　その他の主な規制内容

　宅建業法は、宅建士の設置義務の他に、業務規制として、広告規制（宅建業法32条ないし34条）、他人物売買の規制（同法33条の2）、契約書作成義務（同法34条の2第1項、34条の3）、契約内容の制限（同法34条の2第3項、34条の

3、37条の2、38条、39条、43条、46条1項、2項)、指定流通機構登録義務(同法34の2第5項)、報告義務(同法34条の2第8項、9項)、重要事項説明義務(同法35条)、契約締結時期の制限(同法36条)、契約締結直後の書面交付義務(同法37条)、不当な履行遅延の禁止(同法44条)、守秘義務(同法45条)等の規制を設けている。

　これらの業務規制の中で、特に業務上重要なものは広告規制、重要事項説明義務及び契約締結直後の書面交付義務等である。これらについては③で詳述する。

4　監督処分

(1)　監督処分の種類

　宅建業法は、行政上の処分である監督処分の種類として、指示(宅建業法65条1項、3項)、業務停止(同条2項、4項)、免許の取消し(同法66条、67条)を定めている。

　監督処分を行うかどうかは行政の裁量に委ねられているが、国交省は、国土交通大臣が監督処分を行う場合の統一的な基準として「宅地建物取引業者の違反行為に対する監督処分の基準」(最終改正平成23年10月26日)を公表しており、都道府県でも処分基準を公表している。これらの処分基準は、監督処分の対象となる宅建業者の免許の区別に応じて適用される。

　例えば東京都の場合、「宅地建物取引業者及び宅地建物取引士の指導及び監督処分基準」(最終改正令和4年8月19日。以下「東京都処分基準」という)を公表しており、違反行為の概要ごとに標準処分例が定められている(東京都処分基準別表第1)。同処分基準によれば、例えば、宅建業者が商号を変更したにもかかわらず30日以内に国土交通大臣又は都道府県知事にその旨の届出を行わなかった場合(宅建業法9条違反)の標準処分例は指示処分(違反行為を任意に是正、解消するように命ずる処分)とされており、宅建業者が宅建業法35条1項ないし同条3項に規定する重要事項を記載した書面を交付せず、これにより関係者に損害が発生し、その損害の程度が大である場合の標準処分例

は60日間の業務停止とされている。

〔井口　賢人、森田　和雅〕

③ 不動産売買・不動産売買の仲介

1　不動産売買取引の一般的な流れ[8]

(1)　売買契約締結前

　一般的な不動産売買では、まず売主が、仲介業者との間で、媒介契約（専任媒介・専属専任媒介・一般媒介のいずれか）を締結し、仲介業者による査定をもとに物件の売却価格、売却時期、売却方法を決定する。その上で、仲介業者は、紙面広告や自社ホームページへの掲載、指定流通機構（レインズ）への情報提供を行うなど広告をして、物件の買主を募集する。

　その後、当該物件の購入を希望する買主が現れると、契約条件の交渉に入っていく。この段階で、買主から売主に買付証明書（買主が売主に対して物件購入の意思を表示するための書面）を提出することが多い。

　また、交渉の結果、売買代金や引渡日等の主要な条件がまとまった段階で、売主から買主に売渡承諾書（買付証明書に表示された買主の購入の意思に対し、売主からこれを応諾する旨の意思を表示するための書面）が交付されるのが一般的である。そして、詳細な契約条件を詰めていき、売主側の仲介業者が売買契約書・重要事項説明書を作成し、売主・買主に提示して契約条件の最終確認を行う。

(2)　売買契約締結日

　まず、契約の締結に先立ち、仲介業者の宅建士が売主及び買主に重要事項説明書を交付した上で、重要事項の説明を行う。その後、売主及び買主がそれぞれ売買契約書に記名押印を行う。売買契約締結日に代金全額の支払と所有権移転登記手続まで行う場合もあるが、買主は手付金の支払のみ行い、残代金と所有権移転登記手続は後日行われるのが一般的である。

---

8)　富田裕・小里佳嵩・前掲27頁以下

⑶　売買契約締結後

　商慣習として、残代金の支払期日（決済日）に、買主・売主・仲介業者・司法書士が1か所（通常は買主が資金の融資を受ける金融機関等）に集まり、登記申請書類その他必要書類が揃っているかを確認し、確認が取れれば、代金の支払、所有権移転登記手続書類の交付等を行うことが多い。

2　不動産の広告に関する規制

⑴　法律による規制

　宅建業法は、宅建業者に対し、宅地建物の所在地、規模、形質若しくは現在・将来の利用制限、環境・交通その他の利便、又は代金等の対価若しくは支払方法、代金・交換差金に関する金銭の貸借のあっせんについて、「著しく事実に相違する表示」をしたり、「実際のものよりも著しく優良であり、若しくは有利であると人を誤認させるような表示」をしたりしてはならないと規定する（同法32条）。

　同条の規定に違反した場合は、6月以下の懲役若しくは100万円以下の罰金に処されるか又はその両方が科されることがある（同法81条1号）。

⑵　自治体による規制

　不動産の広告に関する自治体の条例は見当たらないが、不動産の広告に関して一部触れられている自治体の指針として、例えば、東京都が平成30年3月28日に公表した「既存住宅の流通促進に向けた指針～『いい住宅をつくり、きちんと手入れして、長く大切に使う』社会への移行のために～」（以下「既存住宅流通促進指針」という）が挙げられる。

　既存住宅流通促進指針では、宅建業者は、「物件の広告等に当たっては、長期優良住宅の認定や住宅性能評価書の交付の有無などの建物の性能に関すること、また、建物状況調査の実施の有無や既存住宅売買瑕疵保険等の加入状況、維持管理の履歴、現況写真等を明示するよう努める。」ものとされ（同指針取組1②ウ）、努力義務が定められている。

　なお、国の制度である特定既存住宅情報提供事業者団体登録制度（既存住宅の流通促進に向けて、耐震性や保険の加入状況等に関する一定の要件を満たした

既存住宅の販売広告時に「安心R住宅」のマークを表示することができるという制度。安心R住宅制度ともいわれる）では、安心R住宅の標章を使用する物件の広告販売時に、原則として、①建築時の情報、維持保全の状況に関する情報、保険又は保証に関する情報、省エネルギーに関する情報に関する書類の保存状況、②外装、主たる内装、水回りの現況の画像等の情報を提供することが求められているが、既存住宅流通促進指針では、安心R住宅以外の物件でもこれらと同等の情報を提供するのが望ましいとされている（同指針取組1②ウ）。

(3) 業界団体が自主的に定めたルール

宅建業者等で構成される任意団体である不動産公正取引協議会連合会（全国に9つある不動産公正取引協議会で構成されている）は、不当景品類及び不当表示防止法31条1項に基づき、不動産広告に関する宅建業者等のルールとして不動産の表示に関する公正競争規約及び同施行規則を制定し、いわゆるおとり広告の禁止等の広告表示等に関する詳細な自主規制を定めている。

協議会の会員となっている事業者が規約に違反した場合は、協議会から警告や違約金等の制裁を課されることがある（規約27条）。

3　不動産の売買契約に関する規制等

(1) 民法等による規律

不動産の売買契約については民法に基本的な考え方が規定されているが、宅建業者に特有の規制ではないため説明は省略する。

なお、不動産取引においても、売主が事業者で買主が個人である場合、当該売買契約は「消費者契約」（消費者契約法2条3項）に該当し、同法が適用されることに注意されたい。

(2) 宅建業法による規制

宅建業法では、宅建業者が自ら売主となる不動産売買契約について、消費者保護の観点から、損害賠償額の予定、違約金額、手付額、契約不適合責任の期間制限等が制限されている（同法37条の2、38条、39条、40条、43条等）。

(3) 住宅の品質確保の促進等に関する法律

　新築住宅の売買契約については、住宅の品質確保の促進等に関する法律95条1項により、「売主は、買主に引き渡した時（当該新築住宅が住宅新築請負契約に基づき請負人から当該売主に引き渡されたものである場合にあっては、その引渡しの時）から10年間、住宅の構造耐力上主要な部分等の瑕疵について、民法第415条、第541条、第542条、第562条及び第563条に規定する責任を負う。」とされている。同条2項では「前項の規定に反する特約で買主に不利なものは、無効とする。」と定められており、「住宅の構造耐力上主要な部分等」に関する瑕疵（契約不適合）の責任追及の期間制限については引渡しから10年間を下回る期間を特約で定めることは認められていない。

(4) 特定住宅瑕疵担保責任の履行の確保等に関する法律

　なお、不動産売買契約の内容とは直接関係しないが、新築住宅の売主となる宅建業者は、特定住宅瑕疵担保責任の履行の確保等に関する法律により、倒産等をして瑕疵担保責任を負うことができない場合でも瑕疵の修補等の費用について保険会社に請求又は供託金の還付請求を行うことができるようにするために、住宅瑕疵担保責任保険への加入又は保証金の供託（積立て）を行うことが義務付けられている（同法11条）。

4　不動産の媒介契約に関する規制等

(1) 「媒介」とは

　宅建業法は、宅地建物の売買、宅地建物の交換、宅地建物の売買・交換・貸借の代理、宅地建物の売買・交換・貸借の媒介を業として行うものを「宅地建物取引業」と定義している（同法2条2号）。同法上、「媒介」の意義は定義されていないが、実務上は、契約当事者の委託を受け、両者の間に立って売買、賃貸借等の契約の成立に向けてあっせん尽力する事実行為をいうと解するのが一般的である[9]。法律上は、事実行為の委任という側面から、準委任契約（民法656条）に該当すると整理されており、委任に関する規定が準用される。

---

9)　岡本正治・宇仁美咲『三訂版［逐条解説］宅地建物取引業法』（大成出版社、令和2年）68頁

(2) 法律（宅建業法）による規制

　宅建業法は、宅地又は建物の媒介契約を締結した場合には、宅地又は建物を特定するために必要な事項や、媒介価格、媒介契約の種類等の一定の必要事項を記載した書面を作成し、記名押印の上、依頼者に交付することを義務付けている（同法34条の２第１項）。

　その他にも、宅建業法では、物件の価額又は評価額の算定根拠の説明義務（同法34条の２第２項）、専任媒介契約の場合の契約期間の制限（同条３項）、選任媒介契約の場合の指定流通機構への登録・通知及び依頼者への登録証明書交付義務（同条５項、６項、宅建則15条の10、15条の12）、依頼者への報告義務（宅建業法34条の２第８項）、重要事項説明義務（同法35条）、媒介に係る契約成立時の書面交付義務（同法37条）等の多様な規制が施されている。

　宅建業者がこれらに違反した場合、業務停止処分等の監督処分を受ける可能性がある（宅建業法65条）。なお、東京都では、前述のとおり、監督処分の処分基準（行政手続法12条１項の法的性質を有するものと解される）として、東京都処分基準が制定されている。

(3) 説明義務の範囲と条例について

　媒介契約の取引一般を規制する自治体の条例は見当たらないが、取引の対象となる土地ないし建物が、その立地や構造について規制する条例に違反していることが、媒介契約に基づく説明義務の範囲との関係で問題となることがある。

　例えば、宅建業者は、宅地又は建物の売買、交換又は貸借契約が成立するまでの間に、宅建業法35条に定められた事項等一定の重要な事項について、それらを記載した書面（重要事項説明書）を契約当事者に交付して説明しなければならない（重要事項説明義務、宅建業法35条１項）。同重要事項の中には法令制限違反の有無に関する説明が含まれるところ、取引の対象である建物がいわゆる「都がけ条例」（東京都建築安全条例６条）に違反する状態となっており（違反状態の解消には防護壁や建物の一部の補強が必要であった）、仲介業者もこれを認識していたにもかかわらず、重要事項説明書には「同条例違反の状態である」旨の記載がなく、「東西南北の隣接地（道路を含む）とは高低差が

あります。」とだけ記載されていたという事案において、この重要事項説明書の記載が仲介業者の説明義務違反となるか否かが争われた事案がある。

　裁判所は、対象の建物が都がけ条例違反の状態であることを説明しなかったことについて宅建業法上の説明義務に違反するものとしたうえ、私法上の不法行為を構成するものとして仲介業者に対する損害賠償請求を認めた。

　従って、宅建業者としては、宅建業法や、それを受けた自治体の規制だけでなく、土地や建物の立地や構造について規制する各種条例についても調査・確認する必要があり、さらに必要に応じて重要事項説明書に記載をしなければならない。

5　紛争処理

　不動産売買に関して契約不適合責任等のトラブルが生じた場合に特有な裁判外の紛争処理制度の例としては、①住宅紛争審査会による紛争処理手続、②一般社団法人日本不動産仲裁機構による不動産ADRの2つが挙げられる。以下、各制度の概要を説明する。

(1)　住宅紛争審査会による紛争処理手続

　住宅紛争審査会は、住宅の品質確保の促進等に関する法律66条に基づき全国の各弁護士会が国土交通大臣から指定紛争処理機関として指定を受け設置した、民間型の裁判外紛争処理機関である。[11]

　弁護士や建築士等の住宅についての紛争の専門家による公平で専門的な判断を得ることができ、手続は非公開で、裁判に比べ簡易迅速に進められる。制度を利用できる者は、評価住宅（建設住宅性能評価書が交付された住宅）の取得者又は供給者か、保険付き住宅（住宅瑕疵担保責任が付された新築住宅）の取得者又は供給者である。紛争処理の手続には、「あっせん」「調停」「仲裁」の3種類があり、最も簡略かつ迅速な手続においては「あっせん」、当事者の互譲による解決が見込める事案では「調停」、中立的な判断を要する場合には「仲裁」等、事案に応じて手続を使い分けることができる。

---

10)　東京地判平成28・11・18公刊物未登載〔29038927〕
11)　公益財団法人住宅リフォーム・紛争処理支援センター（ https://www.chord.or.jp/trouble/ ）

⑵　一般社団法人日本不動産仲裁機構による不動産ADR

　一般社団法人日本不動産仲裁機構は、裁判外紛争解決手続の利用の促進に関する法律（いわゆるADR法）に基づき、法務大臣から認証を受けた紛争解決機関である。[12]

　住宅紛争審査会による紛争処理手続と同様に、弁護士や建築士等の住宅についての紛争の専門家による公平で専門的な判断を得ることができ、手続は非公開で、裁判に比べ簡易迅速に進められる。利用者に特に制限はない。手続は「調停」「仲裁」の２種類である。

〔森田　和雅〕

④　不動産賃貸・不動産管理

1　概　説

　不動産管理業とは、賃貸住宅の賃貸人からの委託を受け、賃貸住宅の維持保全業務（住宅の居室及びその他の部分について、点検、清掃その他の維持を行い、及び必要な修繕を行うこと。当該維持保全に係る契約の締結の媒介、取次ぎ又は代理を行う業務を含む）、及び維持保全業務と併せて行われる家賃、敷金、共益費その他の金銭の管理を行う業務を行い、その対価として賃貸人から手数料を得る業種である（賃貸住宅の管理業務等の適正化に関する法律２条２項参照）。これら業務の内容として賃借人から寄せられたクレーム処理や入居者募集等も行われるのが一般的である。

　不動産賃貸・不動産管理については、民法、借地借家法を軸に、それを補う形で種々の法律や条例、省令、ガイドライン等が定められている。

　不動産業界においては契約者間で情報格差がある場合が多いこと、及び不動産賃貸が国民の社会生活に深く根付いていること等からして、私人側・賃借人側の保護に重きを置く法令等が多いといえる。

---

12)　一般社団法人日本不動産仲裁機構（ https://jha-adr.org/ ）

2　賃貸住宅の管理業務等の適正化に関する法律

(1)　概　要

　賃貸住宅の管理業務等の適正化に関する法律（以下「賃貸管理適正化法」という）は不動産管理業者（同法 2 条 3 項）と賃貸人との関係を規律する法律であり、主に不動産管理業者を登録制にすることや、不動産管理業者に種々の義務を課すことにより賃貸人の利益を守ることに重きが置かれているといえる。不動産管理業者と賃貸人との間における契約締結場面やトラブル発生時にはまずこの法律を想起されたい。

　同法は主に①管理業者の登録に関する規定と②サブリースに関する規制の二本柱から成る。

(2)　管理業者の登録

　①管理業者の登録の内容としては、賃貸住宅管理業（同法 2 条 2 項）の登録の義務（同法 3 条）、賃貸住宅管理業者の業務における義務、例えば業務管理者の配置（同法12条）、管理受託契約締結前の重要事項説明義務及び書面交付義務（同法13条）、管理受託契約締結時の書面交付義務（同法14条）、自己の固有の財産等と、管理する家賃、敷金、共益費等の財産との分別管理（同法16条）、業務の実施状況等に関する定期報告（同法20条）などが規定されている。

(3)　サブリースに関する規制

　前提として、同法におけるサブリース業者（「特定転貸事業者」。同法 2 条 5 項）とは、特定賃貸借契約（同法 2 条 4 項。いわゆるマスターリース契約のこと）に基づき賃借した賃貸住宅を第三者に転貸する事業を営む者をいう。

　②サブリースに関する規制の内容としては、物件を一括で借り上げて転借するサブリース業者（サブリースの勧誘者を含む）に対して、誇大広告等の禁止（同法28条）、事実不告知や不実告知などの不当な勧誘行為の禁止（同法29条）、特定賃貸借契約締結前の重要事項説明義務及び書面交付義務（同法30条）、特定賃貸借契約締結時の書面交付義務（同法31条）等が規定されている。

3　原状回復に関する法制

(1)　総　論

　原状回復に関する法制としては、国土交通省の「原状回復をめぐるトラブルとガイドライン」のほか、各都道府県の条例やガイドライン等がある。

　国交省のガイドラインは取引慣行や裁判例等をもとにして制定され、事実上その内容を参照して各都道府県のガイドラインが制定されたため、両者の内容に大きな違いはない。ただし、各都道府県の条例やガイドラインで独自の規制が置かれている場合もあるため、原状回復に関する問題を検討するにあたっては、国交省のガイドラインのほか、問題となり得る自治体の条例やガイドラインの有無・内容についても参照すべきである。

(2)　原状回復をめぐるトラブルとガイドライン（国土交通省）

ア　原状回復の意義

　国交省のガイドラインは、原状回復の定義を分かりやすく明示した点等、賃借人保護促進という意味で大きな意義を有する。実務上も敷金精算時を中心に高頻度で参照される重要な指標である。

　同ガイドラインでは原状回復を次のように定義し、原状回復は賃借人が借りた当時の状態に戻すことではないということを明確化している。

　「原状回復とは、賃借人の居住、使用により発生した建物価値の減少のうち、賃借人の故意・過失、善管注意義務違反、その他通常の使用を超えるような使用による損耗・毀損を復旧すること」（同ガイドライン8頁）。

　「通常の損耗」の一般的定義は困難であるため、同ガイドラインは建物の損耗等を、①－A建物・設備等の自然的な劣化・損耗等（経年劣化）、①－B賃借人の通常の使用により生ずる損耗等（通常損耗）、②賃借人の故意・過失、善管注意義務違反、その他通常の使用を超えるような使用による損耗等、の3つに分類したうえで、①－Aの経年劣化及び①－B通常損耗を賃貸人負担とし、②を賃借人負担とするものである。くわえて、基本的には①であっても、その後の手入れ等賃借人の管理が悪く、損耗等が発生又は拡大したと考えられるものについては賃借人が原状回復義務を負うとしている。

イ　経過年数の考慮

　経年劣化や通常損耗の修繕費用は基本的に賃料に含まれていると解されている（最判平成17・12・16集民218号1239頁〔28110086〕。民法621条も参照）。そのため、賃借人が原状回復義務を負う場合であっても建物や設備の経過年数が考慮され、年数を経るごとに賃借人の負担割合は減少する。例えば、壁紙（クロス）の価値は6年で1円まで減少するとされている。

コラム⑥　経過年数と善管注意義務違反

　原状回復をめぐるトラブルとガイドライン（国土交通省）に関し経過年数との関係で見落とされがちな点として、ある設備の残存価値が年数経過により1円となったとしても、賃借人が故意又は過失により使用可能な状態であった設備を汚損・破損させたときは、善管注意義務に違反したものとして、本来機能していた状態に戻すための工事費や人件費等については賃借人が損害賠償義務を負いうる、ということが挙げられる。例えば、貼り替えから6年経過して価値が1円になったクロスであっても、故意に落書きした場合には工事費や人件費などは賃借人負担となる（ガイドライン12頁）。

　賃借人はもとより大家や管理会社であってもこの点を知らないことが少なくないため、原状回復が争点となる事案においては弁護士として率先して賃借人の善管注意義務違反の有無を確認すべきである。

〔坪井　僚哉〕

ウ　施工単位

　原状回復は毀損部分の復旧であるため、その範囲は可能な限り毀損部分に限定し、その補修工事は最低限度の施工単位を基本としているが、毀損部分と補修を要する部分とに色や模様等のギャップがある場合の取扱いにつき一定の指標を示している（同ガイドライン14頁）。

エ　法的拘束力とガイドラインに反する条項の有効性

　国交省のガイドラインはあくまで指標であり法的な拘束力はない。もっと

も、同ガイドラインに定められた指標は取引実務や慣行、過去の裁判例をもとに作成されているため、訴訟においても結果的には同ガイドラインと同様の判断がなされる可能性は高い（事実上、事業者を拘束するものといえる）。

　ガイドラインに反する契約条項を定めることも可能であるが、通常損耗についての原状回復費用を賃借人負担とする旨の条項が無効とされることも少なくない。通常損耗補修特約が有効になるためには、少なくとも賃借人が補修費用を負担することになる通常損耗の範囲が明確に合意されている必要があると判示した判例として、前掲平成17年最判がある。すなわち、同判決は、「建物の賃借人にその賃貸借において生ずる通常損耗についての原状回復義務を負わせるのは、賃借人に予期しない特別の負担を課すことになるから、賃借人に同義務が認められるためには、少なくとも、賃借人が補修費用を負担することになる通常損耗の範囲が賃貸借契約書の条項自体に具体的に明記されているか、仮に賃貸借契約書では明らかでない場合には、賃貸人が口頭により説明し、賃借人がその旨を明確に認識し、それを合意の内容としたものと認められる等、その旨の特約（以下「通常損耗補修特約」という。）が明確に合意されていることが必要であると解するのが相当である」とし、「賃借人が住宅を明け渡すときは、住宅内外に存する賃借人又は同居者の所有するすべての物件を撤去してこれを原状に復するものとし、本件負担区分表に基づき補修費用を被上告人の指示により負担しなければならない」旨定めた契約書の条項について、「合意が成立しているということはできない。」と判示している。

⑶　地方自治体における法制　東京都の場合

ア　東京における住宅の賃貸借に係る紛争の防止に関する条例

（ア）　適用対象・適用範囲

　東京における住宅の賃貸借に係る紛争の防止に関する条例（以下「賃貸住宅紛争防止条例」という）は、東京都内にある居住用の賃貸住宅（店舗・事務所等の事業用は対象外）に関する、平成16年10月１日以降の新規賃貸借契約（更新契約は対象外）で、宅建業者が媒介または代理を行う物件について適用される。都外の宅建業者であっても、この条件が満たされる場合は賃貸住宅紛争

防止条例が適用される。

　（イ）　規制の内容

　入居希望者との賃貸借契約締結に先立ち、宅建業法に基づく重要事項説明書に併せて、別途書面を交付して賃貸借に関する事項について説明するよう宅建業者（宅建業法2条3号）に義務付けるものである。ただし、入居希望者が宅建業者である場合は書面の交付のみで足り、説明は不要である。また、あくまで契約前の説明を宅建業者に義務付けるものに過ぎず、賃貸借契約の内容や敷金等について新たな規制をするものでないことに留意されたい。

　説明義務の内容は、退去時における原状回復の基本的な考え方、入居中の修繕の基本的な考え方、特約の有無や内容等実際の契約において賃借人が負担することになる内容、入居中の設備等の修繕及び維持管理等に関する連絡先等である（賃貸住宅紛争防止条例2条1項各号、同条例施行規則2条1項各号、2項）。

イ　賃貸住宅トラブル防止ガイドライン（東京都住宅政策本部）

　基本的には国交省の原状回復をめぐるトラブルとガイドラインに沿った内容になっているが、東京都におけるトラブル相談の現状や東京都の相談窓口一覧なども掲載されている。

⑷　**地方自治体における法制　東京都以外の都道府県**

　国交省の原状回復をめぐるトラブルとガイドラインを参考に、地方自治体が独自に原状回復に関するガイドラインを策定している場合がある。例えば大阪府では「賃貸住宅の原状回復トラブルを防止するために」が制定されている。基本的に地方自治体のガイドラインは国交省のガイドラインを踏襲、敷衍したものであるが、原状回復について争いになった事案を扱う場合には地方自治体が策定したガイドラインの有無とその内容について確認するのがよい。

4 宅地建物取引業者による人の死の告知に関するガイドライン（国土交通省）

「宅地建物取引業者による人の死の告知に関するガイドライン」は、宅建業者が宅建業法上負う告知義務の解釈について、裁判例や取引実務をもとに、居住用不動産のうち、いわゆる事故物件について宅建業者が負う告知義務の範囲や告知事項、告知方法、調査方法等についての基準を示している。賃貸と売買の両方に適用されるがここでは賃貸の場合について述べる。

告知義務の範囲について、同ガイドラインでは、宅建業者としては取引の相手方等の判断に重要な影響を及ぼす可能性がある事情に関しては告知するのが原則であるとするが、以下に該当する場合は例外的に告知しなくてもよいものとされている。[13]

① 対象不動産で発生した自然死・日常生活の中での不慮の死（老衰、病死、転倒事故、誤嚥等）。

② ①以外の死（自殺等）又は①に該当する死であっても特殊清掃等が行われた場合であって、概ね3年が経過した後（ただし、売買の場合は3年間という期間制限なし）。

③ 隣接住戸、日常生活において通常使用しない集合住宅の共用部分で発生した①以外の死又は①に該当する死であっても特殊清掃が行われた場合

ただし、上記①ないし③に該当するとしても、社会に与えた影響が特に高い場合や、取引の相手方等の判断に重要な影響を及ぼすと考えられる場合、借主から事案の有無について問われた場合、社会的影響の大きさから借主において把握しておくべき特段の事情があると認識した場合等は告知する必要がある。

---

13) 国土交通省「宅地建物取引業者による人の死の告知に関するガイドライン」5～7頁

5　貸室・設備等の不具合による賃料減額ガイドライン（公益財団法人日本賃貸住宅管理協会）

　平成29年民法改正により、賃借人の過失によらず賃借物の一部を使用及び収益することができなくなった場合、その部分の割合に応じて賃料が当然に減額されることが明文化された（611条1項）。しかし、減額の具体的な金額や割合は民法上定められておらず、結局は賃貸人・賃借人間の合意等に委ねられている。従前は、例えば風呂を使えなくなった場合は銭湯の入浴料金×使えなくなった日数、部屋が使えなくなった場合はホテルの宿泊料金×使えなくなった日数、といった計算式での減額が慣例的に行われてきたが、何らのよりどころがないと当事者の納得を得難いこともあり、紛争に繋がることがありえる。そこで、一定の目安となる基準を示すべく制定されたのが「貸室・設備等の不具合による賃料減額ガイドライン」である。

　賃借人に過失なく貸室・設備に不具合が発生した場合に、どのような不具合であれば賃料減額割合は何割、賃貸人の免責日数（賃料減額割合の計算日数に含まない日数）は何日、という目安が定められている。

　例えば電気が使えない場合の賃料減額割合は40%、免責日数は2日と定められている。これをもとに月額賃料10万円の部屋で電気が5日間使えなかった場合を想定すると、以下のとおり賃料が減額されることとなる。

　月額賃料100,000円×賃料減額割合40%×（5日−免責日数2日）／月30日＝4,000円の賃料減額（1日あたり約1,333円）

　ただし、このガイドラインは、あくまで目安であり必ず使用しなくてはならないものではないこと、ガイドライン自体が法的な拘束力を有するものではないこと等には留意されたい。同ガイドラインは日本賃貸住宅管理協会の自主規制ですらなく、同協会の会員であっても使用するか否かは自由、というのが同協会のスタンスである。

　裁判に証拠として提出される場合もあるが（東京地判令和3・11・2令和2年（ワ）1590号同19585号公刊未登載）、その証拠力等は判例の集積を待つしかない。

6　その他

　不動産特有の話ではないが、賃借人に一方的に不利な条項は消費者契約法10条や民法90条により無効となることがしばしばある。

7　紛争処理

　民間の常設的な紛争解決機関による和解あっせん、仲裁、ADR法に基づく調停機関による調停といった方法もあるが、実務上はあまり利用されず、通常訴訟、少額訴訟、支払督促といった通常の法的手続によって解決することが多い。

〔坪井　僚哉〕

コラム⑦　即決和解手続の活用

　不動産の明渡しが問題になっている案件を賃貸人側から扱う場合、明渡しを確実なものとするために即決和解手続を利用することが実務上ある。典型例としては、必ずしも賃借人を信用しきれない事情がある場合や、建物の建替えのため期限までに確実に明渡しを行わせる必要性が高い場合などである。単に明渡しを合意しているだけでは、それを反故にされた場合に強制執行による明渡しを実現できないが、即決和解手続により債務名義を取得することにより強制執行可能な状態にしておくのである。

　なお、立退き案件で即決和解手続を用いることの副次的な効果として、金融機関から融資を引きやすくなるという点が挙げられる。建物の建て替え費用として金融機関から融資を受けることが多いと思われるが、即決和解による債務名義の取得により賃借人の立退きが確実なものとなっていることは、金融機関にとっては安心材料になる訳である。そこで、即決和解により立退き前でも融資を引きやすくし、引いた融資により立退料を支払う、ということが実務上しばしば行われる。

〔坪井　僚哉〕

第 3 章

店舗・営業

相談内容	対応例
飲食店を営業するためには、どのような許可等が必要か	業種に応じて、営業許可を受け、又は、営業届出を行う
営業許可申請の手順を教えてほしい	大きな流れとしては、次のとおり ① **事前協議・相談** 事前に設備の図面（店舗全体や調理場などの詳細が分かるもの）を管轄保健所に持参し、基準に達しているか否かのチェックを受ける ② **店舗の施工** 事前協議・相談で問題がないとされた図面にしたがい、施工する ③ **申請書類の提出** 営業許可申請書、施設の構造及び設備を示す図面、食品衛生責任者の資格を証明するもの、水質検査成績書を提出する（法人の場合には、これらに加えて登記事項証明書も必要） ④ **施設検査の実施** 申請書類の添付図面などをもとに、担当者が完成した施設の検査を行う ⑤ **許可証の交付** 施設検査で問題がないと判断された場合は、営業許可証が交付される
店舗の設備・構造で注意すべき点はあるか	消防用設備等設置届出書等の各種届出をする必要があるほか、消火設備等を設置する必要がある 「特定施設」に該当する場合、河川等の公共用水域に汚水を排出または下水道に汚水を排除するには、それぞれ届出をする必要がある 地方自治体ごとに、汚水処理設備に関する規制がなされており、グリーストラップなどの設置が義務付けられる場合がある 店舗内にカラオケ機器など騒音を発する機器を設置する場合、地方自治体によっては防音設備がないと営業時間が限定されることがある
お店の看板を出すにあたって注意すべき点はあるか	地方自治体ごとに、場所、広告物の種類に応じた規制がなされ、掲出する場合には許可申請及び手数料納付を要することがある

【店舗開設段階】

根拠法	根拠条例等
▪ 食品衛生法55条1項、食品衛生法施行規則67条 ▪ 食品衛生法57条1項	
▪ 食品衛生法54条 ▪ 食品衛生法施行令35条	食品衛生法施行条例
▪ 消防法17条の3の2 ▪ 消防法施行令35条	
▪ 水質汚濁防止法 ▪ 下水道法	▪ 東京都下水道条例施行規程3条の2
▪ 騒音規制法	▪ 神奈川県生活環境条例54条1項
▪ 屋外広告物法 ▪ 景観法	▪ 京都市市街地景観整備条例 ▪ 神奈川県屋外広告物条例2条 ▪ 国立市都市景観形成条例

【営業開始以降】

相談内容	対応例
食品の衛生管理において遵守すべき指標はあるか	HACCP（Hazard（危害）・Analysis（分析）・Critical（重要）・Control（管理）・Point（点））に沿った衛生管理の実施を要する
防火管理についてのルールを教えてほしい	飲食店では、収容人数が30名以上の場合には防火管理者の設置が義務付けられている
店舗内に喫煙スペースを設けても良いか	飲食店は、原則屋内禁煙とされ、屋内での喫煙は、喫煙専用室または指定たばこ専用喫煙室を設ける必要がある（ただし、令和2年4月1日時点で営業している飲食店は経過措置あり）
ゴミの処理、特に食品廃棄物についてのルールを教えてほしい	食品廃棄物の発生量が100トンを超える場合には、所定の事項を国へ報告する義務がある
	プラスチックごみ等の産業廃棄物や生ごみ等の一般廃棄物の処理に関する規制がある
	廃棄物の排出抑制、廃棄物の適正な分別、保管、収集、運搬、再生、処分等の処理を要する
騒音防止についてのルールを教えてほしい	特定工場について規制されるほか、その他の事業場について、地方公共団体ごとに、①規制地域の指定と②音量による規制基準の設定により規制を設けることが認められている
悪臭防止についてのルールを教えてほしい	地方公共団体ごとに、①特定悪臭物質の濃度又は②臭気指数のどちらかにより規制されている
排水関係についてのルールを教えてほしい	河川等の公共用水域に汚水を排出する際は、特定施設設置について届出が必要となる
	公共下水道の使用開始時期を公共下水道管理者に届け出る必要がある
	地域によっては、グリーストラップ等の設置義務あり
防犯関係についてのルールを教えてほしい	深夜において営業する飲食店は防犯へ配慮する必要があり、防犯責任者の設置が必要となる場合がある
	また、防犯カメラを設置する場合には、個人情報保護法のルールに則った取扱いを要する
商品の表示についてのルールを教えてほしい	商品等の内容について、一般消費者に対して実際のものよりも著しく優良であると示すこと等は禁止される

根拠法	根拠条例等
▪ 食品衛生法55条1項、食品衛生法施行規則67条 ▪ 食品衛生法57条1項	
▪ 消防法17条の3の2、消防法施行令35条 ▪ 消防法8条2項、消防法施行令3条1項柱書	▪ 火災予防条例
▪ 健康増進法	▪ 東京都受動喫煙防止条例
▪ 食品リサイクル法9条1項 ▪ 食品リサイクル法施行令4条	
▪ 廃棄物処理法	▪ 東京都廃棄物条例 ▪ 千葉県の廃棄物適正化条例
▪ 騒音規制法27条1項、28条	▪ 神奈川県生活環境の保全等に関する条例 ▪ 金沢市環境保全条例
▪ 悪臭防止法2条、3条	▪ 神奈川県生活環境の保全等に関する条例 ▪ 東京都環境確保条例
▪ 水質汚濁防止法2条2項、5条1項 ▪ 下水道法11条の2第2項 ▪ 下水道法46条1項1号、12条の2第1項	▪ 東京都下水道条例、東京都下水道条例施行規程 ▪ 横浜市下水道条例施行規則3条1項6号
	▪ 東京都安全安心まちづくり条例 ▪ 福岡県安全・安心まちづくり条例
▪ 景品表示法5条	▪ 大阪府消費者保護条例 ▪ 北海道消費生活条例

1　概　要

　本章では、飲食店をはじめとする各種店舗の設置・変更・廃止にあたり必要となる各種手続に関する条例や、店舗営業をするにあたって受ける条例上の規制について解説する。

2　店舗の種類に応じた様々な規制

　ひとくちに店舗といっても、その取り扱う商品や、営む事業内容は多種多様である。

　例えば、アンティーク雑貨や古着、中古本を販売する店舗では古物商許可が必要となり、カフェやレストランなどの飲食店では飲食店営業許可が必要となるほか、パンやクッキーなどの菓子類を製造販売するには菓子製造業許可、バーなど酒類を提供する一定の業態の場合には風俗営業法に基づく各都道府県公安委員会の許可も必要となる。

　その他、代表的なものとしては、医薬品を取り扱う薬局に関する医薬品、医療機器等の品質、有効性及び安全性の確保等に関する法律上の薬局開設許可、酒類販売に関する一般酒類小売業免許、タバコ販売に関する製造たばこ小売販売業許可、ショッピングモールなど大規模な商業施設の開設に関する大規模小売店舗立地法に基づく届出などが挙げられる。

　このように、店舗の種類に応じた規制を網羅的に解説することは困難であることから、本章では、比較的適用事例の多い飲食店（風営法の規制対象である店舗を含む）を取り上げて、以下に解説する（もっとも、飲食店に関する規制は他業種の店舗にも共通する点が多いことから、他業種の店舗についても本章の解説をぜひ参考にされたい）。

〔土淵　和貴〕

3 関係する法律・条例

　店舗営業に関係する法律や条例の定めは、①業態・業種による営業許可に関するもののほか、店舗営業に共通の規制として、②環境に関するもの（騒音や臭気の規制）、③防災に関するもの、④屋外広告物や外装に関するもの、⑤衛生・健康に関するもの、⑥防犯に関するものなどがある。そこで、まずは飲食店を中心とした関連する法律・条例を紹介した上で、類型ごとの定めを説明する。

1　食品衛生法

　食品衛生法は、飲食による健康被害の発生を防止するための法律である。

　同法に基づき、製造業、調理業、加工を伴う販売業等、32業種の分類に基づく営業許可が必要となる（同法55条1項、同法施行規則67条）。

　また、令和2年6月1日施行の食品衛生法の改正により新たに営業届出制度が創設され、営業許可が必要とされる32業種以外であっても、温度管理等が必要な包装食品の販売業、冷凍冷蔵倉庫業等については、営業届出が必要とされた（同法57条1項）。

　さらに、同改正により、原則、全ての食品等事業者にHACCP（衛生管理の国際手法である、Hazard（危害）・Analysis（分析）・Critical（重要）・Control（管理）・Point（点））に沿った衛生管理の実施が義務付けられた（令和3年6月から完全義務化）。

　同法に関係する条例としては、同法からの委任条例である各都道府県の食品衛生法施行条例のほか、自主条例として例えば、東京都食品安全条例や東京都フグの取扱い規制条例、滋賀県食品衛生基準条例等が制定されている。東京都食品安全条例の内容としては、知事による食品等についての安全性調査（同条例21条）、措置勧告（22条）等が定められている。

2　食品循環資源の再生利用等の促進に関する法律

　食品循環資源の再生利用等の促進に関する法律（通称：食品リサイクル法）

は、食品の売れ残りや食べ残しにより、又は食品の製造過程において大量に発生している食品廃棄物について、発生抑制と減量化により最終的に処分される量を減少させるとともに、飼料や肥料等の原材料として再生利用するため、食品関連事業者（製造、流通、外食等）による食品循環資源の再生利用等を促進するための法律である。

食品関連事業者は、食品廃棄物の発生量が100トンを超える場合には、所定の事項を国へ報告する義務がある（同法 9 条 1 項、同法施行令 4 条）。

3　風俗営業等の規制及び業務の適正化等に関する法律

風俗営業等の規制及び業務の適正化等に関する法律（風営法）は、風俗営業等により店舗の周辺環境や子供の健全な育成に悪影響を及ぼさないようにするための法律である。

飲食店営業との関係では、酒類提供飲食店営業（同法 2 条13項 4 号参照）を午前 0 時から午前 6 時までの「深夜」の時間（同法13条 1 項参照）において営もうとする場合、営業所ごとに、当該営業所の所在地を管轄する公安委員会に届出をする必要があるとの規制（同法33条 1 項）等が重要となる。

同法に関係する条例として、例えば、東京都では風俗営業等の規制及び業務の適正化等に関する法律施行条例がある。

4　消防法

消防法は、火災を予防して人命や財産を保護するための法律である。

飲食店の設置にあたっては、消防用設備等設置届出書等の各種届出をする必要があり（同法17条の 3 の 2 、同法施行令35条）、飲食店を運営するにあたっては、消火設備等を設置する必要がある。

同法に関係する条例として、火災予防条例がある。

5　健康増進法

健康増進法は、国民の健康の増進の総合的な推進に関し基本的な事項を定めるとともに、国民の健康の増進を図るための措置を講じ、国民保険の向上

を図るための法律である。

　令和2年4月1日から、飲食店では屋内禁煙が原則義務化されているが、規模の小さい飲食店については、喫煙可能室を設置することができるとする経過措置が設けられている。

　同法に関係する条例として、例えば、東京都受動喫煙防止条例がある。

6　騒音規制法

　騒音規制法は、事業活動等に伴って発生する相当範囲にわたる騒音について必要な規制を行い、生活環境を保全し、国民の健康の保護に資することを目的としている法律である。

　同法27条1項では、「この法律の規定は、地方公共団体が、指定地域内に設置される特定工場等において発生する騒音に関し、当該地域の自然的、社会的条件に応じて、この法律とは別の見地から、条例で必要な規制を定めることを妨げるものではない。」と定められており、また、同法28条では、「飲食店営業に係る深夜における騒音、拡声機を使用する放送に係る騒音等の規制については、地方公共団体が、住民の生活環境を保全するため必要があると認めるときは、当該地域の自然的、社会的条件に応じて、営業時間を制限すること等により必要な措置を講ずるようにしなければならない。」と定められている。

　同法に関係する条例として、神奈川県生活環境の保全等に関する条例や金沢市環境保全条例がある。

7　悪臭防止法

　悪臭防止法は、規制地域にある全ての事業場等から発生する悪臭物質の排出を規制することによって、生活環境を保全し、住民の健康を保護することを目的とする法律である。

　規制対象は、都道府県知事、市及び特別区の長が定めた規制地域内全ての事業場等である（同法3条）。規制方法は、都道府県知事、市及び特別区の長が、①特定悪臭物質（令和元年時点で22物質が指定されている）の濃度又は②臭

気指数（嗅覚を用いた測定法による基準）のどちらかの指標により規制基準（同法 2 条）を設けている。

　同法に関連する条例として、神奈川県生活環境の保全等に関する条例や東京都の都民の健康と安全を確保する環境に関する条例がある。

8　水質汚濁防止法・下水道法

　水質汚濁防止法は、公共用水域及び地下水の水質汚濁の防止を図り、国民の健康を保護するとともに生活環境を保全すること等を目的としている。

　また、下水道法は、下水道を整備し、公共用水域の水質保全等を図ることを目的としている。

　飲食店は、水質汚濁防止法 2 条 2 項の「特定施設」に該当する場合があるため、河川等の公共用水域に汚水を排出する際及び下水道に汚水を排除する場合、それぞれ届出をする必要がある（水質汚濁防止法 5 条 1 項、下水道法11条の 2 第 2 項）。

9　屋外広告物法・景観法

　屋外広告物法は、良好な景観の形成又は風致の維持や公衆に対する危害の防止を目的とした法律である。各都道府県は、当該地域の独自の景観等の維持や危害防止のため、条例を制定することができる（同法 3 条）。

　また、景観法は、良好な景観を保護することを目的とする法律である。

　屋外広告物法に関連する条例として、各地方公共団体の屋外広告物条例がある。また、景観法に関連する条例として、京都市市街地景観整備条例や国立市都市景観形成条例がある。京都市市街地景観整備条例では、高さ規制だけではなく、建築物のデザイン等も規制される点に特色がある。

10　個人情報保護法・安全安心条例

　現在のところ、飲食店の防犯体制について直接的に規制した法律はない。ただ、飲食店において防犯カメラを設置することがあるが、この場合、個人情報保護法に基づく規制を受けることとなる。

　一方、深夜に営業する飲食店は、東京都安全安心まちづくり条例や福岡県安全・安心まちづくり条例によって、犯罪防止に配慮するよう一定の規制が施されている。

11　廃棄物の処理及び清掃に関する法律

　廃棄物の処理及び清掃に関する法律（通称：廃棄物処理法）は、廃棄物の排出を抑制し、廃棄物の適正な分別、保管、収集、運搬、再生、処分等の処理をし、並びに生活環境を清潔にすることにより、生活環境の保全及び公衆衛生の向上を図ることを目的とする法律である。

　飲食店の運営においては、プラスチックごみ等の産業廃棄物や生ごみ等の一般廃棄物が排出されるところ、産業廃棄物と一般廃棄物では処理方法が異なり、処理を誤ると罰則が科される可能性があることから、注意を要する。

　同法に関連する条例として、東京都廃棄物条例や千葉県の廃棄物適正化条例がある（212頁：第6章①2」も参照）。

12　不当景品類及び不当表示防止法

　不当景品類及び不当表示防止法（景品表示法）は、商品及び役務の取引に関連する不当な景品類及び表示による顧客の誘引を防止するため、一般消費者による自主的かつ合理的な選択を阻害するおそれのある行為の制限及び禁止について定めることにより、一般消費者の利益を保護することを目的とする法律である。同法により、商品等の内容について、一般消費者に対して実際のものよりも著しく優良であると示すこと等が禁止されている（景品表示法5条）。

　同法に関連する条例として、大阪府消費者保護条例や北海道消費生活条例がある。

〔佐々木将太、本多　翔吾〕

4　規制類型ごとの解説

　上述のとおり、店舗営業に関係する法令、条例は多岐にわたるが、①業態・業種による営業許可に関するもののほか、店舗営業に共通の規制として、②環境に関するもの（騒音や臭気の規制）、③防災に関するもの、④屋外広告物や外装に関するもの、⑤衛生・健康に関するもの、⑥防犯に関するものなどに分類できる。

　また、規制の時期に着目すると、開設の段階と営業中の段階に分けられる。例えば、①の営業許可に関するものは開設の段階で確認すべき事項の典型であるほか、②、③、④、⑤、⑥についても、開設時に必要な規制に留意する必要がある。例えば、②の環境に関しては、防音設備、有害物質を流さないためのグリーストラップなどを備えた施設を作る必要がある。また、③、⑤や⑥に関しては、防火管理者、食品衛生責任者、防犯責任者の選任、届出、防火関連書類の提出などが開設にあたって必要になる。

　一方、営業中に留意すべき事項としては、騒音規制、水質規制などに沿った環境を維持する必要がある。

　このように、店舗の開設〜実際の営業開始後の各段階で様々の類型の規制が課されていることに留意する必要がある。

1　営業の許可や届出制度などによる規制

　店舗営業をするにあたっては、業種・業態に応じて、まずは関係法令に基づく許可を受け、または届出をする必要がある（当然、全業種・業態について許可を受ける必要があるわけではない）。代表的な店舗営業における業種ごとの必要な許可や登録と根拠法令は以下のとおりである（なお、法律上、許可、免許、登録、届出など複数の名称があるが、行政法上の許可制が必ずしも許可という名称となっているわけではないため、各法令の内容を確認する必要がある）。

業種・業態	根拠法令	許可／登録
食品販売	食品衛生法	許可
酒類販売	酒税法	免許

タバコ販売	たばこ事業法	許可
中古品販売	古物営業法	許可
医薬品・継承品販売	薬機法	許可
燃料販売	液化石油ガス法・揮発油品確法	登録
飲食店	食品衛生法	許可
大規模小売店舗	大規模小売店舗立地法	届出
クリーニング店	クリーニング業法	届出

　このうち、食品衛生法に基づく許可については条例によって営業許可が必要な業種があること、施設に関する許可基準を条例で定めるとされていることから、飲食店を例に詳しく解説する。

(1) 営業許可手続の概要

　食品を取り扱う飲食店の営業を始めるためには、都道府県知事の許可を受けなければならない（食品衛生法55条1項、54条、同法施行令35条）。具体的には、営業地を所管する保健所に申請手続をすることになる。

　なお、営業許可を受けなければならない業種は、食品衛生法施行令35条に規定されており、場合によっては、条例によって営業許可が必要な業種が追加されていることもあり得る（詳細は(2)で後述する）。

　営業許可申請手続のおおよその流れは、①事前協議・相談、②店舗の施工、③申請書類の提出、④施設検査の実施、⑤許可証の交付である。

ア　事前協議・相談

　営業許可にあたっては、主に店舗の設備が基準に達しているか否かを審査される。設備について十分な事前協議を行わないまま着工し、完成して検査を受ける段階で不備が発覚すると、改修のために大きな損失が生じるリスクがあることから、事前に設備の図面（店舗全体や調理場などの詳細が分かるもの）を管轄保健所に持参し、基準に達しているか否かのチェックを受ける必要がある。

イ　店舗の施工

　事前協議・相談の結果、問題がないとされた場合には、図面どおりに施工することとなる。仮に事前協議・相談で不備を指摘された場合は、施工業者

と協議し、修正する必要がある。

ウ　申請書類の提出

　必要な申請書類は、営業許可申請書、施設の構造及び設備を示す図面、食品衛生責任者の資格を証明するもの、水質検査成績書である。法人の場合は、登記事項証明書の提出も必要となる。

　これらの書類を保健所に提出することとなる。通常は、完成後速やかに検査を受ける必要があることから、完成の1週間以上前には提出する必要がある。

エ　施設検査の実施

　申請書類に含まれる図面などをもとに、保健所の担当者が完成した施設の検査を行う。この施設検査は、都道府県が条例で定めた施設基準に基づいて行われる（食品衛生法54条、同法施行令35条）。

　都道府県は施設基準を定めるにあたっては、厚生労働省令で定める基準を参考にする必要があり、飲食店については、食品衛生法施行規則66条の7、別表第19、別表第20、別表第21に定められている。これらを受けて、各都道府県は、食品衛生法施行条例などの名称の条例を定めている（詳細は(3)で後述する）。

オ　許可証の交付

　施設検査で問題がないと判断された場合、営業許可証が交付される。なお、この営業許可証又は許可事項を見やすい場所に掲示する義務を定める自治体もある（参考：川崎市食品衛生法施行細則10条）。

(2)　条例による許可業種の追加

　食品衛生法に基づく営業許可が必要な業種は、食品衛生法施行令35条に定められている。平成30年の食品衛生法改正により、許可業種の見直しがなされるとともに、営業届出制度が新設され（食品衛生法57条）、営業許可が必要な業種、営業届出が必要な業種、営業届出も不要な業種に整理された。その結果、従前、都道府県が独自の条例で、法律に上乗せする形で営業許可を必要としていた業種（例えば、つけ物製造業や食料品等販売業など）は、新たに食品衛生法に基づき営業許可が必要な業種（例えば、つけ物製造業）か、営業届

出が必要な業種（弁当などの食料品販売業）に分類されることになった（例えば、東京都では、条例許可業種を定めていた東京都食品製造業等取締条例が廃止された）。

　もっとも、食品衛生法上は営業届出で足りるとされている業種について、条例で許可を求めることも不可能ではないため、開業する際は、念のため、当該地域の条例で許可が必要とされていないかを確認する必要がある。

(3) 条例による施設基準

　現在の食品衛生法54条には、都道府県が定める条例について、「厚生労働省令で定める基準を参酌して」との文言があるが、これは、平成30年の改正の際に加えられたものである。もともとは、各都道府県が独自に条例で施設基準を定めていたことから、都道府県ごとに基準が異なる状況であったところ、都道府県を跨いで営業する事業者にとって、都道府県ごとに基準を確認することは負担であったことなどから、「厚生労働省令で定める基準を参酌して」条例を定めることとされた。具体的には、食品衛生法施行規則別表第19が、業種に共通する事項を、別表第20が営業ごとの事項を、別表第21が生食用食肉・ふぐを取り扱う施設に関する事項を定めている。

　これを受けて、ほとんどの都道府県においては、食品衛生法施行規則別表第19から別表第21と同様に、共通事項、営業ごとの事項、生食用食肉・ふぐを扱う施設の事項の3つの施設基準を定められている。

　なお、都道府県が施設基準を定めるにあたっては、食品衛生法施行規則は参酌しなければならないとはされているが、必ずしもこれと全く同一である必要はないと考えられている。例えば、滋賀県においては、上記3つの施設基準に加えて、テントでの出店などに適用する施設基準が独自に定められており、4つの施設基準が存在している（滋賀県食品衛生基準条例2条、3条1項4号、別表第4）。

2　環境に関する規制

　店舗営業にあたっては、法令、条例によって、環境に着目した種々の規制が行われている。一般的には、公害問題に直結しうる騒音、大気汚染・臭気、

水質に関する法令における規制のほか、地方公共団体ごとに条例で各種規制が設けられている。ここでは、店舗営業に特に関連する、騒音、臭気、水質について、関係法令と条例を説明する。

　なお、いわゆる風俗営業を行う場合には、営業所の設備・構造、照度、騒音・振動、未成年者の従業・立入りについての規制が定められているため、この点については、後記 **5** で説明する。

(1) 環境に関する条例による規制の方法

　ここで取り上げる騒音、臭気、水質については、それぞれ騒音規制法、悪臭防止法、水質汚濁防止法が、基本的事項を定める法律である。それらの規制の存在を前提に、条例では、規制を上乗せ、横出し、裾下げをしている。

　上乗せ規制とは、法律が定める規制基準を条例で厳しくすることである。例えば、騒音規制法4条2項により、町村において、社会条件に照らして独自の基準を定めることができるとされていることや、水質汚濁防止法3条3項により、より厳しい排水規制を設けることができることなどが上乗せ規制である（田中充編著『環境条例の制度と運用』（信山社、平成27年）12頁）。

　横出し規制とは、法律が規制していない事項について、条例で規制をすることである。例えば、騒音規制法27条2項に基づき指定されている施設を設置していない事業者についても騒音規制の対象とする場合などが横出し規制である（前掲環境条例の制度と運用13頁）。

　裾下げ規制は、法律が一定規模以上の事業場だけを規制対象としている場合に、条例によって基準未満の事業場も規制対象とすることである（前掲環境条例の制度と運用13頁）。

　以下では、まず規制分類ごとに法律を紹介し、その中で必要に応じて法律を執行するために定められる条例を説明し、その上で、地方自治体が独自に定める条例として神奈川県生活環境の保全等に関する条例（以下「神奈川県生活環境条例」という）を例に説明する。

(2) 騒音規制

ア　騒音規制法の規制

　事業活動に伴う騒音の規制に関しては、騒音規制法が基本事項を定めてお

り、概要は次のとおりである。

（ア）　規制の対象

　騒音規制法は全ての事業活動から生じる騒音を規制対象としているわけではなく、特に騒音を発生させ得る事業のみを対象にしている。

　具体的には、著しい騒音を発生する施設であって騒音規制法施行令別表第一に掲げる施設を「特定施設」といい、特定施設を設置する事業場（これを「特定工場等」という）を設置する事業者が規制を受ける（騒音規制法5条）。騒音規制法施行令別表第一に掲げられている施設は、通常は製造業などで使用するもので、店舗営業に用いられることは稀である。もっとも、このうち「空気圧縮機及び送風機（原動機の定格出力が7.5キロワット以上のものに限る）」（別表第一第2号）は、ある程度の規模の建物において店舗営業を行う場合には設置することがあるため、注意を要する。

　また、騒音規制法27条は、同法で規制対象とする特定工場以外の事業場について、地方公共団体が条例で規制を設けることを認めている。そのため、地方公共団体が、自主条例によって、騒音規制法が規制対象としていない事業場に規制を設けることができ、下記イ「条例の規制」で述べるものがこれにあたる。

（イ）　規制の内容

　騒音の規制は、①規制地域の指定と②音量による規制基準の設定により行われる。具体的には、①都道府県知事（市の区域については市長）が同法の規制を受ける地域を指定したうえで（騒音規制法3条1項）、②指定地域ごとに都道府県知事又は市長が規制基準を定める。

　規制基準は、環境大臣が定める「特定工場等において発生する騒音の規制に関する基準」の範囲内で定められる音量の基準である。なお、町村は、当該地域特性から、都道府県知事が定めた規制基準が十分でないと認めるときは、条例で規制基準を定めることができる（騒音規制法4条2項。なお、この場合にも環境大臣の定める基準の範囲を超えることはできない）。

　指定地域及び規制基準は、環境大臣が定める基準のとおり、都市計画法8条1項1号における用途地域ごとに、時間帯に応じて音量規制が定められて

いる。これらの指定地域、規制基準の設定は、都道府県知事又は市長が行うものであり、条例ではない。

　また、規制を受ける地域において、騒音規制法施行令別表第一に掲げる施設を設置しようとする場合は、市町村長に対して届出を行う必要がある（騒音規制法6条）。

イ　条例の規制

　以上の騒音規制法の規制のほかに、条例で騒音に関する規制が設けられている。ここでは、神奈川県生活環境条例を例に説明を行うこととする。神奈川県生活環境条例における騒音規制は、騒音規制法とは異なり、全ての事業所に適用される規制であるため、注意を要する。[1][2]

　具体的な規制として、①音量規制、②住居系地域における禁止行為、③屋外作業に伴う騒音防止、④飲食店におけるカラオケ機器などの規制、⑤飲食店の営業時間制限、⑥飲食店の外部騒音規制、⑦大型小売店における夜間騒音規制がある。

（ア）　音量規制

　神奈川県生活環境条例32条は騒音に関する音量規制を設けており、具体的な基準は、同条例施行規則38条、同規則別表11に定められている。騒音規制は、場所的観点と時間的観点から定められている。場所的観点としては、都市計画法8条1項1号の定めに応じて区分されており、一般的に、工場系地域や商業系地域に比べ、住居系地域の方が音量規制は厳しく、時間帯としては、日中よりも夜中の方が音量規制は厳しく設定されている。

---

1)　大阪府は、神奈川県と異なり、騒音規制法同様、規制地域の指定と、規制対象施設、作業を定める方法で規制している。もっとも、その地域や対象は、条例によって騒音規制法から拡張されている（大阪府生活環境の保全等に関する条例82条1項、83条2項、同条例施行規則51条、別表第十九、53条2号、大阪府生活環境の保全等に関する条例施行規則第53条第2号の規定に基づく地域の指定告示）（前掲環境条例の制度と運用153頁）。
2)　横浜市及び川崎市については、同市が独自に生活環境に関する条例を定めているため、本条例は適用されない（神奈川県生活環境条例116条）。

(参考：神奈川県生活環境条例施行規則別表第11)

時間／地域	午前8時から午後6時まで	午前6時から午前8時まで及び午後6時から午後11時まで	午後11時から午前6時まで
第一種低層住居専用地域 第二種低層住居専用地域 第一種中高層住居専用地域 第二種中高層住居専用地域 田園住居地域	50	45	40
第一種住居地域 第二種住居地域 準住居地域	55	50	45
近隣商業地域 商業地域 準工業地域	65	60	50
工業地域	70	65	55
工業専用地域	75	75	65
その他の地域	55	50	45

（イ）　住居系地域における禁止行為

　住居系地域においては、一定の行為が禁止されているが、鍛造機の使用など特に大きな騒音を発するものに限られており、通常の店舗営業において該当することは稀である（神奈川県生活環境条例33条1項、同条例施行規則39条各号）。

（ウ）　屋外作業に伴う騒音防止

　屋外において資材の積卸しや車両の運行などの騒音を伴う作業を行う事業者は、より騒音及び振動の少ない作業方法への変更、防音設備の設置、作業時間の配慮、作業を行う者への教育、指導等の実施を行う必要がある（神奈川県生活環境条例33条の2）。店舗営業においても、物品搬入などを屋外で車両によって行う場合には注意を要する。

（エ）　飲食店におけるカラオケ機器などの規制

　上記の一般的な騒音規制のほかに、飲食店については規制が加重されている（なお、風営法2条1項各号に規定されている風俗営業については、（エ）、（オ）、

（カ）の規制は受けず、同法の規制に服する（神奈川県生活環境条例54条1項））。

　住居系地域、近隣商業地域、用途地域以外の地域において飲食店を営む場合で、カラオケ機器などを設けるときは、午後11時から午前6時までの間、カラオケ機器などを使用し、又は使用させることはできない（神奈川県生活環境条例54条1項）。もっとも、外部に音が漏れないような防音措置を講じた場合はこの限りではない。

　仮にこの義務に反した場合、知事は、カラオケ機器などの使用停止命令などの措置を命ずることができる（同条2項）。

（オ）　飲食店の営業時間規制

　上記のカラオケ機器などを設けていない飲食店についても、住居専用地域（都市計画法8条1項1号のうち、第一種低層住居専用地域、第二種低層住居専用地域、第一種中高層住居専用地域、第二種中高層住居専用地域、田園住居地域）においては、午前0時から午前6時までの間は営業をすることができない（神奈川県生活環境条例55条1項）。もっとも、飲食店の付近の状況からみて騒音による公害が生ずるおそれがない場合は、この限りではない（具体的に、いかなる場合がこれに該当するかは個別具体的な判断を要することから、住居系地域で深夜時間帯に飲食店を営業しようとする場合は、事前に担当部署への相談を要する）。

　仮にこの義務に反し、騒音公害が生じていると認められる場合、知事は、深夜における営業停止を命ずることができる（同条2項）。

（カ）　飲食店の外部騒音規制

　住居専用地域以外の地域で飲食店を営業している場合も、午前0時から午前6時までの間、外部騒音による公害を生じさせてはならない（神奈川県生活環境条例56条1項）。外部騒音とは、例えば、退店後に店先で客が騒ぐなど、飲食店の営業が誘因となって発生する飲食店外部における騒音をいう。

　仮にこの義務に反し外部騒音による公害が生じていると認められる場合、知事は、まずは営業時間変更勧告を行い、事業者が同勧告に従わない場合には、営業時間の変更を命ずることができる（同条2項、3項）。

（キ）　大型小売店における夜間騒音規制

　店舗面積の合計が500㎡を超える小売店で午後11時から午前0時までの間に

おける営業を行う場合には、営業を開始する際に、知事に営業時間などの届出を行うことを要する（神奈川県生活環境条例56条の2第1項）。また、届出事項を変更する場合（同条2項、3項）、上記時間帯での営業をやめる場合（同条4項）、営業の地位の承継があった場合（同条例56条の4）には、それぞれ届出を要する。

また、住居専用地域以外で飲食店を営業する場合と同様、外部騒音による公害が生ずることがないようにする必要もある（同条例56条の5、上記（カ）参照）。

⑶ 悪臭規制

ア 悪臭防止法の規制

事業活動に伴う悪臭の規制に関しては、悪臭防止法が基本事項を定めている。悪臭防止法は、騒音規制法とは異なり、規制対象が特定の施設を設置する場合に限られない。

具体的には、まず、都道府県知事（市の区域については市長）が同法の規制を受ける地域を指定する（同法3条）。その上で、アンモニアなどの特定悪臭物質（悪臭防止法施行令1条）の濃度の規制（悪臭防止法4条1項）と臭気指数（臭気の強さ）の規制が設けられる（同条2項）。都道府県知事又は市長は、悪臭防止法施行規則で定められる範囲内で規制基準を定めることとなる。

イ 条例の規制

以上の悪臭防止法の規制のほかに、条例によって悪臭に関する規制が定められている。

具体的な規制は、①施設や作業方法の規制、②住居系地域における禁止行為、③屋外作業に伴う焼却規制がある。騒音規制の音量規制とは異なり、臭気の強さによる規制は悪臭防止法による規制のみで、条例では、専ら設備や作業の方法に関する規制が定められている。

（ア） 施設や作業方法の規制

事業者は、悪臭を発生する作業を行う場合には、建物を悪臭の漏れにくい構造にし、かつ原則として建物内で行うことを要するなど、施設や作業方法の規制が定められている（神奈川県生活環境条例25条1項3号、同条例施行規則

30条7項、同別表第8）。特に飲食店では、換気口からの臭気が近隣住民とのトラブルを引き起こす事例が多く、条例に基づく施設基準を満たしておくことが重要となる。

（イ）　住居系地域における禁止行為

騒音規制と同様、住居系地域において禁止される行為も定められているが（神奈川県生活環境条例26条、同条例施行規則31条）、店舗営業に関連することは稀である。

（ウ）　屋外作業に伴う焼却規制

悪臭を発生するおそれがある合成樹脂、ゴム、木材等を屋外で焼却する行為は禁じられている（神奈川県生活環境条例49条、同条例施行規則41条）。

⑷　公共用水に排水する場合の規制

ア　水質汚濁防止法の規制

事業活動に伴って公共用水に排水をする場合の水質の規制に関しては、水質汚濁防止法が基本事項を定めています。水質汚濁防止法の規制としては、①特定施設の設置等の届出、②排水規制、③地下浸透規制などが設けられている。

（ア）　規制の対象

公共用水域（河川や港湾などをいい、下水道は除かれている。下水道については、下水道法の規制を受ける）に排水をする者で、特定施設を設置する事業場を特定事業場と呼び、この特定事業場が規制対象とされる。特定施設は、水質汚濁防止法施行令別表第一に定められており、店舗営業の分野では、クリーニング店における洗浄施設、カメラ店における現像洗浄施設、飲食店における厨房施設（全ての店舗ではなく、一定の規模以上のもののみが対象となる）が該当する可能性がある。

（イ）　規制の内容

a　特定施設の設置等の届出

公共用水域に排水する者で上述の特定施設を設置する場合、当該施設工事着工の60日前までに所定の事項を都道府県知事又は政令指定都市の市長に届出を行うことを要する。

b 排水規制

排水規制は 2 つの観点から定められている。

1 つ目が濃度規制である。濃度規制を受ける排水は、特定施設から排出される液体ではなく、それらと雨水などを含む特定事業場から公共用水域に排出される水全体である。ここでの排水基準は、健康項目という有害物質による汚染状態と、それ以外の生活環境項目に区分されており、項目ごとに基準が定められている。具体的には、排水規制の基準となる排水基準は、排水基準を定める省令によって定められている（水質汚濁防止法 3 条 1 項）。この排水基準は全国一律であるが、都道府県は、環境基準の達成が困難な場合、条例によって厳しい許容限度を定めることができる（水質汚濁防止法 3 条 3 項）。これはいわゆる上乗せ基準である。たとえば、滋賀県では、水質汚濁防止法 3 条 3 項の規定に基づく排水基準を定める条例により、上乗せ排水基準を定めている。

もう 1 つが、総量規制である。総量規制とは、個別の濃度規制とは別に、特定の水域に着目し、そこに流入する排水総量から規制をかけるという考え方である。すなわち、個別の排水基準は濃度規制であるため、規制基準を満たしていたとしても、排水量が増えれば水域全体としての水質維持が困難となり、特に、湾などの閉鎖性水域でその傾向が顕著である。そこで、現在では、東京湾、伊勢湾、瀬戸内海を指定水域として、その指定水域の水質保全に関係する地域を指定地域と定め、指定地域内の特定事業所のうち、一日平均排水量が50㎥以上の事業場を対象に総量規制基準による規制を設けている。

c 地下浸透規制

店舗営業に関連することは稀であることから詳細は割愛するが、地下水の汚染の防止を目的に、有害物質を使用し又は貯蔵する施設について、施設設置の届出、有害物質を含む汚水等の地下への浸透禁止などの規制が設けられている。

イ 条例の規制

（ア） 水質汚濁防止法 3 条 3 項による上乗せ規制

水質汚濁防止法の排水基準は全国一律である、同法 3 条 3 項によって、必

要に応じて条例による基準の上乗せが可とされている。なお、この排水基準の上乗せは、あくまで水質汚濁防止法の排水基準の上乗せであり、条例の独自規制ではない。例えば、上記(2)で解説した騒音規制について、条例で上乗せ規制をした場合、当該上乗せ部分に違反したとしても、それは単に自主条例に違反したにすぎない一方で、水質汚濁防止法3条3項に基づく排水基準の上乗せによる上乗せ部分に違反した場合、それは水質汚濁防止法に違反したものとして、同法による罰則の適用を受けることとなる。

　例えば、神奈川県は、大気汚染防止法第4条第1項の規定による排出基準及び水質汚濁防止法第3条第3項の規定による排水基準を定める条例を定め、排水基準の上乗せをしている。

（イ）　自主条例による規制

　以上の水質汚濁防止法の規制のほかに、条例によって水質保全に関する規制が定められている。これは、水質汚濁防止法29条が、「地方公共団体が、次に掲げる事項に関し条例で必要な規制を定めることを妨げるものではない」として、規制項目及び対象施設の横出し規制を認めていることを根拠にしており、また、いわゆる裾下げ規制がされている場合もある（例えば滋賀県公害防止条例など）。

　例えば、神奈川県生活環境条例における水質規制は、騒音などと同様に、全ての事業所に適用される規制である。具体的には、神奈川県生活環境条例施行規則別表第9、第10において、全事業所に適用される排水基準が定められている（神奈川県生活環境条例28条1項、同条例施行規則33条、37条）。

(5)　下水道に排水する場合の規制

　事業活動に伴って公共下水道に排水する場合の水質の規制に関しては、下水道法が基本事項を定めている。下水道法の規制の中心は、特定事業場における排除の基準と（下水道法12条の2第1項、3項）、全ての事業場における除外施設の設置基準（下水道法12条1項）がある。なお、下水道法において下水を公共下水道に流すことを「排除する」という。

ア　規制の対象

　下水道法の排除規制が適用されるのは、特定事業場に限られる。この特定

事業場は、水質汚濁防止法2条2項に規定される特定施設を有する事業場と、ダイオキシン類対策特別措置法に規定される水質基準対象施設である（下水道法11条の2第2項）。

　排除施設の設置基準では、特定事業場に限らず、公共下水道を使用する全ての事業場が対象とされている。

イ　規制の内容

（ア）　特定施設の設置等の届出

　水質汚濁防止法同様、公共下水道に下水を排除する者が特定施設を設置する場合、特定施設の届出を行う必要がある（下水道法11条の2第2項）。

（イ）　排除の規制

　排除の基準は、特定事業場に適用される下水の水質に関する基準で、同基準を超えた場合は、罰則の対象となる（下水道法12条の2第1項、5項、46条）。

　排除の基準は、全国一律で下水道法施行令9条の4で定められている。もっとも、公共下水道管理者（通常は地方公共団体）は、下水道法施行令に定められている物質以外について、条例で排除の基準を定めることができる（下水道法12条の2第3項）。これは、下水道法で定められていない項目に関する横出し規制を認めたものである。これを受けて、例えば横浜市では、横浜市下水道条例8条の2において、規制物質を追加している。なお、下水道法46条が罰則の対象として下水道法12条の2第5項に違反した場合を定めているとおり、条例による横出し部分に違反した場合、下水道法による罰則の適用を受ける。

（ウ）　除外施設の設置と届出

　上述のとおり、特定事業場については排除の規制基準に違反した場合、直ちに罰則の適用対象となるが、特定事業場以外の場合、下水の水質が一定の基準を超える場合に、除外施設を設置する義務が発生する（下水道法12条、12条の11）。除外施設とは、下水に含まれる有害物質を公共下水道に排除する前に除去するための施設である。この除外施設の設置については、公共下水道管理者が条例によって定めるとされている（例えば横浜市下水道条例6条）。また、一般的に、除外施設を設置した場合には、その旨の届出を行わなければ

ならないと定められている（横浜市下水道条例 7 条 1 項）。

　なお、これらの規制に加えて、例えば東京都においては、汚水に油脂、ガソリンなどを含む場合には、グリーストラップを設置しなければならないとしている（東京都下水道条例施行規程 3 条の 2）。飲食店の多くは、排除する汚水に油脂を含むことから、飲食店を経営する場合には、グリーストラップを設置する義務がある。

3　防災に関する規制

(1)　防火管理者の設置

　防火管理者とは、当該防火対象物について消防計画の作成など防火管理上必要な業務を行う者であり、飲食店では、収容人数が30名以上の場合には設置が義務付けられている。

　防火管理者の要件は、①管理的、監督的地位にあること、②防火管理講習を受講するなど防火管理上必要な知識・技能を有していることである（消防法施行令 3 条 1 項柱書）。

　防火管理者を定めたときは、遅滞なく、所轄の消防署に届け出る必要がある（消防法 8 条 2 項）。

(2)　消防署に対する防火関連書類の提出

　飲食店を営業するにあたり、修繕、模様替え、間仕切り変更などの工事を行う場合は、着工の 7 日前までに、消防署に防火対象物工事等計画の届出が必要である。また、そういった工事は行わないものの、新たにテナントビルを借りて飲食店の営業を開始する場合（居ぬき物件など）、使用開始の 7 日前までに消防署に防火対象物使用開始の届出が必要である。

　また、厨房設備など火を使用する設備を設置しようとする場合は、あらかじめその旨を消防署に届け出る必要がある。これらの届出は、地方自治体の火災予防条例・規則などに定められている（参考：東京都火災予防条例56条、56条の 2、57条）。

4　屋外広告物や外装に関する規制

⑴　屋外広告物に関する規制

　看板などの屋外広告物の掲出に対しては、条例で、場所に着目した規制と、広告物の種類に着目した規制がなされている。例えば、神奈川県では、場所的な規制として、自然系許可地域、住居系許可地域、工業系許可地域、沿道系許可地域、商業系許可地域という５つの許可地域を定め、許可地域で広告物を掲出する場合には、許可基準に基づく許可を受けることを要する（神奈川県屋外広告物条例２条）。

　また、広告物の種類に着目した規制として、例えば、建築物の壁面を利用するもの、電柱を利用するもの、乗り物の外面を利用するもの、広告塔を利用するものなどの種類に応じて、大きさや高さに関する規制が設けられている（同条例７条）。

　このほか、重要文化財の敷地及びその周辺50m以内など、そもそも広告物を掲出することが禁止されている地域もある（同条例３条１項）。

　屋外広告物を掲出する場合、所定の手数料とともに許可申請を行い、知事による許可を受ける必要がある。許可を受けて広告物を掲出した場合には、広告物を管理する義務を負い（同条例12条）、必要に応じて報告を求められ、立入検査を受け（同条例23条）、その結果違反があれば、措置命令や許可の取消し（同条例15条）、さらには罰則を受ける可能性がある（同条例53条、55条、56条）。

　その他、特殊な例として、京都市では、屋外広告物の色彩基準を定めており（京都市屋外広告物等に関する条例11条１項４号、同条２項、同条例施行規則23条２項）、華美な色彩の屋外広告物を掲出することが禁止されている。京都市において、チェーン店の看板などが、通常の色彩と異なり、落ち着いた色彩のデザインに変更されているのはこのためである。

⑵　外装に関する規制

　建物の高さやデザインについては、まず景観法が定められており、同法の委任条例として地方自治体で景観に関する条例が定められているほか、自主

条例として別途の定めをしているところもある。例えば、京都市では、眺望景観創生条例という自主条例のほか、景観法の委任条例として市街地景観整備条例が定められている（これらの規制に関する解説は、第6章「環境・観光」に譲る）。

5　衛生・健康に関する規制

(1)　食品衛生責任者の届出

　飲食店を営業するためには、少なくとも1施設につき1人の食品衛生責任者を選任し、所管する保健所に届け出る必要がある（食品衛生法51条1項1号、同法施行規則66条の2、別表第十七）。食品衛生責任者とは、一定の資格を有するか、必要な養成講習会を受講した者であって、各営業施設の衛生管理にあたる者をいう。

　通常は、必要な養成講習を受講することで資格を得ることとなるが、栄養士や調理師などの一定の資格保有者は受講が免除されている。営業許可申請の際に食品衛生責任者の資格を証明するものを提出する必要があり、申請と同時に食品衛生責任者の届出も行われることとなる。

　営業開始後に食品衛生責任者を変更する場合は、食品衛生責任者変更届を所管の保健所に提出する。

(2)　受動喫煙防止のための措置など

　改正健康増進法の全面施行に伴い、飲食店は、原則屋内禁煙とされ（同法29条1項）、屋内での喫煙は、喫煙専用室または指定たばこ専用喫煙室を設ける必要がある（ただし、後述の喫煙可能室の経過措置がある）。

　喫煙専門室とは、たばこを吸うためだけの喫煙室であり、飲食などの喫煙以外のことはできない。指定たばこ専用喫煙室は、加熱式たばこに限り喫煙が可能な喫煙室で、ここでは飲食などの喫煙以外のこともできる。

　これらのほかに、改正健康増進法全面施行時にすでに営業している飲食店については、例外的に喫煙可能かつ飲食も可能な喫煙可能室の設置ができる場合がある。具体的には、①令和2年4月1日時点で営業している飲食店であり、②個人又は資本金若しくは出資金の総額が5,000万円以下の会社が経営

しており、③客席面積が100㎡以下の店舗については、一定の技術的基準を満たした上で、所管の保健所等に提出することで、店内の一部又は全部を喫煙可能室とすることができる。

　この喫煙可能室の経過措置については、条例によって要件が加重されている場合があるため注意が必要である。例えば東京都の場合は、上記3つの要件のほかに、従業員がいないことという要件が加重されている。

6　防犯に関する規制

　各都道府県では、防犯環境の整備を目的として、防犯に関する条例（「安心・安全まちづくり条例」などの名称で定められている例が多い）を定めている。同条例では、暴力団排除や児童の安全、道路や住宅における防犯環境とともに、事業活動における防犯環境の整備に関する規定を定めている例が多くみられる。ここでは、福岡県安全・安心まちづくり条例を例に説明する。

(1)　施設などの整備

　深夜の時間帯（午後11時から午前4時の間）において営業をする施設及び大規模小売店舗立地法2条2項の大規模小売店について、犯罪防止に配慮した構造や設備に関する指針が定められ、事業者は同指針に基づいて施設を整備する努力義務を負う（福岡県安全・安心まちづくり条例17条1項、2項）。これを受けて、福岡県公安委員会が、深夜営業施設における犯罪の防止に配慮した構造、設備等に関する指針及び大規模小売店舗における犯罪の防止に配慮した構造、設備等に関する指針を定めている。

　基本原則として、①見通しの確保、②設置者等の防犯意識の向上、③犯罪企図者の接近抑止、④部材や設備等の強化が挙げられた上で、具体的な方策が定められている。例えば、駐車場やごみ箱の位置、出入口やレジカウンター、レジスターの構造や配置、防犯カメラの配置などが定められている。

　これらの指針を満たさない場合に罰則があるわけではないものの、犯罪の防止のために、適宜警察署長が、必要な情報の提供、助言、その他の措置を講ずるとされている（福岡県安全・安心まちづくり条例17条3項）。

⑵　防犯責任者の設置

　上記の指針の適用を受ける事業者は、事業所ごとに防犯に関する責任者を設置して、防犯設備の維持・管理、従業員に対する防犯指導などの措置を講ずることとされている（福岡県安全・安心まちづくり条例18条 1 項、 2 項）。

〔佐々木将太、本多　翔吾〕

5　風俗営業

1　関係する法律・条例

　3 3 で前述した風営法が主たるものとして挙げられる。同法に関連する条例として、例えば、東京都では風俗営業等の規制及び業務の適正化等に関する法律施行条例がある。

2　風俗営業の許可

　風俗営業を営む場合は、各都道府県公安委員会の許可が必要となる（風営法 3 条 1 項）。

　風俗営業とは、①客の接待をする飲食店（キャバレーなど）、②飲食店のうち照度を10ルクス以下として営むもの、③飲食店のうち他から見通すことが困難であり、かつ、その広さが 5 ㎡以下である客席を設けて営むもの（カップル喫茶など）、④客に射幸心をそそるおそれのある遊技をさせる営業をする店舗（パチンコ屋や雀荘など）、⑤遊技設備で本来の用途以外の用途として射幸心をそそるおそれのある遊技に用いることができるものがある店舗（ゲームセンターなど）の営業である（同法 2 条 1 項 1 号ないし 5 号）。

　①、②、③は比較的対象が分かりやすいものの、④や⑤は、例えば店内にダーツなどのゲーム機を設置している場合にも風俗営業に該当する可能性があるため、注意を要する。

3 風俗営業の規制

風営法においては、風俗営業に関する様々な規制が行われており、以下にその代表的なものを説明する。

(1) 営業場所の制限

各都道府県は、条例によって、風俗営業を許可しない地域を設定することができる（風営法4条2項2号）。条例においては、住居専用地域や学校、図書館、児童福祉施設、病院などの周辺を許可しない地域とすることが多い（参考：東京都風俗営業等の規制及び業務の適正化等に関する法律施行条例3条1項）。

(2) 営業時間の制限

風俗営業は、午前0時から午前6時までの間は営業を営んではならない（風営法13条1項）。もっとも、各都道府県は、条例によって、例外的に一定の日又は地域について、営業時間制限を延長することができる（一定の日の例として年末年始、一定の地域の例として歓楽街などが挙げられる）。

一方、各都道府県は、午前0時から午前6時までの間を超えて、必要に応じて営業時間の制限を行うこともできる（風営法13条2項）。例えば、東京都においては、住居集合地域において営業される風営法2条1項1号、2号、3号の飲食店については、午後11時から午前10時まで営業をすることが禁止されている。

(3) 騒音及び振動の規制

各都道府県は、条例によって、風俗営業の騒音及び振動の規制をすることができる（風営法15条）。多くの場合、場所については住居専用地域や住居地域など、時間帯については深夜時間帯につき、より強度な規制が定められている（参考：東京都風俗営業等の規制及び業務の適正化等に関する法律施行条例6条）。

(4) 条例による規制

風俗営業者の遵守事項のうち、基本的事項かつ全国的に一律に規制することに適する事項は、法律事項として風営法（同法12条から19条及び20条1項など）により定められている。その上で、同法は、法に定める事項以外の事項

であっても、都道府県の条例によって、地域の実情に応じた遵守事項を定めることを認めている（同法21条）。

4　罰則等

(1)　無許可営業

公安委員会の許可を受けないで風俗営業を行った場合、2年以下の懲役もしくは200万円以下の罰金又はこれらが併科される（風営法49条1号、3条1項）。

(2)　禁止行為等

風俗営業を営む者（公安委員会の許可や承認を受けた「風俗営業者」に限られず、無許可営業で風俗営業を営む者も含まれる）は、客引き、客引きのための立ちふさがり、又はつきまとい、20歳未満の者に酒又はたばこを提供すること等が禁止され（風営法22条1号、2号、6号）、当該禁止行為を行った場合、6か月以下の懲役もしくは100万円以下の罰金、1年以下の懲役もしくは100万円以下の罰金又はこれらが併科される（同法52条1号、50条1項4号）。

(3)　行政処分等

風俗営業を営む者が、風営法その他の法令もしくは風営法に基づく都道府県条例に違反した場合、公安委員会により必要な指示（同法25条）、営業の許可の取消処分、6か月以内の営業の停止処分（同法26条1項）を受けることがある。

〔小俣　梓司〕

6　罰則等

1　食品衛生法の罰則

飲食店が無許可営業を行った場合には、2年以下の懲役または200万円以下の罰金が科される（食品衛生法82条1項、55条1項）。情状により、懲役及び罰金が併科されることもある（同法82条2項）。

　なお、都道府県が条例で定めた施設基準による条件に違反した場合、1年以下の懲役または100万円以下の罰金が科される（同法83条5号、54条）。

　以上の罰則には、両罰規定が設けられている（同法88条）。

2　風営法の罰則

　酒類提供飲食店が深夜営業の届出を行わなかった場合、50万円以下の罰金が科される（風営法54条6号）。

　深夜営業酒類提供飲食店が風営法33条4項に基づく都道府県条例の場所的規制に違反した場合、懲役1年以下もしくは100万円以下の罰金又はこれらが併科される（同法50条1項10号）。

3　風営法の行政処分等

　飲食店営業を営む者が風営法もしくは同法に基づく都道府県条例に違反した場合、公安委員会により必要な指示（同法34条1項）、6か月以内の営業の停止処分（同法34条2項）を受けることがある。

〔本多　翔吾〕

コラム⑧　飲食店における防犯カメラ設置上の注意点

1　概　要

　飲食店においては、食い逃げやレジスター内の現金に対する窃盗等防犯のため店舗の入口や店内等に防犯カメラを設置することが想定される。最近の防犯カメラは、本人と判別できるほど解像度の高いものも存在し、これに記録された顔画像は、個人情報に該当する（個人情報保護法2条1項2号、個人情報の保護に関する法律についてのガイドライン（通則編）2－1）。

　そこで、防犯カメラを設置する飲食店においては、以下のとおり、個人情報保護法に基づいた情報管理が必要となる。

2　店舗等に防犯カメラを設置し、撮影した顔画像やそこから得られた顔認証データを防犯目的で利用する場合に個人情報保護法上要求され

る措置

　本人を判別可能なカメラ画像やそこから得られた顔認証データを取り扱う場合、個人情報の利用目的をできる限り特定し、当該利用目的の範囲内でカメラ画像や顔認証データを利用しなければならない。また、個人情報の利用目的をあらかじめ公表するか、又は個人情報の取得後速やかに本人に通知若しくは公表する必要がある。

　具体的には、店舗等に設置した防犯カメラによりカメラ画像を取得し、そこから顔認証データを抽出してこれを防犯目的で利用する場合、本人においてかかる取扱いが行われるとは合理的に予測・想定できないと考えられる。また、顔認証データはマーケティング等他の目的にも利用され得る個人情報であるため、防犯のためにカメラ画像及び顔認証技術を用いた顔認証データの取扱いが行われることを本人が予測・想定できるように利用目的を特定し、これをあらかじめ公表又はその取得後速やかに通知・公表する必要があると考えられる。

　また、防犯カメラが作動中であることを店舗等の入口や設置場所等に掲示する等、防犯カメラにより自らの個人情報が取得されていることを本人において容易に認識可能とするための措置を講ずる必要がある。さらに、カメラ画像の取得主体、カメラ画像の内容、カメラ画像及び顔認証データの利用目的、問い合わせ先等を本人が確認できるようしなければならない。具体的には、これらを店舗等の入口や設置場所等に明示するか、又はこれらを掲載したWEBサイトのURL又はQRコード等を示すことが考えられる。

　カメラ画像や顔認証データを体系的に構成して個人情報データベース等を構築した場合、個々のカメラ画像や顔認証データを含む情報は個人データに該当するため、個人情報保護法に基づく適切な取扱いが必要となる。

　なお、カメラ画像を取得してこれを防犯目的のみに利用し、顔認証データは取り扱わない、従来型の防犯カメラの場合には、「取得の状況からみて利用目的が明らか」（個人情報保護法21条4項4号）であることから、

利用目的の通知・公表は不要とも考えられる。しかし、かかる場合であっても、防犯カメラが作動中であることを店舗等の入口や設置場所等に掲示する等、防犯カメラにより自らの個人情報が取得されていることを本人において容易に認識可能とするための措置を講ずることが望ましい（個人情報の保護に関する法律についてのガイドラインに関するQ＆A1－12）。

〔本多　翔吾〕

コラム⑨　飲食店のテイクアウト商品等の食品表示

　スーパーやコンビニに陳列されている飲食物には、原則として、商品の名称、賞味（消費）期限、保存方法、遺伝子組換原材料の使用の有無、製造者名及び栄養成分などの表示がなされている（以下「食品表示」という）。これは、食品表示法（平成27年4月施行。同法施行以前には、食品衛生法、JAS法及び健康増進法にそれぞれ表示に関するルールが定められていた）により表示が義務付けられるものであって、一度は目にしたことがあるものと思われる。

　他方で、近年急速に発達した飲食店のデリバリーサービスやテイクアウトの場合、必ずしもこのような表示がなされているわけではない。また、スーパーやコンビニの商品の中でも、店内調理の惣菜等の食品表示は簡略化されたものもある。

　これは、食品表示法では消費者に販売されるすべての食品に対して食品表示が義務づけられているものの、次の例外が認められているためである。

① **例外1：飲食店が客の注文に応じて弁当、惣菜をその場で容器に詰めて対面販売する場合**

　テイクアウトやデリバリー、キッチンカーなどがこれにあたる。

　飲食店が客の注文に応じて弁当、惣菜をその場で容器に詰めて対面販売するのであれば、製造者が消費者に直接販売することとなり、品質等について直接説明できると考えられるため、「食品表示基準における容器

包装に入れられた加工食品の販売」に該当しないものとされたものである。

　また、ランチタイムなどの繁忙時に備えて、あらかじめその日の販売見込み量を容器に入れておく場合についても、客の注文に応じて容器に入れる行為と同様と考えられ、食品表示は必要とされていない。

②　例外2：インストア加工（店内調理）したものを同一施設で販売する場合

　スーパーのお惣菜コーナーでパック詰め販売されている商品や、コンビニフライドチキンがこれにあたる。

　小売店の店内で弁当や惣菜を調理し、容器包装に入れて販売する場合や、バックヤード或いは店舗と同一敷地の施設で調理し、容器包装に入れて販売する場合などは、原材料名、内容量、栄養成分の量及び熱量、原料原産地名など一部の表示は不要とされる。これは、製造又は加工をした者が消費者に直接品質等について説明できると考えられるためである。

　そのため、例えば同じケーキ店を経営する場合でも、個人店が典型であるように1店舗で製造して販売する形態であれば一部の食品表示は必要なく、他方で、セントラルキッチンや工房で製造したケーキを各販売店へ配送して販売する形態であれば全ての食品表示が必要となる。

【表示の例】

名　　　称　おにぎり

原材料名　ご飯（米（国産））、鮭、のり（国産）、食塩、（一部に小麦・さけ・大豆を含む）

添 加 物　調味料（アミノ酸等）、pH調整剤

消費期限　○○.○○.○○

保存方法　直射日光及び高温多湿を避けてください

製 造 者　○○食品株式会社

○○県○○市○○町 ○-○-○

〔土淵　和貴〕

第 4 章

医療・健康

相談内容	対応例

病院を開業したい

- 病院・診療所ともに開設許可を得る

  ↓

- 病院及び有床の診療所について
  - 設備・構造利用のため使用許可及び開設日から10日以内の届出
    →使用開始
- 無床の診療所について
  - 臨床研修等修了医師による届出
    →使用開始

個人情報開示請求の根拠法規を知りたい

- 民間病院か、公立病院か独立行政法人の病院か

  ↓

- 民間病院
  →個人情報保護法に基づく開示請求
- 公立病院
  - 令和5年4月1日まで
    →個人情報保護条例に基づく開示請求
  - 令和5年4月1日以降
    →個人情報保護法に基づく開示請求

薬局、ドラッグストアを新規開設したい

- 薬機法上の「薬局」にあたるか「販売業」にあたるかの確認

  ↓

- 所在都道府県の許可申請

  ↓

- 薬局で保険調剤を行う場合には保険薬局の指定を受ける

【病院・診療所・薬局】

根拠法	根拠条例等
▪ 医療法	▪ 各都道府県の「病院及び診療所の人員、施設等の基準に関する条例」
▪ 個人情報保護法	

【介護・看護】

相談内容	対応例
▪ 在宅の重症心身障害児（者）及び医療的ケア児に関する訪問事業を利用したい	▪ 東京都内に住所を有する在宅の者であるかを確認、申請窓口の確認
	▪ 東京都内に住所を有する在宅の者であるかを確認、申請窓口の確認

【サプリメント】

相談内容	対応例
▪ サプリメント・健康食品を販売したい	▪ サプリメント・健康食品の製造も行うか

【動　物】

相談内容	対応例
▪ 動物の販売や貸与等の事業を始めたい	▪ 営利性あり→第一種→登録が必要 ▪ 営利性なし→第二種→届出が必要 ▪ 特定動物を扱いたい→許可が必要

	根拠条例等

- 重症心身障害児（者）に該当するかを確認（主治医に事前に相談をする旨勧める）

  ↓

- 訪問事業の申請（別記第一号様式を利用）

- 医療的ケア児に該当するかを確認（主治医に事前に相談をする旨勧める）

  ↓

- 訪問事業の申請（別記第一号様式を利用）

- 東京都在宅重症心身障害児（者）に対する訪問事業の実施に関する規則1条

- 東京都在宅重症心身障害児（者）に対する訪問事業の実施に関する規則4条

- 東京都在宅医療的ケア児に対する訪問事業の実施に関する規則1条

- 東京都在宅医療的ケア児に対する訪問事業の実施に関する規則4条

- 食品衛生法上の許認可が必要か確認する
  →許可取得

- 医薬品成分が含まれていないか
  →販売中止もしくは医薬品としての承認を検討

1 概　説

　本章では、医療や健康に関連する規制を取り扱う。また、関連項目として、動物に対する医療・健康についても取り上げる。

2 病院・診療所

1　はじめに

　本項では、病院・診療所の開設をテーマに、医療法及び医療法の委任を受けた条例の定めについて概観する。

　また、地方自治体が設置した病院の運営に民間病院の運営ノウハウを取り入れる仕組みとして活用が広がっている指定管理者制度についても触れる。

2　関連する法律・条例

(1)　病院・診療所の開設に関連する法律・条例

ア　定　義

　医療法では、医療施設について、その規模に着目し、病院と診療所の概念を設けている。

　まず、「病院」とは、医師又は歯科医師が、公衆又は特定多数人のため医業又は歯科医業を行う場所であって、20人以上の患者を入院させるための施設を有するものをいう（医療法1条の5第1項）。

　次に、「診療所」は、医師又は歯科医師が、公衆又は特定多数人のため医業又は歯科医業を行う場所であって、患者を入院させるための施設を有しないもの又は19人以下の患者を入院させるための施設を有するものをいう（医療法1条の5第2項）。

イ　開設に関する規制

　病院・診療所を開設する際には、医療法所定の開設の手続を経る必要がある。開設にあたって必要な手続は、病院と診療所で異なる。

（ア） 病　院

　病院を開設するときは、設備・構造について医療法21条から23条に定める規制に適合したうえで、開設についての都道府県知事許可を受ける必要がある。

　さらに、開設許可を受けたことを前提として、病院の設備・構造を実際に利用するために、医療法所定の都道府県知事の検査を受け、許可証の交付を受けることが必要である（医療法27条）。さらに開設の日から10日以内に都道府県知事に対してその旨の届出を行うことを要する（医療法8条）。

　なお、病院の許可基準に適合している場合においても、地域の基準病床数を超過する場合（医療法7条の2）や地域における医療計画の病床数を超過する場合（医療法7条の3）に許可されない場合がある点には注意が必要である。

（イ）　診療所

　診療所を開設する場合には、開設しようとする者が臨床研修等修了医師以[1]外である場合には、病院と同様に都道府県知事開設の許可（その開設地が保健所を設置する市又は特別区の区域にある場合においては、当該保健所を設置する市の市長又は特別区の区長）及び開設の日から10日以内の届出が必要である。一方で、開設しようとする者が、臨床研修等修了医師である場合には、開設した日から10日以内にその旨を届け出ればよく、開設の許可は不要である（医療法7条1項）。

　また、診療所に入院設備（病床）を設ける場合には、設置者が臨床研修等修了医師であるか否かを問わず、都道府県知事の許可が必要であり、かつ、病院と同様に施設の設備・構造に関する規制に服するため、医療法所定の検査を受け、許可証の交付を受ける必要がある（医療法27条）。

ウ　条　例

　上記で述べた病院・診療所の設備・構造に関する規制について、医療法は、地域の実情に応じた医療体制の整備を行う必要があるという観点から、その細部を都道府県の条例に委任している。

1）「臨床研修等修了医師」とは、2年以上、都道府県知事の指定する病院又は厚生労働大臣の指定する外国の病院で臨床研修を受けた医師をいう（医師法16条の2第1項）。

　すなわち、医療法18条は、専属の薬剤師を置かなければならない病院又は診療所についての基準の制定を条例に委任している。また、医療法21条においては、病院及び療養病床を有する診療所において要求される人員配置（同法21条1項1号）や、施設（同法21条1項12号）の内容を条例に委任している。

　こうした医療法の規定を受け、例えば東京都においては、「東京都病院及び診療所の人員、施設等の基準に関する条例」が制定されている。これによると、医療法18条が定める専属薬剤師の設置義務のある対象施設について、病院については全ての病院（同条例4条1号）、診療所については規則で定める員数の医師が常時勤務する診療所（同条例4条2号）としている。また、医療法21条が求める人員配置に関しては、病院開設において必要な人員について、薬剤師、看護師及び准看護師、看護補助者、栄養士、診療放射線技師、理学療法士及び作業療法士、事務員その他の従業者をそれぞれ置かなければならないとして、医療法の規定を具体化している（同条例5条各号）。さらに、施設についても、法が規定する施設以外に、消毒施設、洗濯施設、談話室、食堂、浴室を定めるように求めている。

　他の都道府県においても、病院等の人員や設備等に関する基準を定めた同様の条例が存在する。もっとも、例えば、「談話室」の広さの基準について、熊本県では、療養病床の入院患者同士又は入院患者及びその家族の談話に支障のない広さを有することとするが、福岡市では、療養病床の入院患者同士や入院患者とその家族が談話を楽しめる広さを有しなければならないと規定するなど、地域によって、基準の定め方には若干の相違が見られる。

　以上のように、病院や診療所の開設にあたっては、設置予定地で適用される条例の内容を確認し、そこで定める基準を満たす必要がある。

---

2)　東京都病院及び診療所の人員、施設等の基準に関する条例施行規則
3)　東京都病院及び診療所の人員、施設等の基準に関する条例6条
4)　熊本県病院及び診療所の人員、施設等の基準に関する条例9条1項
5)　福岡市病院及び診療所の人員及び施設の基準を定める条例5条2項

3 公立病院の運営

(1) はじめに

　ここでは、公立病院における条例の適用場面として、個人情報管理及び民間事業者を公立病院に関与させる制度である、「指定管理者制度」を中心に扱う。公立病院は、地方公共団体が設置しているという特徴から、民間病院よりも条例の適用を受ける機会が多いといえる。

(2) 指定管理者制度について

　地方自治法は、「公の施設」（地方自治法244条の2第1項）の運営に、民間のノウハウを取り入れる仕組みとして、「指定管理者制度」という仕組みを定めている。これは、条例に定めるところにより、普通地方公共団体が指定する民間の法人等に、施設の管理を委託することができる制度である。

　公立病院も「公の施設」に該当することから、指定管理者制度を利用して民間の病院運営のノウハウを活用することができ、結果として経費の縮減や利用者のニーズに沿ったサービス向上が期待できる。

　指定管理者制度を活用するためには、公の施設の設置・管理に関する事項を条例で定める必要がある（地方自治法244条の2第1項）。条例では、指定管理者が行う管理の基準（開館日、開館時間、使用許可の基準、使用料金、使用制限などの要件の施設利用の基本的な条件）及び業務の範囲その他必要な事項を定めるものとされている（同条3項・4項）[6]。

　指定管理者は、公平性・透明性等の観点から公募で募集されることが多く、この場合、指定管理者の指定を受けようとする民間法人は、条例や公募要項にそって事業計画や収支計画等を提出して応募する。指定管理者の指定は、議会の議決の下で決定される（地方自治法244条の2第6項）。

　公立病院における指定管理者制度の活用事例についてみると、医療法人、医師会、医学部のある学校法人等が指定管理者として指定されている例が見られる。

---

6)　例えば、千葉県では「千葉県公の施設に係る指定管理者の指定の手続等に関する条例」が制定されている。

(3) 診療情報等の個人情報管理について

　カルテ等の医療情報は、個人情報に該当するのが通常であり、民間病院では個人情報保護法に基づく管理が行われてきた。

　他方、国、独立行政法人が設置した病院については、「行政機関の保有する個人情報の保護に関する法律」「独立行政法人等の保有する個人情報の保護に関する法律」により、地方公共団体が設置運営する病院は各自治体の個人情報保護条例によって個人情報の保護が図られてきた。このことから、民間病院と公立病院では、同種の業務にもかかわらず規律が不均衡になっているという課題があった。[7]

　そこで、令和3年公布の「デジタル社会の形成を図るための関係法律の整備に関する法律」では、国の行政機関、独立行政法人、地方公共団体における情報管理の規律が個人情報保護法に一本化されることになった（令和5年[8]4月1日施行）。

　公立病院に関しては、これまで各地方自治体において個人情報保護条例に基づいた規律がなされ、自治体により内容が異なっていたが、上記の法改正を受け、今後は、個人情報保護法への統一化を踏まえた条例の改廃整理が進められることになると考えられる。

〔加藤聡一郎〕

③ 薬局関係

1　はじめに

　ここでは、医薬品の供給、販売にかかわる業態につき、「医薬品、医療機器等の品質、有効性及び安全性の確保等に関する法律」（以下「薬機法」という）を主とした法律上の体系及び定義、関連する条例について概説する。

---

7)　令和4年1月26日個人情報保護委員会事務局公表資料「令和3年改正個人情報保護法について」。　なお、病院のみならず、大学や研究機関においても同様の課題が指摘されている。
8)　開示請求等に係る制度など、一部については公的部門の規律が引き続き適用される。

2 医薬品の販売形態

(1) 薬 局

　医薬品の販売等を規制する薬機法において、「薬局」は、「薬剤師が販売又は授与の目的で調剤の業務並びに薬剤及び医薬品の適正な使用に必要な情報の提供及び薬学的知見に基づく指導の業務を行う場所」と定義されている（薬機法2条12項）。なお、病院、診療所及び動物病院のような飼育動物診療施設に存在する調剤所は、「薬局」の定義から除かれている（同項ただし書）。

　処方せんがなくても購入できる一般用医薬品や衛生用品等を扱ういわゆるドラッグストアは、上記の薬剤師による調剤業務機能を併せ持たない場合は、薬機法上の「薬局」にあたらず、調剤業務機能を併せ持つ場合は「薬局」として規制を受けることになる。

　薬局を開設するには、所在地の都道府県知事の許可[9]を得る必要があり（薬機法4条1項）、当該許可の基準として、構造設備や販売の体制に関し厚生労働省令で定める基準が存在する（薬機法5条）。

(2) 販売業

　薬機法は、薬局開設者のほかに、医薬品の販売業の許可を得たものが医薬品の販売等を行うことができる旨定める（薬機法24条1項）。

　この販売業の許可は、①店舗販売業、②配置販売業、③卸売販売業の3つに区分されており、いずれも都道府県知事の許可[10]が必要となる（薬機法25条、26条1項、30条1項、34条1項）。このうち、店舗販売業及び配置販売業は小売販売が想定され、卸売販売業は、薬局や医療機関、店舗販売業者等へ販売する卸売の業態である。

　一般用医薬品や衛生用品等を扱うドラッグストアは、(1)で述べた薬局としての機能を有しない場合には、店舗販売業の許可を得る必要がある。

　配置販売業とは、あらかじめ家庭等に届けられた薬について、使用した分

---

9) 薬局の所在地が保健所を設置する市又は特別区の区域にある場合においては、市長又は区長による許可（薬機法4条1項かっこ書）。

10) 3つの区分のうち、店舗販売業については、店舗の所在地が保健所を設置する市又は特別区の区域にある場合においては、市長又は区長による許可（薬機法26条1項かっこ書）。

の代金を後から回収する「おきぐすり」といわれる販売形態である。

(3)　特定販売

　特定販売とは、薬局または店舗販売業の許可を受けたものが行うことのできる、インターネット、電話等による、薬局や店舗以外の場所にいる者に対する販売の形態をいう（薬機法4条3項4号ロ）。薬局又は店舗販売業自体の許可申請の際に合わせて、または許可を得た後に、特定販売を行う旨を届け出ることが必要である。

3　関連法

(1)　薬機法

　前述のとおり、薬局及び各販売業の許可、管理等に関する規定を定める。薬機法の委任を受けた規則、関連省令等が複数制定され、詳細な規制が設けられている。

(2)　健康保険法

　薬局が公的医療保険の適用を受ける調剤を行うためには厚生労働大臣による保険薬局の指定を受ける必要がある（健康保険法63条3項1号、65条1項）。

(3)　その他（薬局、販売業に従事する者に関するもの）

　調剤業務及び医薬品の区分に応じた販売や情報提供等の業務を担う薬剤師については、薬機法のほか、薬剤師法、医療法等に関連規定がある。店舗販売業等に従事する登録販売者については、薬機法上に関連規定がある。

4　条　例

(1)　概　況

　人の生命身体に影響を与える医薬品については、製造から流通にいたるまで、法律や省令、規則等により厳格な規制が設けられている。医薬品の販売に関しても同様であり、前述の薬機法による許可制度や、販売方法に関する規制、購入者への情報提供や広告、医薬品の陳列方法等にいたるまで厳格に規制されている。

　このように、既に法令による厳格な規制が存在するという状況が背景にあ

るためか、医薬品の販売について自治体が独自に制定する条例はあまり数がみられない。以下では、数少ない条例の制定例として、薬局等の行う広告に関する規制を定めた、東京都の「薬局等の行う医薬品の広告の適正化に関する条例」（以下「東京都広告適正化条例」という）について紹介する。

(2) 薬局等の行う医薬品の広告の適正化に関する条例（東京都）

ア 目 的

東京都広告適正化条例は、医薬品の広告について規制することで、医薬品の過量消費や濫用防止を図り、医薬品の適正使用を確保して、都民の保健衛生の維持向上に資することを目的とする（東京都広告適正化条例1条）。なお、医薬品の広告規制については、薬機法や、より一般的な規制である景品表示法等にも別途留意する必要がある。

イ 規制対象

規制対象は、薬機法上の薬局及び医薬品の販売業を営む者（以下「営業者」という）である（東京都広告適正化条例2条1項、2項）。

ウ 具体的規制

（ア） 努力義務

営業者は、医薬品の広告（店頭広告を除く）を行うに当たり、①医薬品の効能、効果に関する事項、②医薬品の副作用等使用に関する注意事項、③医薬品の保管等取扱いに関する注意事項、を広告するよう努めなければならない（東京都広告適正化条例4条1項）。

これに加え、営業者は、医薬品と医薬品以外のものを同一紙面で広告する場合は、両者を明確に区別するよう努めなければならない（東京都広告適正化条例4条2項）。

（イ） 自主規制

自主規制として、営業者は、いたずらに不安・不快の感じを与えることにより、不必要な医薬品の使用を促すおそれのある医薬品の広告を行わないよう努めなければならない（東京都広告適正化条例5条）。

（ウ） 禁止事項

東京都広告適正化条例は下記2つの類型の広告を禁止する（東京都広告適正

化条例6条)。

①　医薬品の副作用に関し、安全性を誇張することにより、安易な使用を促す広告
②　医薬品について、化粧品的又は食品的用法を強調することにより、安易な使用を促す広告

　この禁止事項の履行状況については、都知事には、営業者へ報告を求める権限のほか、薬局等の店舗、事務所への立入調査及び関係者への質問権限が認められている(東京都広告適正化条例7条)。なお、この報告の徴取及び立入調査等は、薬局及び店舗販売業に対するものに限り、特別区に事務処理が移譲されている(特別区における東京都の事務処理の特例に関する条例2条表六十七)。
　また、違反の場合の営業者への意見聴取を得た上での是正勧告(東京都広告適正化条例8条)、当該勧告に従わない場合で都民の健康に危害を及ぼすおそれがあると認める際の公表(東京都広告適正化条例10条)が認められている点に注意が必要である。

〔野口　あゆ〕

コラム⑩　薬局距離制限事件から考える医薬品供給

　「薬局」、「条例」と聞き法律家の誰もが思い浮かべるのは、薬局距離制限事件(最大判昭和50・4・30民集29巻4号572頁〔27000373〕)だろう。
　本事件は、医薬品の販売業開設の許可申請につき、旧薬事法及び広島県条例の開設基準に適合しないとして不許可処分とされたことに対する、行政処分取消請求事件である。
　旧薬事法は、販売業や薬局等について、医薬品の適正な供給確保を図るための配置基準を定めることを都道府県の条例に委任し、この委任を受けた広島県条例は、①既存業者から水平最短距離でおおむね100mの距離制限、②例外的に人口や交通事情等を考慮する、旨の配置基準を設けていた。本事件で最高裁は、薬局の適正分布と不良医薬品供給による国

民の危険防止の目的のための制限としては合理性を欠くとして旧薬事法の規定を違憲と判示した。

　当時、この配置基準が設けられた目的の一つは、薬局等の偏在解消による医薬品の適正な供給確保であったが、これはなお現在に通じる課題だ。統計によれば、全国に無薬局の町村は136存在し（厚生統計要覧令和3年度）、調剤業務を担う薬剤師の偏在もあいまって、一部地域では医薬品を容易に入手しにくい状況がある。

　このような課題解決の道筋となり得るのが、近年の医薬品供給に関する規制の変化だ。

　平成26年施行の改正薬機法で、要指導医薬品を除く一般用医薬品すべてがインターネット販売可能となった。医療用医薬品については、令和2年施行の改正薬機法でオンラインによる服薬指導が導入され、薬局で薬剤師の対面による服薬指導を受けることなく、郵送等による入手が可能になった（薬機法9条の4第1項、同法施行規則15条の13第2項）。オンライン服薬指導は、新型コロナウイルス感染症を背景にその実施可能範囲も拡大されている（「新型コロナウイルス感染症の拡大に際しての電話や情報通信機器を用いた診療等の時限的・特例的な取扱いについて」令和2年4月10日付医政局医事課・医薬・生活衛生局総務課事務連絡）。

　薬局や店舗に出向くことなく医薬品を手に入れられるという、薬局距離制限事件当時想定されていなかった新たな医薬品供給体制は今後より拡大するだろう。引き続き、関連規制や実務の変化に注目だ。

〔野口　あゆ〕

4 介護・看護関係について

1 はじめに

本項では、介護・福祉・看護関係の制度に関連する地方自治体の取組につ

いて、いくつかピックアップして紹介する。

2　関係する法令・条例

⑴　法　令

　まず、介護・福祉・看護に関しては、例えば以下のように多種多様な法律
や、これらの法律の委任を受けた政省令や条例が制定され、国の制度・規制
が確立されている。

	法律	政省令	条例等 （東京都の例）
社会福祉関係	児童福祉法	• 児童福祉法施行令 • 児童福祉法施行規則	• 児童福祉法施行条例 • 児童福祉法施行細則 • 東京都児童福祉施設条例 • 東京都児童福祉施設条例施行規則
	身体障害者福祉法	• 身体障害者福祉法施行令 • 身体障害者福祉法施行規則	• 身体障害者福祉法施行細則 • 東京都身体障害者手帳に関する規則
	障害者の日常生活及び社会生活を総合的に支援するための法律	• 障害者の日常生活及び社会生活を総合的に支援するための法律施行令 • 障害者の日常生活及び社会生活を総合的に支援するための法律施行規則	• 障害者の日常生活及び社会生活を総合的に支援するための法律施行条例 • 障害者の日常生活及び社会生活を総合的に支援するための法律施行細則
	老人福祉法	• 老人福祉法施行令 • 老人福祉法施行規則	• 老人福祉法施行細則 • 東京都養護老人ホームの設備及び運営の基準に関する条例 • 東京都特別養護老人ホームの設備及び運営の基準に関する条例
	介護保険法	• 介護保険法施行令 • 介護保険法施行規則	• 介護保険法施行条例
従事者関係	保健師助産師看護師法	• 保健師助産師看護師法施行令 • 保健師助産師看護師法施行規則	• 保健師助産師看護師法施行細則

(2) **条例・規則で定める自主的な取組**

　上記のような法令で設けられた各種の制度や規制のほか、地方自治体が法律の委任を受けることなく独自に行う施策もある。

　以下では、「東京都在宅重症心身障害児（者）に対する訪問事業の実施に関する規則」（以下「東京都重症児規則」という）及び「東京都在宅医療的ケア児に対する訪問事業の実施に関する規則」（以下「東京都医療的ケア児規則」という）を例にとり、それらの概要について解説する。

　なお、本項では一例として東京都の事例を紹介するが、助成金の交付等支援内容が異なる部分はあるものの、重症心身障害児等の支援を行う施策は、神奈川県（神奈川県在宅重度障害者等手当制度）、大阪府（重症心身障がい児者地域ケアシステム整備事業）や福岡県（福岡県医療的ケア児在宅レスパイト事業）等、東京都以外の地方自治体でも実施されている。

3　東京都重症児規則

(1) **制度の概要**

　東京都重症児規則は、重症心身障害児（者）の家庭に対して看護師を派遣し、看護技術の指導や療育相談を行うとともに、必要に応じ、年に1回、専門医が訪問健康診査を行う都の事業について定めるものである。東京都重症児規則は、利用者がどのような手続を通じて当該制度を利用することができるか、という観点から規定されている。

(2) **対象者**[11)]

　東京都重症児規則は、下記要件を充足する者を対象者とする（東京都重症児規則第1条）。

①　東京都内に住所を有する在宅の者であること
②　重症心身障害児（者）（重度の知的障害と重度の肢体不自由が重複している者で、十八歳未満の時にその状態になったものをいう。）であること

---

11)　東京都重症児規則上では、「重症児」と定義される。

このうち、②にいう「重症心身障害児」とは、児童福祉法7条2項に定義される概念であり、「重度の知的障害及び重度の肢体不自由が重複している児童」をいうとされている。申請時の年齢は問わず、退院予定の者については入院中から申請可能とされている。なお、この「重症心身障害児」に該当するか否かの判定については、医学的な判断が必要となることから、申請前に主治医に相談することが望ましい。

(3) 訪問健康診査及び訪問看護[12]

ア　実施方法（東京都重症児規則2条）

訪問健康診査と訪問看護の具体的内容はそれぞれ下記のとおりであり、いずれも訪問事業を行うことができる法人に委託して行うこととされており、実際に「社会福祉法人全国重症心身障害児（者）を守る会」に委託の上で実施されている。

① 　訪問健康診査は、知事が定める資格要件を満たす専門医師及び保健師等が重症児の家庭を訪問して、健康状態、障害の程度等を診査するとともに必要な指導を行う。

② 　訪問看護は、知事が定める資格要件を満たす看護師等が重症児の家庭を訪問し、重症児の状況に応じ、療育上の看護及び家族への援助その他知事が必要と認める看護等を行う。

イ　訪問回数（東京都重症児規則3条）

重症児に対する訪問回数は、訪問健康診査については年に一回、訪問看護について週に一回が原則となる。ただし、重症児の状況に応じ、これを増減することができる。

ウ　訪問事業の申請（東京都重症児規則4条）及び対象者の決定（東京都重症児規則5条）

訪問事業の申請については、訪問事業を利用しようとする重症児の保護者等（東京都重症児規則上では、「申請者」と定義される）が、在宅重症心身障害児（者）訪問申請書（東京都重症児規則別記第一号様式）により、知事に申請す

---

12)　東京都重症児規則上では、「訪問事業」と定義される。

ることとされている。

　この申請を受け、知事は、訪問事業の実施の適否について決定し、適当であると認める者については在宅重症心身障害児（者）訪問決定通知書（東京都重症児規則別記第二号様式）により、適当でないと認める者については在宅重症心身障害児（者）訪問非決定通知書（東京都重症児規則別記第三号様式）により申請者に通知する。

エ　訪問事業の実施期間（東京都重症児規則５条の２）

　前記ウにおいて訪問事業の実施の決定がされた場合における訪問事業の実施期間は、当該実施の決定をした日から一年以内で、知事が定める日までである。

オ　更新申請（東京都重症児規則５条の３）

　訪問事業の実施期間の終了後も引き続き訪問事業を利用しようとする重症児の保護者等（東京都重症児規則上では、「更新申請者」と定義される）は、訪問事業の更新の申請をすることができる（東京都重症児規則４条ないし５条の２の規定は、この更新の申請に係る訪問事業について準用される）。

4　東京都医療的ケア児規則

　東京都医療的ケア児規則の概要は以下のとおりである。内容を見ると、東京都医療的ケア児規則は、前項において紹介した東京都重症児規則の内容と基本的にパラレルであることが分かる。

(1)　制度の概要

　東京都医療的ケア児規則は、東京都重症児規則における制度の医療的ケア児版といったようなもので、医療的ケア児の家庭に対して看護師を派遣し、看護技術の指導や療育相談を行うとともに、必要に応じ、年に１回、専門医が訪問健康診査を行う都の事業について定める。東京都重症児規則と同様、東京都医療的ケア児規則も、利用者がどのような手続を通じて当該制度を利用することができるかという観点から規定されており、内容においても東京都重症児規則と基本的にパラレルである。

(2)　対象者[13]

東京都医療的ケア児規則は、下記要件を充足する者を対象者とする（東京都医療的ケア児規則1条）。

① 東京都内に住所を有する在宅の者であること
② 人工呼吸器を装着している障害児その他の日常生活を営むために医療を要する状態にある障害児であること

このうち、②にいう「医療的ケア児」とは、次のいずれかのケアを受けている状態にある障害児をいうとされている。

・人工呼吸器管理
・気管内挿管、気管切開
・鼻咽頭エアウェイ
・酸素吸入
・6回／日以上の頻回の吸引
・ネブライザー　6回／日以上又は継続使用
・中心静脈栄養（IVH）
・経管（経鼻・胃ろう含む）
・腸ろう・腸管栄養
・継続する透析（腹膜灌流を含む）
・定期導尿（3回／日以上）
・人工肛門

(3)　訪問健康診査及び訪問看護[14]

ア　実施方法（東京都医療的ケア児規則第2条）

訪問健康診査と訪問看護の具体的内容はそれぞれ下記のとおりであり、いずれも訪問事業を行うことができる法人に委託して行うこととされ、重症児

---

13)　東京都医療的ケア児規則上では、「医療的ケア児」と定義される。
14)　東京都医療的ケア児規則上では、「訪問事業」と定義される。

に対する訪問事業と同様、「社会福祉法人全国重症心身障害児（者）を守る会」に委託の上で実施されている。

① 訪問健康診査は、知事が定める資格要件を満たす専門医師及び保健師等が医療的ケア児の家庭を訪問して、健康状態、障害の程度等を診査するとともに必要な指導を行う。

② 訪問看護は、知事が定める資格要件を満たす看護師等が医療的ケア児の家庭を訪問し、医療的ケア児の状況に応じ、療育上の看護及び家族への援助その他知事が必要と認める看護等を行う。

イ 訪問回数（東京都医療的ケア児規則3条）

医療的ケア児に対する訪問回数は、訪問健康診査については年に一回、訪問看護について週に一回が原則となる。ただし、医療的ケア児の状況に応じ、これを増減することができる。

ウ 訪問事業の申請（東京都医療的ケア児規則4条）及び対象者の決定（東京都医療的ケア児規則5条）

訪問事業の申請については、訪問事業を利用しようとする医療的ケア児の保護者等（東京都医療的ケア児規則上では、「申請者」と定義される）が、在宅医療的ケア児訪問申請書（東京都医療的ケア児規則別記第一号様式）により、知事に申請することとされている。

この申請を受け、知事は、訪問事業の実施の適否について決定し、適当であると認める者については在宅医療的ケア児訪問決定通知書（東京都医療的ケア児規則別記第二号様式）により、適当でないと認める者については在宅医療的ケア児訪問非決定通知書（東京都医療的ケア児規則別記第三号様式）により申請者に通知する。

エ 訪問事業の実施期間（東京都医療的ケア児規則6条）

前記ウにおいて訪問事業の実施の決定がされた場合における訪問事業の実施期間は、当該実施の決定をした日から一年以内で、知事が定める日までである。

オ　更新申請（東京都医療的ケア児規則7条）

　訪問事業の実施期間の終了後も引き続き訪問事業を利用しようとする医療的ケア児の保護者等（東京都医療的ケア児規則上では、「更新申請者」と定義される）は、訪問事業の更新の申請をすることができる（東京都医療的ケア児規則4条ないし7条の規定は、この更新の申請に係る訪問事業について準用される）。

5　東京都において実施されるその他の支援事業

　上記のほか、東京都は、重症心身障害児（者）や医療的ケア児の在宅療育を支援する事業として、以下のような事業を実施している（詳細は、東京都福祉保健局が公開する「重症心身障害児等在宅療育支援事業」に関するページを参照[15]されたい）。

事業の名称	事業の概要
在宅療育相談事業	訪問看護事業部の在宅療育支援員が、在宅重症心身障害児（者）等訪問事業の決定を受けた児童が入院している病院に赴き、家族との面談等による相談支援を行うほか、病院のスタッフや保健所等の保健師と連携して、退院後の療育環境を整える。
訪問看護師等育成研修事業	重症心身障害児及び医療的ケア児の訪問看護人材の育成のため、訪問看護ステーション等の訪問看護師を対象に、研修会及び訪問実習等を実施する。
在宅療育支援地域連携事業	自宅で生活する重症心身障害児（者）及び医療的ケア児の療育環境の向上を図るために、支援にかかわる各関係機関の連携を推進する事業。地域ごとに連携会議を開催する。

〔宮田　智昭〕

5　サプリメント・健康食品関係ビジネス

1　はじめに

　本項では、サプリメント・健康食品関係のビジネスを行っている又は検討している事業者が注目するべきいくつかの法律・条例をピックアップした上

---

15)　https://www.fukushihoken.metro.tokyo.lg.jp/shougai/nichijo/s_shien/zaitaku.html

で概要を解説する。

2 関係する法律・条例

サプリメント・健康食品には、「食品衛生法」、「食品表示法」、「健康増進法」、「薬機法」、「景品表示法」、「特定商取引法」等が関係してくる。また、サプリメントや健康食品の販売を取り扱うに当たっては、上記の法律に加え、東京都であれば「東京都食品安全条例」にも留意する必要がある。

本項では、販売に係る法律による規制であって、特にサプリメントや健康食品に密接に関係するものについて、その一部を紹介し、これに加えて、東京都食品安全条例の概要を解説する。

3 薬機法

サプリメントや健康食品は、基本的には「食品」であり、医薬品ではない。しかし、医薬品のような効能効果の表示や用法・用量の表示を行った場合には、医薬品とみなされることになる（「無承認無許可医薬品の指導取締りについて」昭和46年6月1日 薬発第476号）。医薬品の販売については、③薬局関係2 医薬品の販売形態で述べたように、設置許可を受けた薬局か医薬品の販売業の許可を得た事業者のみが実施することができる（薬機法24条1項）。無許可での医薬品や医療機器の販売は、同法84条9号違反（3年以下の懲役若しくは300万円以下の罰金）となる。

また、上記の通り医薬品ではないにもかかわらず、医薬品のような効能効果の表示や用法・用量の表示を行った場合、その製品は医薬品とみなされるが、医薬品医療機器等法所定の承認は得ていないことになるため、これを販売すれば未承認の医薬品・医療機器広告を禁止する医薬品医療機器等法68条への違反（2年以下の懲役または200万円以下の罰金（薬機法85条5号））となる。また、当然ではあるが、医薬品にしか使用することが出来ないとされる「医薬品成分[16]」を配合した食品を製造、販売することも同法24条1項違反（3年以

---

16) 医薬品とみなされる医薬品成分については、例えば東京都福祉保健局のHP（https://www.fukushihoken.metro.tokyo.lg.jp/kenkou/kenko_shokuhin/ken_syoku/kanshi/seibun.html）において例示されているため参照されたい。

下の懲役若しくは300万円以下の罰金（薬機法84条9号））となる。健康食品やサプリメントを販売する場合には、同法に抵触しないよう、そこに含まれる成分や広告の表現等によく留意する必要がある。

4　「食品衛生法」に基づく許認可

　健康食品やサプリメントについて、開発・製造も行いたいという場合においては、その形状等に応じて、それぞれ食品衛生法の許可が必要になる可能性がある。以下に形状等の例及び必要な許可を示す。開発・製造しようとする健康食品・サプリメントに応じて、必要な許認可の取得の要否を検討すべきことになる。[17]

形状・サプリメント・健康食品の例	必要な許可
粉末・錠剤等（水で溶かすタイプ、水で飲むタイプの顆粒、タブレットタイプ）	粉末食品製造業
液体等（ドリンク剤等）	清涼飲料水製造業
菓子類（飴やクッキー等）	菓子製造業
オイル類（飲むオイル・オイルカプセル等）	食用油脂製造業

5　広告規制にかかわる法令

　サプリメントや健康食品においては、その効果について広告・表示をする例が多く、その際に留意するべき法律としては、特に「景品表示法」や「食品表示法」、「健康増進法」に留意する必要がある。これらの法律においては、医薬品とみなされ得ない表現であっても、禁止されている表現がある。

6　「東京都食品安全条例」の概要

⑴　各都道府県の状況並びに位置づけ

　各都道府県において制定されている食品安全条例は、食品安全法や食品衛

---

17)　「『錠剤、カプセル状等食品の適正な製造に係る基本的考え方について』及び『錠剤、カプセル状等食品の原材料の安全性に関する自主点検ガイドライン』について」（平成17年2月1日食安発第0201003号）（https://www.mhlw.go.jp/web/t_doc?dataId=00tb2694&dataType=1&pageNo=1）も参照されたい。

生法等の中で、地方自治体に「国との適切な役割分担を踏まえて、その区域の自然的経済的社会的諸条件に応じた施策を策定し、実施すること、食品衛生に関する施策が総合的かつ迅速に実施されるよう、相互に連携を図ること」が責務とされていることから制定されている（食品安全法7条、食品衛生法2条2項）。ほとんどの都道府県において、個別の都道府県における食品の状況・文化が異なることに鑑み、食品安全法・食品衛生法の定める国全体の施策に対し、地方自治体での食品安全に関する現状や課題を明らかにすることが食品安全行政の有効性を確保する上で必要であるという趣旨で個別の条例が策定されている。なお、本項では、多くの地方自治体において定められている審議会・食品安全確保施策・表示等について規定している東京都の条例に絞って解説を行う。

⑵　**目的及び理念（東京都条例1条、3条ないし6条）**

　「東京都食品安全条例」（以下、「東京都条例」という）は、食品の安全を確保することにより「現在及び将来の都民の健康の保護を図る」ことを目的とする（東京都条例1条）。そして、東京都条例は、事業者責任を基礎とする安全確保、科学的知見に基づく安全確保、及び関係者の相互理解と協力に基づく安全確保の3点からなる基本理念（東京都条例3条）を規定し、都や事業者の責務、都民の役割についてそれぞれ定めている（東京都条例4条ないし6条）。

　都の責務は、食品の安全の確保についての基本理念にのっとり、食品の安全の確保に関する施策を総合的かつ計画的に推進する責務である。具体的内容は東京都条例7条ないし20条において規定され、⑶において詳述する（東京都条例4条）。

　次に、事業者の責務は、自主的な食品等又は生産資材の特性に応じた食品の安全の確保に係る知識の習得、危害の発生又は拡大防止への的確かつ迅速な対応、食品の安全確保に関する情報の積極的な公開・説明及び記録・保管、適切かつ分かりやすい表示の実施、食品の安全確保に関する都の施策への協力である（東京都条例5条）。

　そして、都民の役割は、食品の安全確保に関する積極的な意見の表明、食品の安全に関する知識の習得及び合理的な行動の選択、食品の安全確保に関

する都の施策への協力とされる（東京都条例 6 条）。

(3)　基本施策（東京都条例 7 条ないし20条）

　東京都条例 4 条の定めを受け、 7 条から20条には東京都が行うべき基本的な施策を具体的に規定している。

　例えば、都知事は、総合的な食品安全行政のための取り組みとして、「東京都食品安全推進計画」の策定を行い、その推進計画を推進するものとしており、当該推進計画は、食品の安全の確保に関する施策の方向、食品の安全の確保に関する重要事項を定めるものとされている（東京都条例 7 条）。

　現在策定されている食品安全推進計画の中では、「健康食品」対策も重点施策として取り上げており、以下の対応を行う旨示している。

・健康への悪影響の未然防止の観点から、市販されている「健康食品」を購入し、表示、医薬品成分等の検査を実施すること
・インターネット広告等も定期的に調査し、法令等に基づき広告の適正化を図ること
・医薬品成分等の含有が疑われるなど、健康被害が懸念される場合には、必要な調査を行い、法令に違反している場合は、販売禁止等の措置を行うこと
・都民向けパンフレット等を作成し、正しい知識の普及、健康被害の未然防止に努めること
・指定成分等含有食品による健康被害情報報告制度を適切に運用すること
・東京都医師会及び東京都薬剤師会等と連携し、「健康食品」の利用が疑われる健康被害情報の収集・分析を行い、その結果を医療関係者等に情報提供すること
・事業者の責任で科学的根拠に基づいた機能性を表示する、機能性表示食品制度に適切に対応すること

　特に、法令違反行為については、厳しく取り締まられる対象であることを認識されたい。

上記のほか、東京都条例は、東京都が食品の安全確保に向けて取り組むべき基本的な施策として、以下を規定する。

① 調査研究の推進（東京都条例8条）

② 情報の収集・整理・分析及び評価の推進（東京都条例9条）

③ 食品等の生産から販売に至る監視・指導等（東京都条例10条ないし14条）

④ 事業者による取組の促進、都・都民・事業者の相互理解と協力の推進等（東京都条例15条ないし20条）

⑷ 健康への悪影響の未然の防止（東京都条例21条ないし25条）

東京都条例は、食品による健康への悪影響を未然に防止する観点から、都独自の制度として、安全性調査及び措置勧告制度を定めている。

ア 安全性措置

東京都は、食品衛生法など現行の法制度で、規格基準の定めがないなど法的な対応ができない課題が認められる場合について、健康への悪影響を未然に防止する観点から必要な場合には、条例に基づき立入り等の調査を実施できる旨（東京都条例21条）を定めている。安全性調査は、「食品による健康への悪影響を未然に防止するため、当該悪影響の起こり得る蓋然性及びその重大性の観点から必要と認めるとき」には、東京都知事は、東京都食品安全情報評価委員会の意見を聴いたうえで、対象事業者からの報告・立入調査・物件の提出を求めることができる（東京都条例21条）。

これらの調査を経たうえで、「食品による健康への悪影響を未然に防止するため必要があると認めるとき」には、東京都知事は、東京都食品安全情報評価委員会の意見を聴いたうえで、健康への悪影響の防止に必要な措置を執るべきことを勧告するとともに、勧告の内容を公表することができる旨定められている（東京都条例22条）。

上記調査に対し、報告の拒絶・虚偽の報告を行う・物件の提出を拒む等の行為により、調査を拒否した場合、20万円以下の罰金が科される（東京都条例30条）。

7　さいごに

　上記の通り、健康食品については、東京都としても重点施策として位置づけ、その規制を強化しているものであり、条例上においても公表・罰金の可能性が定められている。「食品衛生法」、「食品表示法」、「健康増進法」、「薬機法」等をはじめとする法律も含め、法令順守を徹底する必要がある。

〔五反田美彩〕

6　動物関連ビジネスについて

1　はじめに

　ここまで医療・ヘルスケア関係の条例を取り扱ってきたが、本項では、近時マイクロチップの義務化もふまえ関心が高まっている、動物関連のビジネスを行っている又は検討している事業者が、どのような規制に注意するべきかについて、適用される条例の概要を解説する。

2　関係する法律・条例

⑴　法律・規則

　動物関連ビジネスに関する法律は、「動物の愛護及び管理に関する法律」（以下「動物愛護法」という）が基本法として定められている。さらにこれを補うものとして、「動物の愛護及び管理に関する法律施行令」と「動物の愛護及び管理に関する法律施行規則」が定められている。

⑵　条　例

　動物愛護法では多くの章で事業者に関係する規定が設けられているが、動物関連事業者に対して地方自治体ごとの実情に応じて運用することが望ましいとして、動物愛護管理推進計画の策定（動物愛護法 6 条 1 項）やその運用について各地方自治体に委ねられている。そして、これを受けて、各地方自治体において動物愛護関連の条例が制定されている（例：東京都「動物の愛護及

び管理に関する条例」、大阪府「動物の愛護及び管理に関する条例」、北海道「動物の愛護及び管理に関する条例」など）。

3　定義等

(1)　前　提

　動物愛護法において、動物関連事業者は、取り扱う動物の種類等によって区別されており、必要な登録・届出の種別や採るべき措置が異なる。以下では、動物愛護法に登場する主要な用語について簡単に説明する。

(2)　第一種動物取扱業者

　動物（哺乳類、鳥類又は爬虫類に属するものに限り、実験動物や畜産農業等に用いられる動物は除く。以下本項において同じ）の取扱業（動物の販売、保管、貸出し、訓練、展示などを業として行うことをいう）[18]を営もうとする者（動物愛護法10条1項）は、第一種動物取扱業者となる。

　第一種動物取扱業には、いわゆるペットショップやペットホテルなども含まれ、事業者の営利を目的として行っている事業[19]（本来の業務の営利性の向上を目的として、客寄せのために動物を展示するような場合なども含む）は、第一種動物取扱業に該当する[20]。第一種動物取扱業を営むには、事業を営む地域の都道府県知事の登録を受ける必要がある（動物愛護法10条1項）。

(3)　第二種動物取扱業者

　飼養施設を設置して動物の取扱業（動物の譲渡し、保管、貸出し、訓練、展示等）を行おうとする者は、第二種動物取扱業者となり使用施設の所在地ごとに都道府県知事に必要事項を届け出る必要がある（動物愛護法24条の2の2）。

　第二種動物取扱業は、動物保護施設など営利性がない業で、飼養施設を有し、一定頭数以上の動物を取り扱う場合を想定している[21]。

---

18)　該当する行為は、動物愛護法施行令1条に列挙されている。

19)　「第一種及び第二種動物取扱業の『業』の解釈」岡山県、2013年10月1日更新版（https://www.pref.okayama.jp/page/detail-28603.html）

20)　「動物の愛護及び管理に関する法律のあらまし（平成24年改正版）」環境省自然環境局総務課動物愛護管理室、平成26年3月発行

21)　前掲「動物の愛護及び管理に関する法律のあらまし（平成24年改正版）」

(4)　動物取扱責任者

　十分な技術的能力及び専門的な知識経験を有する者のうち、第一種動物取扱業者によって選任された者をいう（動物愛護法22条1項）。

(5)　特定動物

　人の生命、身体又は財産に害を加えるおそれがある動物として政令で定める動物（その動物が交雑することにより生じた動物を含む）をいい（動物愛護法25条の2）、動物愛護法施行令3条及び別表において具体的に列挙されている。よく知られている動物で特定動物とされているものには、哺乳類であればオオカミ、チーターなど、爬虫類であればワニ、インドニシキヘビなど、鳥類ではオオワシなどが挙げられる。

4　東京都の動物の愛護及び管理に関する条例の概要

(1)　目的・規制

　一例として東京都動物の愛護及び管理に関する条例（以下、本項において「東京都動物愛護条例」という）は、動物の愛護及び管理に関し必要な事項を定めることにより、地域住民の動物愛護の精神の高揚を図るとともに、動物による人の生命、身体及び財産に対する侵害を防止し、人と動物との共生社会を実現することを目的として制定されている（東京都動物愛護条例1条）。

　そして、東京都動物愛護条例では、動物を取り扱う事業者の登録・届出義務、遵守すべき義務に加え、条例に違反した場合の罰則等を規定している。これは、動物愛護法21条4項の規定に基づき、同条1項所定の環境省令で定める基準に代えて、第一種動物取扱業者が遵守すべき事項を東京都動物愛護条例にて規定したものである。

(2)　事業者の義務

ア　登録等時の書類提出義務

　第一種動物取扱業者及び第二種動物取扱業者は、動物愛護法施行規則に規定されている書類等を知事に提出し、種別に応じて登録や届出をしなければならない（東京都動物愛護条例13条、16条の2）。

イ 責 務

第一種動物取扱業者は、第一種動物取扱業者及び第二種動物取扱業者が取り扱う動物の管理の方法等の基準を定める省令（令和3年環境省令第7号）2条の基準を遵守する（東京都動物愛護条例14条）ほか、営業の相手方に対して動物の適正な飼養又は保管の方法について理解させるよう、必要な説明を行わなければならない（東京都動物愛護条例14条、16条の3）。

動物取扱責任者は、第一種動物取扱業において東京都動物愛護条例等に基づく命令若しくは処分の違反が行われないように動物及び施設の管理に関わる者を監督しなければならない（東京都動物愛護条例15条）。

ウ 特定動物の飼養又は保管

動物園その他これに類する施設における展示その他の環境省令で定める目的で特定動物の飼養又は保管を行おうとする者は、あらかじめ申請書に規則で定める施設の基準を満たすことを証する書類を添えて、特定動物の種類ごとに知事に申請しなければならない（東京都動物愛護条例17条、動物愛護法26条）。

(3) 罰則等

ア 報告、検査

知事は、必要な限度において、職員に施設その他動物の飼養若しくは保管に関係のある場所（人の住居を除く）に立ち入り、施設その他の物件を検査させ、又は調査させることができる（東京都動物愛護条例31条）。

イ 罰 則

東京都動物愛護条例31条1項の規定による報告をせず、若しくは虚偽の報告をし、又は同項の規定による立入検査若しくは調査を拒み、妨げ、若しくは忌避した者は20万円以下の罰金に処せられる（東京都動物愛護条例38条）。

法人の代表者又は法人若しくは人の代理人、使用人その他の従業者が、その法人又は人の業務に関して、37条から40条までに違反行為をしたときは、行為者を罰するほか、その法人又は人に対しても、各本条の罰金刑又は科料刑を科する（東京都動物愛護条例41条）。

5　さいごに

　上記の通り、動物関係のビジネスについては、細かい規制が設けられている。また、近時の動物愛護に対する関心の高さ、諸外国との比較もふまえ、マイクロチップの義務化に加えて、今後も法令改正等が予想されるところであり、動物愛護法をはじめ各条例等にも十分留意する必要がある。

〔藤村　亜弥〕

コラム⑪　美容院や理容院に関する条例について

　医療から少し幅を広げ、美容やヘルスケア関係の事業者に関する条例も存在する。本コラムでは、渋谷区美容法施行条例（以下、本コラムにおいて「渋谷区美容師条例」という）を紹介する。

　渋谷区美容師条例は、美容師法で定める衛生上必要な措置及び美容師法施行令に規定されている条件の例外を規定したものであり、美容所（美容の業を行うために設けられた施設をいう）以外の場所で業を行える場合を定めている。渋谷区美容師条例で業を行うことが認められている場所としては、①社会福祉施設に入所している者に対して美容を行う場合、②興行場において出演者に対して美容を行う場合、③避難所において災害による被災者に対して美容を行う場合があげられている。

　渋谷区で新しく美容師が美容院を開設しようとする場合又は法律で認められている美容所以外の場所で美容師としての仕事を行おうとする場合などには渋谷区美容師条例が根拠となる。

　新型コロナウイルスの猛威によって、昨今の働き方は大きく様変わりしている。美容師としての仕事も、他の美容所を複数人でそれぞれ間借りして行う場合や、美容所以外の場所で行う場合など、業務の形態も多種多様に変化する可能性がある。そのような場合、渋谷区美容師条例を参照されたい。

〔藤村　亜弥〕

第 **5** 章

学校・
教育関係

第5章 学校・教育関係

相談内容		対応例
▪ 私立学校を設置したい	→	▪ ①学校法人、②学校について確認する ・学校法人が設立されているかを確認 ・学校の設置手続を確認

相談内容		対応例
▪ 学校法人を設立したい	→	▪ 所轄庁まで学校法人の設立認可を申請する
▪ 学校法人設立の 所轄庁を知りたい	→	▪ 設置しようとする学校の種類に応じ、所轄庁が 文部科学大臣か、都道府県知事かを確認する
▪ 申請手続の 必要書類を確認したい	→	▪ 私立学校法施行規則2条5項を確認 ▪ さらに、「その他、所轄庁の定める書類」が必要 となるため、所轄庁に対し事前協議の段階で必 要書類を確認しておく

※所轄庁が都道府県であるものに限り解説

【私立学校・学校法人】

【学校法人の設立】

根拠法	根拠条例等
私立学校法30条、31条	・東京都学校法人の寄附行為及び寄附行為変更の認可に関する審査基準 （小学校・中学校・高校等） ・新たに幼稚園を設置することを目的とする学校法人の設立認可取扱内規 （幼稚園） ・準学校法人設立認可基準、東京都準学校法人設立認可取扱内規 （準学校法人）
私立学校法 4 条	・東京都私立高等学校等設置認可基準 （小学校・中学校・高校等） ・東京都私立幼稚園設置認可取扱内規 （幼稚園） ・東京都私立専修学校設置認可取扱内規、東京都私立専修学校設置認可取扱要領 （専修学校） ・私立各種学校規程施行内規 （各種学校）
・私立学校法施行規則 2 条 5 項各号 ・私立学校法施行規則 2 条 5 項 3 号	

【学校法人の設置】

相談内容	対応例
学校法人を設置したい	
学校法人設置の所轄庁を知りたい	→ 設置しようとする学校の種類に応じ、所轄庁が文部科学大臣か、都道府県知事かを確認する
市区町村への事務の委任を確認したい	→ 各都道府県の事務処理特例条例を確認する

【設立後】

相談内容	対応例
寄附行為を変更したい	→ 所轄庁の認可を取得する
収益事業を行いたい	→ 設置する私立学校の教育に支障のない限り、その収益を私立学校の経営に充てるために行う場合には、所轄庁の定めた種類の収益事業を行うことが可能
学則を変更したい	→ 原則として所轄庁への届出が必要
収容定員を変更したい	→ 収容定員に係る学則の変更については、所轄庁の認可が必要

【学校問題における情報開示請求】

相談内容	対応例
(子の) いじめ被害について情報開示請求したい	→ 学校の所在地の教育委員会（実施機関）に情報開示請求をする
開示を受けた個人情報に誤りがあるまたは、収集方法に違反がある	→ 実施機関に対し、訂正請求、利用停止請求をする
開示内容が不十分であり、不服を申し立てたい	→ 実施機関等に対し、審査請求をする

根拠法	根拠条例等
学校教育法 4 条	
	例：市町村における東京都の事務処理の特例に関する条例 2 条 2 号、特別区における東京都の事務処理の特例に関する条例 2 条 2 号

根拠法	根拠条例等
私立学校法45条 1 項	東京都学校法人の寄附行為及び寄附行為変更の認可に関する審査基準（小学校・中学校・高校等）ほか
私立学校法26条 1 項、 2 項	
学校教育法 4 条、学校教育法施行令23条12号	東京都私立高等学校等収容定員変更認可基準

根拠法	根拠条例等
個人情報保護法76条 1 項、 2 項	東京都個人情報の保護に関する条例12条 1 項、 2 項
個人情報保護法90条 1 項、98条 1 項	東京都個人情報の保護に関する条例18条 1 項、21条の 3
個人情報保護法104条	東京都個人情報の保護に関する条例24条

1　はじめに

　本章では、学校・教育に関わる条例について解説をする。

　学校教育は国家の根幹に関わる重要事項である。日本国憲法においても学問の自由（23条）、教育を受ける権利（26条1項）、教育を受けさせる義務、義務教育の実施（同条2項）の規定が置かれている。教育は、教育を受ける者の能力の伸長に資するだけでなく、その人格形成にも重要な影響を与え得るものである。

　教育基本法6条が「法律に定める学校は、公の性質を有するものであって、国、地方公共団体及び法律に定める法人のみが、これを設置することができる。」と定めるように、教育は公共性・公益性を有している。教育に関わる機関を規律する法制度も、教育の公共性・公益性の見地から規制をするものである。

　もっとも、教育に関わる機関、人員は多岐にわたり、関係法令も数多く存在する。本章でそのすべてを取り扱うことは到底できないが、主として教育を行う私的事業者の見地から、2 では私立学校について、3 では保育について解説を行う。

　また、補論として教育機関を利用する私人の立場から 4 ではいじめ問題に関する情報開示について解説を、5 では青少年の健全な育成のための社会的な環境整備のために各自治体が制定する青少年保護育成条例（青少年健全育成条例）について解説をする。

2　私立学校

1　本章で扱う対象

　学校は、様々に分類されるところであり、設置主体の違い（国公立、私立）、学校のカテゴリの違い（大学、高校、専門学校など）、所轄庁の違い（国、都道府県など）といった分類が可能である。

　本章では、主として私立学校であり、かつ、管轄が地方自治体にあるもの（国の管轄ではないもの）、すなわち、私立学校のうち幼稚園～高校と専修学校・各種学校、及びその設置を目的とする学校法人を対象とする。したがって、国公立の学校、及び私立大学、高等専門学校及びそれらを含む学校法人（文部科学大臣が所轄する学校法人）等は、本章の対象外である（本項で「学校法人」という場合、特にことわりのない限り、大学・高専を含まない私立学校の設置を目的とする学校法人に限定した意味で用いるものとする）。

2　関係する法律・条例

　学校をめぐる法律としては、学校教育法と私立学校法（以下、「私学法」とする）が中心となる。このほか、設立の基準等について、私立学校法を補足するものとして、都道府県の基準や内規が存在する。

3　定義等

　以下、私立学校に関わる定義をあげる。

　ここでは、教育機関としての「学校」（小学校、大学、予備校といった教育機関そのもの）と、それを設置・運営する法人格としての「学校法人」が区別されていることに留意する必要がある。

⑴　「学校」

ア　学校教育法上の「学校」

　幼稚園、小学校、中学校、義務教育学校[1)]、高等学校、中等教育学校、特別支援学校、大学及び高等専門学校をいう（学校教育法1条。「1条校」とも呼ばれる）。

　学校教育法上の「学校」は、国、地方公共団体、私立学校法3条に規定する学校法人のみが設置することができる（学校教育法2条1項）。

イ　私学法上の「学校」

　学校教育法1条の「学校」（1条校）、及び幼保連携型認定こども園（就学前の子どもに関する教育、保育等の総合的な提供の推進に関する法律2条7項）をい

---

1)　小学校から中学校までを一貫した教育を行う学校のことである。

う（私学法2条1項）。

(2)　「専修学校」

学校教育法1条で定める学校（1条校）以外の教育施設で、職業・実際生活に必要な能力の育成、又は教養の向上を図ることを目的とし、①修業年限が1年以上、②授業時数が文部科学大臣の定める授業時数以上、③教育を受ける者が常時40人以上、とのすべての条件を満たし、組織的な教育を行うもの（他の法律に特別の規定があるもの、及び日本に居住する外国人を専ら対象とするものを除く）をいう（学校教育法124条、私学法2条2項）。

例としては、美容専門学校、栄養専門学校、外語学校（日本人を対象に外国語を教えるもの）がある。

(3)　「各種学校」

1条校・専修学校以外で学校教育に類する教育を行うものをいう（学校教育法134条1項、私学法2条2項）。

例えば、予備校、日本語学校（外国人を対象に日本語を教えるもの）がある。

(4)　「私立学校」

学校法人の設置する学校をいう（私学法2条3項）。

(5)　「学校法人」

私立学校の設置を目的に、私学法の定めに従い設置される法人をいう（私学法3条）。

(6)　「準学校法人」

専修学校又は各種学校の設置のみを目的とする法人をいう（私学法64条4項）。[2]

4　学校法人の機関

(1)　理事・理事長・理事会

理事は、学校法人の役員であり、5人以上を置かなければならない（私学法35条1項）。理事は、その設置する私立学校の校長（私学法38条1項）、評議[3]

---

2)　なお、「準学校法人」との呼称は私立学校法にはないが、私立学校法施行規則3条の3第1号で定義されている。

3)　学校法人が2つ以上の私立学校を設置している場合については、私学法38条2項を参照。

員の中から寄附行為の定めるところにより選任された者（同条2項）のほか、寄附行為の定めるところにより選出された者（同条3項）である。

理事のうち1人は、寄附行為の定めにより理事長となる（私学法35条2項）。理事長は、法人を代表し、その業務を総理する（私学法37条1項）。

(2) 評議員・評議員会（私学法）

学校法人は、理事会のほかに評議員によって構成される評議員会を置かなければならない（私学法41条）。

評議員会は、原則として理事会に対する諮問機関として位置づけられるが（私学法42条1項）、寄附行為の定めにより議決機関とすることもできる（同条2項）。

(3) 監　事

監事は、学校法人の役員であり、2人以上を置かなければならず（私学法35条1項）、学校法人の業務・財産状況、理事の業務執行等を監査する（私学法37条3項）。

監事は、理事、評議員又は学校法人の職員との兼職が禁止されている（私学法39条）。

(4) 学校の役職との関係

以上は、学校法人としての機関・役職であり、これと別に学長、校長といった学校の機関・役職も存在する。

これらは基本的には別の概念ではあるが、私立学校の校長を学校法人の理事とする旨の規定（私学法38条1号）も存在する。

5　所轄庁・事務の委任

学校や学校法人については、①所轄庁が国か都道府県か、②所轄庁である都道府県の事務が市区町村に委任されているか、という2点を確認する必要がある。

---

4) 寄附行為とは、学校法人の根本規則たるべきものであって法人の現在及び将来の在り方を規制することをいう。法律に定められた事項（必要的記載事項）のほか、法令の規定に違反しない限り、任意的な事項を定めることができるが、寄附行為の変更には一部の届出事項を除き所轄庁の認可が必要となる（私学法45条、同法施行規則4条の3）。

　また、事務処理の委任については学校と学校法人で事務処理主体が異なる場合もある。

(1)　学校教育法の規定

　学校教育法4条1項各号は、学校の設置廃止、設置者の変更、その他政令で定める事項⁵⁾の所轄庁について規定する。

　私立学校についてみると、私立の大学・高等専門学校は文部科学大臣（同条1号）とされ、私立の幼稚園、小学校、中学校、高等学校、中等教育学校、特別支援学校は都道府県知事とされている（同条3号）。

(2)　私立学校法の規定

　私学法4条では、学校・学校法人についての所轄庁が規定されており、私立学校や学校法人の種類に応じて所轄庁を分けている。

　私立学校のうち、私立大学・私立高専（同条1号）、それらを設置する学校法人（同条3号）、については、文部科学大臣が所轄庁とされている。

　これに対して、大学・高専以外の私立学校（高校、中学校、小学校、幼稚園ほか）、私立専修学校、私立各種学校（同条2号）、それらを設置する学校法人（同条4号）については、都道府県知事が所轄庁とされている。

　なお、私立大学・私立高専とその他の私立学校（ないし私立専修学校、私立各種学校）を併せて設置する学校法人についての所轄庁は、文部科学大臣とされている（同条5号）。

(3)　都道府県と市区町村への委任

ア　市区町村への委任

　私学法・学校教育法では都道府県の管轄事項とされているが、都道府県からさらに市区町村に権限を委任（移譲ともいう）している場合がある。

　すなわち、地方自治法252条の17の2第1項において、都道府県知事の権限に属する事務の一部について、条例で定めることによって市町村が処理することができるとされている（地方自治法283条1項により特別区も同様となる）。これを受けた都道府県が市区町村への権限の委任について条例（事務処理特例

---

5)　学校の設置・廃止、設置者の変更以外の事項については、学校教育法施行令23条1項に規定されている。

条例。詳細は4頁）で定めるところにより、学校や学校法人に関わる都道府県の事務が市区町村に委任されている場合がある。

イ　東京都の例

（ア）　関連する条例

東京都の場合、「市町村における東京都の事務処理の特例に関する条例」、及び「特別区における東京都の事務処理の特例に関する条例」において、都から市・区に対して事務を委任する事項が規定されている。

私立学校に関わる事務は、いずれの条例でも2条2号に規定されている。

（イ）　内　容

同号柱書では、学校教育法・同法施行令、私立学校法・同法施行のための東京都規則に基づく事務のうち、①私立幼稚園、私立専修学校、私立各種学校の事務で、②外国人を専ら対象としないもの（市の場合、さらに教員免許の指定のあるもの、資格免許の認定又は指定のあるものについても対象外となる）で、③同号イ～ルに列挙された事務については、市・特別区が処理をするものと規定する。

市・区に委任される事務（③）については、学校の設置認可の認可、設置者変更の認可、学則変更の認可（2条2号イ、ニ）、学校の名称や位置等の変更についての届出（2条2号リ、ホ、ヌ）などがある。

なお、下記表は東京都のホームページにあるものを参考としたものである（学校法人や準学校法人についての事務は、幼稚園や専修・各種学校を設置する場合についても都の事務とされている）。

6）　高校、中学校、小学校等については、東京都が所轄庁となる。

【東京都の例】

所轄庁	私立学校	学校法人・準学校法人
文部科学大臣	・大学、短期大学、高等専門学校	・大学・短期大学・高専を設置する学校法人
都知事	・小学校、中学校、高校ほか[7] ・外国人学校 ・市地域における一部の専修学校・各種学校[8] ・町村地域における幼稚園・専修学校・各種学校	・上記以外の学校法人（大学、短期大学、高専を設置していない学校法人）
区長・市長	・幼稚園 ・専修学校 ・各種学校 ※いずれも東京都各事務処理条例に定められているものについて	なし

（東京都生活文化スポーツ局ホームページ「東京都の私学行政」令和4（2022）年　第3章私立学校の認可・指導と動向61頁の図を参考とした。）

ウ　その他の自治体の例

　その他の道府県でも事務処理特別条例が制定されているが、現時点において学校教育法や私立学校法に基づく都道府県の事務を市町村に委任している例は少ない[9]。

　また、市町村に事務を委任している都道府県についても、一部の市町村のみに委任をしている例、あるいは、都道府県の事務の一部のみを委任している例や、私立学校のうち私立幼稚園の事務に限り委任をする例が多い。

　例えば、徳島県の場合、事務処理特例条例で県の事務のうち、私立幼稚園に係る学校教育法の事務の一部（設置廃止認可、目的変更の届出等）及び私立学校法の事務の一部（報告書提出の要求）に限り、鳴門市等の一定の市町に委任するものと定められている（徳島県の事務処理の特例に関する条例2条2項表八、九）。

---

7)　義務教育学校、中等教育学校、特別支援学校
8)　教員免許の指定のあるもの、資格免許の認定又は指定のあるもの
9)　内閣府ホームページ
　　https://www.cao.go.jp/bunken-suishin/jimukengenijo/jimushoritokurei.html
　　平成30年4月1日時点において、学校教育法に関する移譲実績のある都道府県は7、私立学校法に関する移譲実績のある都道府県は4とされる。

また、秋田県の場合、「市町村への権限移譲の推進に関する条例」を定め、その6条（子育てパッケージ）の事務のうち別表第三十、別表第三十一に定める私立幼稚園の設置認可や私立幼稚園・幼保連携型認定こども園の設置を目的とする学校法人の設立認可等を市町村に委任しようとする事務として定めているが、体制の整った市町村から随時委任されている。[10]

全国的にみて、都道府県から市町村への事務の委任については過渡期にあるといえるため、具体的な事案ごとに個々の都道府県・市区町村に対して所轄庁を事前に確認する必要がある。

6　学校法人の設立（設立認可）

(1)　概　説

ア　設立の認可とは

学校法人の設立のためには、所轄庁に申請し（私学法30条）、学校法人設立の認可（私学法31条）を得る必要がある。認可を得た後、設立登記をすることにより、学校法人は成立する（私学法33条）。

イ　学校法人の設立認可と学校の設置認可との関係

この法人格である学校法人についての設立の認可とは別に、教育機関である学校についても設置の認可が必要となる（後述する）。

学校法人を設立する場合、必ず学校の新設又は設置者変更を伴わなければならず、学校法人設立と学校設置・設置者変更は、同時に認可される。[11]

したがって、新しく学校法人を設立して学校を運営しようとする場合、①法人格である学校法人の設立認可に向けた準備をすると同時に、②教育機関である学校の設置認可に向けた手続も行わなければならない。

ウ　学校法人設立認可までの一般的な流れ

まず、申請をしようとする者は、所轄庁である都道府県の担当部署と事前協議を行う（以下、東京都の例に従って記載をするが、都道府県によって申請手続の運用は異なり得るため、必ず事前協議を行われたい）。

10)　秋田県公式ホームページ「市町村への権限移譲の推進状況について（令和4年4月現在）」https://www.pref.akita.lg.jp/pages/archive/443
11)　小野元之『私立学校法講座〈令和2年改訂版〉』（学校経理研究会、令和2年）112頁

　事前協議が整った段階で、設立認可申請書と必要な添付書類を提出する。

　申請書を受けた都道府県は、認可申請を受理し、私立学校審議会に諮問する。諮問を受けた私立学校審議会では、審議を行い、都道府県に対し答申を出す。

　答申を受けた都道府県は、設立認可をするか否かを判断し、認可をした場合には申請者に対して認可書を交付する[12]。

(2)　申　請

ア　私学法・私学法施行規則の規定

　学校法人を設立しようとする者は、寄附行為に必要的記載事項を定め、当該寄附行為について所轄庁に認可を申請しなければならず、その手続については文部科学省令で定めるものとされている（私学法30条）。

　都道府県知事が所轄庁となる私立学校については、私立学校法施行規則（以下、「私学法施行規則」という）2条5項で定められており、その2条5項では、①認可申請書、寄附行為、添付資料等の必要書類を提出して申請をすること、②所轄庁の定める日までに申請をしなければならない旨が規定されている。

イ　必要書類（①）

　必要書類（①）については私学法施行規則2条5項各号が定めており、設立趣意書や設立議事録、設立代表者や役員に関する書類や、財産目録等、寄附申込書、不動産の権利の所属についての登記所の証明書類などの書類が必要となる（私学法施行規則2条5項1号及び2号の準用する同条1項1号・2号・4号・5号の書類と2項各号のもの）。

　さらに、私学法施行規則2条5項3号は、「その他所轄庁が定める書類」の添付を要求しているため、当該学校法人を所轄する都道府県（ないし市町村）に対し、事前協議の段階で必要書類を確認しておくべきである。

ウ　申請の時期（②）

　申請をする時期については、所轄庁の定める日までとされているため、所

---

12)　東京都生活文化スポーツ局ホームページ「学校法人の設立認可事務の流れ」
　　https://www.seikatubunka.metro.tokyo.lg.jp/shigaku/ninka/0000000140.html

轄庁に確認をする必要がある。

(3) 認　可

ア　私学法の規定

　私学法31条１項は、「学校法人の資産が第25条の要件に該当しているかどう
か」、「その寄附行為の内容が法令の規定に違反していないかどうか」、「等」
を審査したうえで、当該寄附行為の認可をするかどうかを決定するものと定
めている。

　この資産が25条の要件に該当していること（資産要件）や、寄附行為の内容
が法令に違反していないことは審査内容の例示とされている。[13]

　なお、所轄庁は寄附行為の認可をする場合、あらかじめ私立学校審議会等
の意見を聴取しなければならない（私学法31条２項）。

イ　審査基準

　私学法の規定を受け、各自治体では設立にかかる寄附行為の認可について
審査基準が設けられている。

　例えば、東京都の場合、高校・中学校・小学校・特別支援学校を設置する
学校法人の設立については「東京都学校法人の寄附行為及び寄附行為変更の
認可に関する審査基準」が、新たに幼稚園を設置することを目的とする学校
法人の設立については「新たに幼稚園を設置することを目的とする学校法人
の設立認可取扱内規」[14]が、準学校法人（専修学校又は各種学校のみを設置を目的
とする学校法人）については、「準学校法人設立認可基準」、「東京都準学校法
人設立認可取扱内規」が参照される。

(4) 寄附行為

ア　寄附行為の作成

　学校法人を設立しようとする者は、寄附行為を作成し、その中で必要事項
を定めなければならない（私学法30条）。

　寄附行為の必要的記載事項は、私学法30条１項各号に定められている。

---

13)　「等」の例として、「事業の目的を達成することが著しく困難であると認められるとき」があげ
　られている（松坂浩史『逐条解説 私立学校法〈三訂版〉』（学校経理研究会、令和２年）227頁）。
14)　他に東京都既設幼稚園の学校法人化認可取扱内規、幼保連携型認定こども園を設置すること
　を目的とする学校法人の設立に係る寄附行為及び寄附行為変更の認可取扱内規がある。

　なお、必要的記載事項以外の事項を任意的記載事項として寄附行為に定めることも可能であるが、任意的記載事項を寄附行為に記載すると、必要的記載事項と同様の効力を有し、その変更も必要的記載事項と同様の手続で行う必要がある。[15]

イ　残余財産についての記載

　注意を要するのは、残余財産の取扱である。後述のように、私立学校を解散する場合、残余財産の分配はできず、残余財産については国庫に帰属させるか、他の学校法人等に寄付をするかのいずれかによらなければならないが（私学法30条3項、51条1項、2項）、他の学校法人等に寄付をする場合には寄附行為にその旨を記載しておかなければならない[16]（私学法30条3項）。

⑸　資産要件

ア　資産についての規制

　私学法25条1項は、学校法人について、「私立学校に必要な施設及び設備又はこれらに要する資金」、「私立学校の経営に必要な財産」を「有しなければならない」と規定している。

　これは、学校法人が本質において極めて財団的な性格を有すること、また、学校を設置して教育事業を行うためには校地・校舎等が必要不可欠であることを理由とするものである。[17]

　かかる規制は設立段階で必要とされるだけでなく、設立後も維持する必要があるが、便宜上、ここで解説をする。

　なお、同条2項は、施設・設備の基準について「別に法律で定める」と規定しているが、現時点でかかる規定に対応した法律は定められておらず、実務上、経過措置（私学法附則11項）が「従前の例による」とするところに従って処理され、具体的には、学校教育法施行規則中の設備等に関する基準や学校法人の寄附行為及び寄附行為変更の認可に関する審査基準等に定める基準

---

15)　小野元之『私立学校法講座〈令和2年改訂版〉』（学校経理研究会、令和2年）121頁
16)　なお、具体的な寄付先までも記載する必要はない。小野元之『私立学校法講座〈令和2年改訂版〉』（学校経理研究会、令和2年）126頁。
17)　松坂浩史『逐条解説 私立学校法〈三訂版〉』（学校経理研究会、令和2年）143頁

によるものとされている。[18]

イ 基本財産

（ア） 基本財産とは

基本財産とは、「私立学校に必要な施設及び設備又はこれらに要する資金」である（私立学校法施行規則2条6項）。また、「設備」とは当該学校法人の設置する私立学校に必要な校地・校舎をいい、「設備」とは、教具・校具をいう。

先述のように、施設・設備についての基準は、学校教育法施行規則中の設備等に関する基準のほか、学校法人の寄附行為及び寄附行為変更の認可に関する審査基準等に定める基準による。

（イ） 校地・校舎の自己所有

校地・校舎については、学校法人の自己所有であることが要求され、負担付のもの（担保も含む）や、借用のものは原則として基準を満たさない（各自治体の内規や審査基準において概ね共通。例として東京都準学校法人設立認可取扱内規第3柱書本文）。

負担付ないし借用の場合、「特別の事情があり、かつ、教育上支障のないことが確実」と認められ、かつ、一定の条件を満たす必要があるとする例が多い。その条件については、審査基準ごと異なっており、そのすべてを羅列することはできないが、例えば、一定年数以上（20年以上とする例が多い）の賃貸借契約を締結していることや、借用部分が国等の財産で所有することが困難であることといった条件が定められていることが多い。

ウ 運用財産

運用財産とは、「私立学校の経営に必要な財産」をいう（私立学校法施行規則2条6項）。

運用財産についての規制の詳細は、各自治体の審査基準で定められている。自治体ごと、あるいは同一の自治体でも学校法人の設置する学校の種類に応じて基準が異なるため、審査基準を踏まえたうえで所轄庁に確認をすることが望ましい。

---

18) 小野元之『私立学校法講座〈令和2年改訂版〉』（学校経理研究会、令和2年）114頁

　運用財産に対する規制としては、一定割合の財産を確保することを求める例が多い。例えば、東京都の場合、準学校法人について、確実な収入源によること、現預金は年間経常的経費の4分の1以上を保有していなければならないこと等（ただし校地や校舎が借用である場合には別基準）を定めている（東京都準学校法人設立認可取扱内規第4）。

エ　負　債

　学校法人は無制限に負債をすることは許されず、通常、借用の相手方（貸主）を一定の機関に制限する、あるいは借用の金額を一定の割合に制限するといった規制がされている。

　例えば、準学校法人についての「東京都準学校法人設立認可取扱内規」5条1項には、「準学校法人の負債は、日本私立学校振興・共済事業団、公益財団法人東京都私学財団及び確実な金融機関が行う貸付け又は融資に限るものとする。」とあり、貸主が一定の機関に制限されている。

7　学校の設置＝設置認可

(1)　学校の設置認可

　私立学校を新設する場合、**6**で述べた学校法人という法人格の設置とは別に、教育機関である「学校」についても、「設置」の認可を得なければならない（学校教育法4条1項本文）。

　学校の設置認可に関する所轄庁については、設置者・学校の種類ごとに同条1号から3号で区分けされている。私立学校についてみると、私立大学の所轄庁は文部科学大臣だが（1号）、その他の私立学校については、都道府県知事が所轄庁とされている（3号）。所轄庁から市区町村への事務の委任については前述の箇所を参照されたい。

(2)　審査基準

　学校の設置認可（学校教育法4条）についても、所轄庁において審査基準が設けられているのが通常である。

　例えば、東京都の場合、高校・中学校・小学校・中等教育学校については「東京都私立高等学校等設置認可基準」、幼稚園については総務省の「幼稚園

設置基準」に加え、都による「東京都私立幼稚園設置認可取扱内規」、専修学校については「東京都私立専修学校設置認可取扱内規」、「東京都私立専修学校設置認可取扱要領」、各種学校については「私立各種学校規程施行内規」[19]等が設けられている。

(3)　設置認可

ア　設置認可手続の流れ

学校の設置認可手続の流れについて、東京都における高校の手続の例を参考に、以下、解説する（各都道府県や学校の種類によって手続は異なり得るため、必ず事前に所轄庁に確認されたい）。

まず、学校法人の設立認可の場合と同様、計画段階で所轄庁の担当部署への事前協議を行い、その後、学校設置認可申請書と添付書類を提出する。申請書を受けた都道府県は、自ら書類審査や必要に応じ現地調査を行うとともに、私立学校審議会に諮問する。審議会は、申請者との面接など必要な調査を行い、学校の設置計画に対する承認・不承認の答申をする（中間答申という）。答申を受けた都道府県は、所轄庁として学校設置計画の承認・不承認を決定し、その結果を申請者に通知する。

申請者は、学校設置計画の承認を受けてから校舎建設の着工が可能となる。校舎を建設する間、計画変更がある場合は、所轄庁への届出が必要となる。

建設工事の完了後、所轄庁は審査を行うとともに、再度私立学校審議会への諮問をする。諮問を受けた私立学校審議会は、現地調査等の必要な調査を行い、設置認可について答申する（本答申という）。答申を受けた都道府県は、学校設置認可について決定し、認可をする場合には認可書を申請者に交付する。

認可を受けた後、申請者は生徒募集が可能となる。

なお、学校の設置認可は、学校が開講する前年度の9月までに受けなければならない。

学校設置認可については、一般的に2段階審査（①学校設置計画承認→②認

---

19)　その他にも外国人児童・生徒を対象とする場合の「外国人児童・生徒を対象とする私立各種学校の設置認可等取扱内規」や「外国人児童・生徒を対象とする私立各種学校の認可申請時の留意事項等について」といった規定が設けられている。

可）で行われる。[20]

イ　学校の設置認可[21]

　学校の設置認可について提出すべき書類、定めるべき事項については、学則等の提出を求める私立学校法施行規則3条等のほか、審査基準等の各自治体が定める基準を参照する必要がある。例えば、東京都の場合、設置認可の必要書類として学校教育法施行規則3条に定める認可申請書等のほか、東京都の私立学校法施行細則（昭和25年4月8日規則第51号）1条で定める書類・資料を提出する必要がある。

　この審査基準の内容も自治体や学校の種類によって異なるため、一律に述べるのは難しく、中には学校法人の設立認可と重複するものもある。

　特色的な事項としては、学校が開校する時期や、認可申請の時期、認可を受けるべき時期等について定められていることがあるので、特に注意が必要である。

　例えば、専修学校に関する「東京都私立専修学校設置認可取扱内規」では、その12条で「専修学校の開校の時期は、4月又は10月とする。」とし、13条1項で「4月開校の場合にあっては当該学校の開校年度の前々年度の3月31日までに、10月開校の場合にあっては当該学校の開校年度の前年度の9月30日までに行わなければならない。」、「申請に係る専修学校の校舎建設工事は遅くとも開校の3箇月前までに竣工させるものとし、当該工事の着手前に十分の期間を設けて申請しなければならない。」と規定されている。

8　学校・学校法人の運営

　設立後に学校法人・学校を運営する段階における規律を述べる。設立後の学校法人・学校に関わる法的規律は多岐にわたり、そのすべてを紹介することはできないが（助成金や会計についても重要な規律があるものの、紙面の関係上割愛する）、都道府県の条例に関わり得る規律のいくつかについて解説をする。

---

20)　東京都生活文化スポーツ局ホームページ「学校設置認可事務の流れ（二段階審査）」
　　https://www.seikatubunka.metro.tokyo.lg.jp/shigaku/ninka/0000000140.html
21)　この学校の設置「認可」の法的性質について、学説上、特許とする見解と認可とする見解がある（鈴木勲編著『逐条　学校教育法（第9次改訂版）』（学陽書房、令和4年）43頁参照）。

(1) 学校法人

ア 寄附行為の変更認可

寄附行為の変更については、所轄庁の認可が必要であり、認可を受けなければ、寄附行為はその効力を生じないとされている（私学法45条1項）。

同条では変更にあたっての認可の基準は記載されていないが、学校法人設立時点での審査基準は設立時にだけ必要なのではなく、認可後も当然維持されるべきものであるため、設立時における寄附行為についての審査基準である私学法31条1項の基準は寄附行為の変更認可の時点でも同様に審査の基準となるとされている。[22]

所轄庁である都道府県の審査基準では、「寄附行為及び寄附行為変更の認可に関する審査基準」として設立時と変更時を一括して規定する審査基準が多くみられるが、[23]設立時における寄附行為の審査基準とは別に変更の際の審査基準を設けたりする例もある。[24]

イ 収益事業

私立学校法26条1項は、学校法人について、「その設置する私立学校の教育に支障のない限り」、「その収益を私立学校の経営に充てるため」に行う場合には、収益事業を行うことができる旨を定める。

同条2項は、学校法人が行うことのできる収益事業の種類については所轄庁が定めるとする。これを受けて所轄庁である都道府県が具体的な基準を定めており、例えば東京都の場合、告示（「私立学校法第二十六条による学校法人の行うことのできる収益事業の種類」平成21年4月1日告示第511号）によって学校法人が行うことのできる収益事業の種類について定めている（例えば投機的な経営や風俗営業が除外されている）。

---

22) 小野元之『私立学校法講座〈令和2年改訂版〉』（学校経理研究会、令和2年）143頁
23) 例えば、東京都では「東京都学校法人の寄附行為及び寄附行為変更の認可に関する審査基準」が設けられている。
24) 例えば、千葉県では「私立学校法第30条第1項に基づく学校法人の寄附行為の認可等に関する審査基準」と、「私立学校法第45条に基づく学校法人の寄附行為の変更の認可等に関する審査基準」が設けられている。

⑵　学　校

ア　新たな学校の設置

　既に私立学校を設置している学校法人が新たに別の私立学校を設置しようとする場合（例えば、私立Ａ中学校を設置しているＸ学校法人が、新たにＢ小学校を設置しようとする場合[25]）、まず、①学校教育法4条1項に従って学校（例でいうＢ小学校）の設置認可を受けることが必要となるとともに、併せて学校法人としても、②（例でいうＸ学校法人の）寄附行為の変更認可を所轄庁から受けなければならない。

イ　課程・学科の設置・廃止

　私立学校が、課程・学科を設置・廃止しようとする場合、所轄庁の認可を受けることが必要となる（学校教育法4条柱書）。同時に、学科・課程は寄附行為の必要的記載事項であるため（私学法30条3号）、寄附行為の変更認可も必要となる（例えば東京都学校法人の寄附行為及び寄附行為変更の認可に関する審査基準第4。また、高校等の課程・学科を設置・廃止する場合、東京都への事前相談が必要とされるとともに、その認可は開講前年度の9月までに受けることを要するものとされている[26]）。

ウ　学校の設置者の変更

　学校の設置者の変更については、所轄庁の認可が必要である（学校教育法4条）。

　なお、東京都の場合、事前の協議が必要とされている[27]。

エ　学則の変更

　学則は学校の設置認可申請で必要な書類であり、修業年限や収容定員などが必要的記載事項とされている。

　学則に記載された事項の変更は原則として届出事項とされるが、収容定員の変更については届出事項ではなく、認可事項とされている[28]。

---

25)　高等学校・中等学校の後期課程の課程・学科を新設する場合等も同様の手続が必要となる。
26)　東京都生活文化スポーツ局ホームページ「主な認可・届出事務の流れ」
　https://www.seikatubunka.metro.tokyo.lg.jp/shigaku/ninka/files/0000000140/38sechi_ninka_todokede_jimu.pdf
27)　前掲東京都生活文化スポーツ局ホームページ「主な認可・届け出事務の流れ」
28)　前掲東京都生活文化スポーツ局ホームページ「主な認可・届け出事務の流れ」

例えば、学校の名称や校地・校舎の変更、生徒募集の停止、教育課程（カリキュラム）の変更、学費の変更などについては、届出事項とされている[29]。一定の事項については、所轄庁への事前相談や届出の時期について制限があることに注意が必要である。

オ　収容定員の変更

私立学校の収容定員は学則の必要的記載事項であるが（学校教育法施行規則4条1項5号）、収容定員に係る学則の変更は所轄庁の認可が必要とされている（学校教育法4条、学校教育法施行令23条1項12号。学則の変更であるが、届出事項ではないことに注意が必要である）。

定員収容の変更については、都道府県において審査基準が設けられている場合があり、例えば東京都の場合、東京都私立高等学校等収容定員変更認可基準が定められている（その他にも、事前相談が必要であること、審議会の諮問を経ること、開講前年度の9月までに認可を受けることとされている[30][31]）。

カ　授業の停止

例えば、東京都の「私立学校法施行細則」2条では、私立学校が一カ月以上授業を停止しようとするときは、理由や生徒の処置といった説明を付して知事に届け出なければならないとされ、また特別な事情がなければ、六カ月をこえることはできないとされている。

9　学校法人の解散・学校の廃止

(1)　はじめに

学校事業を終了させる場合、学校法人の解散と、教育機関としての学校の廃止を行うこととなる。

(2)　学校法人の解散

ア　学校法人の解散

学校法人は私学法50条1項各号に定められた事由によって解散する。

29)　東京都生活文化スポーツ局ホームページ「収容定員に係る学則変更認可事務の流れ」参照
　　https://www.seikatubunka.metro.tokyo.lg.jp/shigaku/ninka/0000000140.html
30)　前掲東京都生活文化スポーツ局ホームページ「主な認可・届出事務の流れ」
31)　前掲東京都生活文化スポーツ局ホームページ「収容定員に係る学則変更認可事務の流れ」

　このうち、解散決議による場合には所轄庁の認可、目的たる事業の成功の不能による解散の場合には所轄庁の認定を受けなければならない（私学法50条2項）。この場合、私立学校審議会等の意見聴取が必要となる。

　以下では、最も多く利用される解散決議による場合の解散認可手続について解説する。

イ　解散決議による場合

（ア）　解散に先立って必要な事項

　解散認可を申請するに先立って、解散しようとする学校法人は理事会を開催し、解散の決議をしておく必要がある。この場合、寄附行為で評議員会の決議をも要する旨を定めた場合には、評議員会の決議も必要となる（私学法50条1号。理事・評議員は重複する場合も多いため、同日に理事会・評議員会を開催し、双方で決議をするのが通常である）。寄附行為で評議員会の決議を要するとされていない場合でも、理事会に先立って意見を聴取しなければならない（私学法42条1項7号）。

（イ）　申　請

　理事会（・評議員会）の解散決議による場合、学校法人の解散は、所轄庁の認可（私学法50条2項[32]）を受けることで効力を生ずる。理事会・評議員会の決議だけでは解散の効力は生じないので、注意が必要である。

　解散をしようとする学校法人は、都道府県に対して認可申請書を提出する。解散の理由書など解散認可申請の必要書類は私学法施行規則5条1項に規定されているほか、所轄庁から要求される書面・資料もあるため（同項6号）、事前に所轄庁との協議をしておくべきである。

（ウ）　認　可

　申請書を受理した都道府県は、私立学校審議会等の意見を聴取したうえで（私学法50条3項・31条2項）、解散の判断を行う。

（エ）　清　算

　解散認可を受けた学校法人は、清算手続に移行する。この場合、原則とし

32）　決議による解散（1号）の場合は「認可」である。これに対し、目的の不達成（3号）の場合は「認定」である。

て従前の学校法人の理事が清算人となり（私学法50条の４第１項）、清算事務（私学法50条の８）を執り行う。

（オ） 残余財産について

解散・清算の過程では、残余財産の帰属についての取り扱いが重要である。

すなわち、学校法人は残余財産を理事や評議員などで分配することは許されず、学校法人その他教育の事業を行う者に対して寄付をするか（私学法51条１項・30条３項）、国庫に帰属するか（同条２項）のいずれかとなる。

⑶ 学校の廃止

教育機関である学校についても、学校法人の解散手続とは別に、学校の廃止について所轄庁の認可を得る必要がある（学校教育法４条）。廃止認可をする場合も、まず、設立認可の場合と同様、所轄庁との間で事前協議を行う必要がある。

廃止認可の申請は、所轄庁に対し認可申請書又は届出書に、廃止の事由及び時期並びに幼児、児童、生徒又は学生（以下「児童等」という）の処置方法を記載した書類を添えて行う（学校教育法施行規則15条、188条）。

申請を受けた所轄庁は私立学校審議会等に諮問を行ったうえで、廃止認可の決定を行う。

〔澤木謙太郎〕

---

③ 保 育

1 児童福祉法の理念と法規制の概要

⑴ はじめに

近年の少子化の急速な進行や待機児童の問題などに代表されるように、児童の保育を含む社会における子育て支援の充実は、我が国にとって極めて重要な課題の一つとして位置づけられている。そのため、保育をはじめとする子育て支援に関係する法令は、近時法令の制改定が頻繁に行われ、認定こども園に代表されるような新しい制度の創設やその改革、補助金制度の創設や

拡充、保育の無償化などの様々な施策が行われてきた。

　本項は、主に民間事業者が保育サービスを提供する場合に適用される制度について紹介することを主な目的とするが、まず、その前提として、保育をはじめとする児童福祉の基本となる法律である児童福祉法（以下「児福法」という）の理念に触れておく。

(2)　児童福祉法の理念

　児福法は、その冒頭において「全て児童は、児童の権利に関する条約の精神にのっとり、適切に養育されること、その生活を保障されること、愛され、保護されること、その心身の健やかな成長及び発達並びにその自立が図られることその他の福祉を等しく保証される権利を有する。」と規定している（児福法1条）。その上で、全国民に児童の健全育成についての努力義務があること、児童の育成について、保護者に第一義的な責任があること、国及び地方公共団体も児童の健全育成について保護者とともに責任を負うことが明確にされている（児福法2条）。

　以上の点は、児童福祉を保障するための原理であり、児童福祉法にとどまらない児童に関するあらゆる法令の施行において常に尊重されなければならないとされている（児福法3条）。

(3)　児童福祉法に基づく事業・施設

　児福法においては、上記の児福法の定める理念・基本原理を達成するため、各種の事業や施設の内容、民間事業者が参入する場合の参入規制、参入後における指導監督の仕組みなどについて種々の規定を設け、児童の置かれた状況に応じた児童福祉サービスが遍く一定以上の水準で提供されることを確保できるようにしている。

　なお、児福法上民間事業者が営むことができる児童福祉関連の事業の名称と、これらに対する参入規制の概要等は、以下のとおりである。それぞれの事業内容は、児福法の定義規定を参照されたい。

事業の名称 （定義規定）	認可・届出の 要否（根拠規定）	認可主体 又は届出先	備考
障害児通所支援事業 （児福法6条の2の2第1項）	届出 （児福法34条の 3第2項）	都道府県知事	
障害児相談支援事業 （児福法6条の2の2第7項）			
児童自立生活援助事業 （児福法6条の3第1項）	届出 （児福法34条の 4第1項）	都道府県知事	
小規模住居型児童養育事業 （児福法6条の3第8項）		都道府県知事	
放課後児童健全育成事業 （児福法6条の3第2項）	届出 （児福法34条の 8第2項）	市町村長	市町村は、本事業の設備及び運営につき条例で基準を定めている（児福法34条の8の2）。
地域子育て支援拠点事業 （児福法6条の3第6項）	届出 （児福法34条の 11第1項、 社会福祉法 68条の2）	都道府県知事	本事業は、社会福祉法における第二種社会福祉事業として位置づけられており、社会福祉法に基づく届出が必要とされる。なお、第二種社会福祉事業の届出は、社会福祉法人は事業開始後1カ月以内に、それ以外の民間事業者は事業開始前に行う必要がある。
一時預かり事業 （児福法6条の3第7項）	届出 （児福法34条の 12）	都道府県知事	厚生労働省令において事業に関する基準が定められている。
家庭的保育事業 （児福法6条の3第9項）	認可 （児福法34条の 15第2項）	市町村長	市町村は、本事業の設備及び運営につき条例で基準を定めている（児福法34条の16）。
小規模保育事業 （児福法6条の3第10項）			
居宅訪問型保育事業 （児福法6条の3第11項）			
事業所内保育事業 （児福法6条の3第12項）			
病児保育事業 （児童福祉法6条の3 第13項）	届出 （児福法34条の 18）	都道府県知事	
子育て援助活動支援事業 （児福法6条の3第14項）	届出 （児福法34条の 18の3、社会福 祉法68条の2）	都道府県知事	本事業は、地域子育て支援拠点事業と同じく社会福祉法における第二種社会福祉事業として位置づけられている。

　また、児福法における、「児童福祉施設」とは、次の12種類の施設をいい（児福法7条1項）、民間事業者は、所定の基準を満たしたうえで都道府県知事の認可を得ることにより、これらの施設を営むことができる（児福法35条4項）。

施設の名称	内容
助産施設	保健上必要があるにもかかわらず、経済的理由により入院助産を受けることができない妊産婦を入所させて、助産を受けさせることを目的とする施設（児福法36条）
乳児院	乳児（特に必要な場合には幼児を含む）を入院させて、これを養育し、あわせて退院した者について相談その他の援助を行うことを目的とする施設（児福法37条）
母子生活支援施設	配偶者のない女子又はこれに準ずる事情にある女子及びその者の監護すべき児童を入所させて、これらの者を保護するとともに、これらの者の自立の促進のためにその生活を支援し、あわせて退所した者について相談その他の援助を行うことを目的とする施設（児福法38条）
保育所	保育を必要とする乳児・幼児を日々保護者の下から通わせて保育を行うことを目的とする定員20名以上の施設であって、幼保連携型認定こども園以外のもの（児福法39条1項）
幼保連携型認定こども園	義務教育及びその後の教育の基礎を培うものとしての満3歳以上の幼児に対する教育及び保育を必要とする乳児・幼児に対する保育を一体的に行い、これらの乳児又は幼児の健やかな成長が図られるよう適当な環境を与えて、その心身の発達を助長することを目的とする施設（児福法39条の2第1項）
児童厚生施設	児童遊園、児童館等児童に健全な遊びを与えて、その健康を増進し、又は情操をゆたかにすることを目的とする施設（児福法40条）
児童養護施設	保護者のない児童（原則として乳児を除く）、虐待されている児童その他環境上養護を要する児童を入所させて、これを養護し、あわせて退所した者に対する相談その他の自立のための援助を行うことを目的とする施設（児福法41条）
障害児入所施設	障害児を入所させる次のいずれかの施設をいう（児福法42条）。 ・福祉型障害児入所施設 　保護、日常生活の指導及び独立自活に必要な知識技能の付与といった支援を行うことを目的とする施設 ・医療型障害児入所施設 　保護、日常生活の指導及び独立自活に必要な知識技能の付与及び治療といった支援を行うことを目的とする施設

児童発達支援センター	障害児を日々保護者の下から通わせる次のいずれかの施設をいう（児福法43条）。 ・福祉型児童発達支援センター 　日常生活における基本的動作の指導、独立自活に必要な知識技能の付与又は集団生活への適応のための訓練を提供する事を目的とする施設 ・医療型児童発達支援センター 　日常生活における基本的動作の指導、独立自活に必要な知識技能の付与又は集団生活への適応のための訓練及び治療を提供する事を目的とする施設
児童心理治療施設	家庭環境、学校における交友関係その他の環境上の理由により社会生活への適応が困難となった児童を、短期間、入所させ、又は保護者の下から通わせて、社会生活に適応するために必要な心理に関する治療及び生活指導を主として行い、あわせて退所した者について相談その他の援助を行うことを目的とする施設（児福法43条の2）
児童自立支援施設	不良行為をなし、又はなすおそれのある児童及び家庭環境その他の環境上の理由により生活指導等を要する児童を入所させ、又は保護者の下から通わせて、個々の児童の状況に応じて必要な指導を行い、その自立を支援し、あわせて退所した者について相談その他の援助を行うことを目的とする施設（児福法44条）
児童家庭支援センター	以下のサービスを提供することを目的とする施設をいう（児福法44条の2）。 ・施設地域の児童の福祉に関する各般の問題につき、児童に関する家庭その他からの相談のうち、専門的な知識及び技術を必要とするものに応じ、必要な助言を行うこと ・市町村の求めに応じ、技術的助言その他必要な援助を行うこと ・都道府県又は児童相談所からの受託による指導 ・里親等への支援 ・児童相談所、児童福祉施設等の関係機関との連携や連絡調整

⑷　児童福祉関連事業における法律と条例の関係性

　以上のとおり、児福法においては、児童福祉関連の事業や施設に関し、法令による規制を施しつつも、各地域のニーズや特性を取り込むために、認可権者や届出先を地方自治体の長とし、設備や運営に係る基準の制定の多くを地方自治体で定める条例に委ねている。また、こうした枠組みは、児福法にとどまらず、後述する認定こども園に関しても同様である。

　このため、保育をはじめとする児童福祉関連の事業・施設の開始・設置や運営に当たっては、法令の内容を理解することに加え、その地域における条例の有無やその内容を把握することが重要であるといえる。以下においては、伝統的な児童福祉施設の一種である保育所と、21世紀に入ってから創設され

た比較的新しい制度である認定こども園を例に、制度の枠組みやその内容について説明する。

2　保育所

(1)　保育所

ア　児福法における保育所

児福法において、保育所とは、保育を必要とする乳児・幼児[33]を日々保護者の下から通わせて保育を行うことを目的とする、利用定員が20人以上の施設をいう（児福法39条1項）。本項において「保育所」というときは、児福法における保育所をいうものとする。

イ　幼稚園と保育所の違い

幼稚園においても、保育所と同じように幼児の保育が行われているが、幼稚園は満3歳以上の幼児を対象者とする学校教育法に基づく「学校」の一種であって、児福法に基づく児童福祉施設ではない（学校教育法1条、26条）[34]。また、保育所は保育を必要とする家庭の子どものみが通うことのできる施設であるのに対し、幼稚園においては、そうした家庭の状況は考慮されない。

(2)　保育所の設置

ア　保育所の設置認可

保育所を設置することができる主体には、国、都道府県及び市町村に加え[35]、これら以外の者、すなわち民間事業者も含まれる。学校法人しか設置できない幼稚園とは異なり、保育所を設置できる民間事業者には特段の制限はない。

民間事業者が保育所を設置するに当たっては、都道府県知事（政令指定都

---

33)　児福法において、「乳児」は、満1歳に満たない者をいい、「幼児」は満1歳から小学校就学の始期に達するまでの者をいう。また、小学校就学の始期から満18歳に達するまでの者を「少年」といい、乳児、幼児、少年の総称が「児童」である（児福法4条）。

34)　学校教育法は、文部科学省の所管であるのに対し、児福法は厚生労働省の所管である。また、後述する認定こども園法は、内閣府の所管である。

35)　都道府県又は市町村が保育所を設置する場合には、条例を制定することになる（地方自治法244条の2第1項）。また、市町村が保育所を設置する場合には、所定の事項を都道府県知事に届け出る必要がある。なお、いずれの主体が保育所を設置する場合でも、後述する児福法45条1項に基づいて定められた基準を遵守する必要がある（児福法45条3項）。

市、中核市及び児童相談所設置市においては、これらの都市の長。以下、保育所の項において同じ）の認可が必要である（児福法35条4項、59条の4第1項）。

　民間事業者による設置認可の申請に対しては、児福法35条5項所定の基準への適合性及び児福法45条1項に基づき条例で定められた基準への適合性についての認可権者による審査が行われる。そして、基準に適合する場合には、児童福祉審議会の意見聴取や、設置認可申請に係る保育所の所在市町村の長との協議を経て、設置認可がなされる（児福法35条8項本文）。もっとも、基準に適合する場合でも、近隣区域における既存の特定教育・保育施設の利用定員などを勘案して、認可がなされない場合もあり得る（同項ただし書）。

イ　児福法35条5項所定の基準

　児福法35条5項所定の基準は、①保育所経営のために必要な財産的基礎があること、②保育所経営者に社会的信望があること、③実務を担当する幹部職員に社会福祉事業に関する知識又は経験があること、④設置希望者が欠格事由に該当しないこと、の4点である。

ウ　条例で定める認可基準

　児福法45条に基づき条例において定められる基準については、各都道府県において定められることになるが、その内容は自由に定められるわけではない。すなわち、条例で定められる基準のうち児福法45条2項各号の事項については、同条の委任を受けた厚生労働省令である「児童福祉施設の設備及び運営に関する基準」（以下「設備運営基準」という）における従うべき基準に沿って制定する必要があり、また、それ以外の事項についても設備運営基準を参酌することが求められる（児福法45条2項柱書）。このため、厳密には当地

---

36)　児童相談所設置市には、特別区では東京都港区、世田谷区、中野区、荒川区、板橋区及び江戸川区が指定されている（児福法施行令45条の2）。これらの特別区においては、児福法45条1項に基づき定められる条例が、東京都が定めているものとは別に存在しており、設置認可に当たってはこれら特別区が定める条例の基準が適用される。

37)　子ども・子育て支援法に基づく施設型給付費の支給に係る施設として市町村長が確認する教育・保育施設のこと（子ども・子育て支援法27条1項）。

38)　条例を定めるに当たって「従うべき基準」とは、条例の内容を直接的に拘束する、必ず適合しなければならない基準であり、当該基準に従う範囲内で地域の実情に応じた内容を定める条例は許容されるが、異なる内容を定めることは許されないものをいい、「参酌すべき基準」は、地方自治体において十分に参酌した結果としてであれば、地域の実情に応じて異なる内容を定めることが許容されるものをいう（地域の自主性及び自立性を高めるための改革の推進を図るための関係

の条例の内容を確認する必要はあるものの、各都道府県の条例において定められている基準の内容は、概ね似通ったものになっているといえる。

そこで、以下では、東京都の条例である「東京都児童福祉施設の設備及び運営の基準に関する条例」（以下「東京都児童福祉施設条例」という）を例にとって基準の内容を簡単に説明しつつ、適宜その他の都道府県の条例に触れる。

（ア）　人員配置に関する基準

保育所には、保育士、嘱託医及び調理員[39]を置かなければならない。また、保育士の員数については、乳児おおむね3人につき1人以上、満1歳以上満3歳に満たない幼児おおむね6人につき1人以上、満3歳以上満4歳に満たない幼児おおむね20人につき1人以上、満4歳以上の幼児おおむね30人につき1人以上であり、保育所の開所時間を通じて常時2人を下回ってはならないとされている（東京都児童福祉施設条例43条、同条例施行規則16条）。

（イ）　床面積・設備に関する基準

保育所の設備に関する基準は、その保育所が2歳未満の乳幼児を入所させるか否かで、内容が異なる。

2歳未満の乳幼児を入所させる保育所においては、①乳児室又はほふく室[40]、医務室、調理室及び便所を設けること、②乳児室又はほふく室は、保育に必要な用具を備えること、③乳児室又はほふく室の面積は、2歳未満の幼児一人につき3.3㎡以上であること[41]、という基準を満たす必要がある（東京都児童福祉施設条例41条2項）。

満2歳以上の幼児を入所させる保育所においては、①保育室又は遊戯室、屋外遊戯場（保育所の付近にある屋外遊戯場に代わるべき場所でも可）、医務室[42]、

法律の整備に関する法律の一部の施行に伴う厚生労働省関係省令の整備に関する省令の施行について（平成23年10月28日雇児発1028第1号））。

39)　調理業務の全部を外部に委託する場合には、調理員の設置は不要となる（東京都児童福祉施設条例43条、設備運営基準33条1項ただし書）。

40)　乳児室は、ほふく（いわゆるハイハイのこと）をしない乳児が過ごす部屋を指し、ほふく室とは、ほふくをする乳幼児が過ごす部屋を指す。

41)　設備運営基準では、乳児室の面積に関する基準は、東京都の半分で足りるとされており（設備運営基準32条2号）、東京都においては基準が上乗せされている。

42)　設備運営基準では、満2歳以上の幼児を入所させる保育所においては、医務室は必置とされていない（設備運営基準32条5号参照）。このため、満2歳以上の幼児を入所させる保育所においては医務室を必置としていない自治体も多く存在する。

調理室及び便所を設けること、②保育室又は遊戯室は、保育に必要な用具を備えること、③満2歳以上の幼児1人につき、保育室又は遊戯室の面積にあっては1.98㎡以上、屋外遊戯場の面積にあっては3.3㎡以上とすること、という基準を満たす必要がある（東京都児童福祉施設条例41条2項）。

　また、乳児室・ほふく室又は保育室・遊戯室を二階以上に設ける場合には、火災発生時の乳幼児の安全確保等の観点から、耐火建築物であることや常用・避難用の階段設備を設けることなども、設備において満たすべき基準とされている（東京都児童福祉施設条例41条3項、同条例施行規則14条）。

（ウ）　人権に関連する運営基準

　児福法45条2項3号は、「児童福祉施設の運営に関する事項であつて、保育所における保育の内容その他児童（助産施設にあつては、妊産婦）の適切な処遇の確保及び秘密の保持、妊産婦の安全の確保並びに児童の健全な発達に密接に関連するものとして厚生労働省令で定めるもの」について、設備運営基準に従い定められた条例の基準を満たすことを求めている。

　上記の規定を受けて設備運営基準に設けられた基準のうち、保育所の運営に関連するものとしては、平等原則（入所している者の国籍、信条、社会的身分又は入所費用の負担有無による差別的取扱いの禁止）、虐待等の禁止、懲戒権濫用の禁止[43]、食事提供（施設内で調理して提供すること、あらかじめ作成された献立に従って調理すべきこと等）、保育の内容（養護及び教育を一体的に行うこと、その内容は厚生労働大臣が定める指針[44]に従うべきこと）、秘密保持等（業務上知り得た利用者又はその家族の秘密の漏洩禁止等）などがある。

　なお、食事の提供に関しては、保育所特有の特例があり、満3歳以上の幼児に対する食事の提供については、保育所外で調理し搬入する方法により提供することも可能とされている。ただし、この場合でも、保育所に加熱、保存等の調理機能を有する設備を設ける必要があるほか、保育所として注意義務を果たす体制の整備や委託先との一定の契約内容の確保、委託先選定基準の充足などといった基準を充足する必要がある（設備運営基準32条の2、東京

[43]　児童福祉施設の長は、入所中又は受託中の児童の監護、教育及び懲戒に関し、その児童の福祉のため必要な措置をとることができるとされている（児福法47条1項、3項）。
[44]　保育所保育指針（平成29年3月31日厚生労働省告示第117号）

都児童福祉施設条例42条、同条例施行規則15条）。

　（エ）　その他の基準（設備運営基準の定めを参酌して条例で定められた基準）

・保育所の運営についての重要事項に関する規程の整備

　　保育所においては、施設の目的や運営方針、保育内容、職員の職種・員数・職務内容、保育時間、利用定員、非常災害対策など、施設の運営についての重要事項に関する規程を定めることが求められる（東京都児童福祉施設条例16条2項）。内容は設備運営基準と同様である（設備運営基準13条2項）。

・帳簿の整備

　　児童福祉施設には、職員、財産、収支及び入所している者の処遇の状況を明らかにする帳簿を整備しておかなければならないとされる（東京都児童福祉施設条例17条）。設備運営基準と同様の基準である（設備運営基準14条）。

・苦情への対応

　　入所者又はその保護者等からの援助に関する苦情に迅速かつ適切に対応するために、窓口の設置その他の必要な措置を講じなければならないとされる（東京都児童福祉施設条例19条）。設備運営基準の定めと同等の基準である（設備運営基準14条の3）。

・非常災害対策

　　保育所は、消火器等の消火用具、非常口その他非常災害に際して必要な設備を設けるとともに、非常災害に対する具体的な計画を策定し、不断の注意を払い、訓練をするように努めなければならないとされている[45]（東京都児童福祉施設条例20条1項）。非常災害対策については、設備運営基準においては前述した保育所の運営についての重要事項に関する規程の一環として整備が求められているものであるが、東京都においては条例において内容が具体化され、各保育所が遵守すべき基準となっているものである[46]。

---

45)　東京都児童福祉施設条例20条1項は、訓練の実施について努力義務としているように読めるが、同条2項及び同条例施行規則5条の存在により、避難訓練と消火訓練については、努力義務にとどまらず、毎月1回以上の実施が必要とされていると解される。
46)　非常災害対策に関しては、例えば、災害時に備えた食品や医薬品等の備蓄努力義務（茨城県、

・保育時間等

　保育所における保育時間についての基準は、原則 1 日 8 時間となっているが、入所している乳幼児の保護者の労働時間、家庭の状況等を考慮し、保育所の長が保育時間を定めることもできる（東京都児童福祉施設条例44条 1 項）。この内容は設置運営基準の定めと同等である（設備運営基準34条）。

　もっとも、設備運営基準には定めのない基準として、開所時間を原則11時間とすることも規定されている（東京都児童福祉施設条例44条 2 項、同条例施行規則17条）。これは、保護者が 1 日 8 時間のフルタイム勤務であることを想定した保育必要量の認定[47]の最大時間が11時間であることを考慮しているためである。

・保護者との連絡

　保育所の長は、常に入所している乳幼児の保護者と密接な連絡をとるとともに、保育の内容等につき、当該保護者の理解及び協力を得るよう努めなければならないとされている（東京都児童福祉施設条例46条）。設備運営基準の定めと同等の内容である（設備運営基準36条）。

・自己評価・第三者評価

　保育所には、自ら保育所業務の質の評価を行い常にその改善を図る義務、及び、定期的に外部の者による評価を受けてそれらの結果を公表し常にその改善を図るよう努力する義務がある（東京都児童福祉施設条例47条、48条）。設備運営基準の定めと同等の内容である（設備運営基準36条の 2 ）。

・その他

　東京都児童福祉施設条例には定めはないが、他の自治体で定められているその他の基準としては、例えば、暴力団排除（宮城県、京都府など多数）、

　埼玉県など）、市町村との連携体制整備努力義務（愛知県など）といったように、他の自治体においても、具体的な内容が基準として定められている場合がある。
47）　保育必要量の認定は、市町村が保護者から申請のあった乳幼児につき子ども・子育て支援法19条 1 項 2 号又は 3 号に該当すると認める場合に、同項各号の区分の認定と併せて行われるものであり、保育標準時間（保育所の利用時間を最長11時間とする）と保育短時間（保育所の利用時間を最長 8 時間とする）のいずれかとなる（子ども・子育て支援法20条 4 項、同法施行規則 4 条）。

防犯・事故防止に関する事項[48]（名古屋市など）、事故発生時の対応[49]（北海道、福井県など）、地産地消努力義務（山梨県、高知県など）などがある。上述のとおり、条例で定められる保育所の設備及び運営に関する基準は、国が定める設備運営基準の存在により、中心的な部分においては似通った内容となっているといえるが、地域により特徴的な規定が設けられている場合もあるため、保育所の設置及び運営に当たっては、設置地域の基準をよく確認する必要がある。

（オ）　保育所の分園

上記（ア）から（エ）までで述べた基準は、単一の施設としての保育園において満たすべき基準とされている。しかしながら、都市部等における待機児童の問題や、過疎地域における入所児童の減少に対応するために、平成10年度から、一定の要件を満たす場合に保育所の分園（既に設置されている保育所（本園）との一体的な運営がなされる保育施設）の設置が認められている。

分園の設置は、厚生省（当時）の通達である「保育所分園の設置運営について」（平成10年4月9日児発第302号厚生省児童家庭局長通知）に定める要件を充足する必要があり、定員が原則30名未満であること、本園から通常の交通手段により30分以内の距離にある必要があるといった制約はあるものの、分園においては調理室や医務室の設置が不要とされるなど、本園と比較して簡素な設備で設置することができるという特色がある。

民間事業者が分園を設置しようとする場合は、あらかじめ地方自治体と協議を行うよう求めているのが通例であることから、各都道府県において定められている事務取扱要綱等の内容を確認しておく必要がある。例えば、東京都においては、事前（基本計画の段階等）に都と協議の上、内容変更届を提出すべきこととされている（東京都保育所設置認可等事務取扱要綱第2の6）。

48）　例えば、名古屋市においては、「入所している者の安全を確保するため、防犯及び事故の防止に関し必要な措置を講じなければならない。」と規定されている（名古屋市児童福祉施設の設備及び運営に関する基準を定める条例3条）。

49）　北海道においては、事故発生時には利用者の家族への連絡等の措置義務、死亡事故などの重大事故の場合の道への報告義務、事故発生を受けて施設が採った措置の記録義務を規定している（北海道児童福祉施設の設備及び運営に関する基準を定める条例21条）。

(3) 保育所の運営

ア 児童の受入れ等

　保育所が受け入れるのは、子ども・子育て支援法20条に基づいて同法19条1項2号又は3号に該当すると市町村が認定した小学校就学前の乳幼児である。また、保育所への入所の申込みについても、保護者の居住する市町村を通じて行われるが、希望者多数により施設の定員を上回る申し込みがあった場合などには、申請者の希望や施設の状況、保育の必要性の程度等に応じた利用調整等を行ったうえで実際に入所できる乳幼児が決定されることになる。入所が決定した場合には、市町村から保育料に係る通知が送付され、入園後は当該通知書記載の保育料を市町村に支払う。[51]

イ 基準の遵守及び設備・運営の水準向上

　保育所の設置者は、条例で定められた基準を遵守する義務を負い（児福法45条3項）、また、設備及び運営についての水準の向上を図るよう努めることが求められる（同条4項）。

ウ 認可権者による質問検査等

　条例で定められた基準を維持するため、保育所設置の認可権者である都道府県知事は、児童福祉施設の設置者や児童福祉施設の長に対する報告徴収、質問や立入検査をすることができる（児福法46条1項）。

エ 基準に達しない場合の措置等

　保育所の設備又は運営が条例で定める基準に達しないときは、設置者に対し、必要な改善を勧告することができ、また、設置者が勧告に従わず、かつ、児童福祉に有害であると認められるときは、必要な改善を命ずることができる（児福法46条3項）。さらに、児童福祉施設の設備又は運営が条例で定められた基準に達せず、かつ、児童福祉に著しく有害であると認められるときは、児童福祉審議会の意見を聴き、その施設の設置者に対し、その事業の停止を

50）　この認定は、保護者の申請に基づいて行われる（子ども・子育て支援法20条1項）。
51）　現在では、国の政策により幼児教育・保育の無償化がなされており、満3歳以上の幼児の保育料や、住民税非課税世帯等の満3歳未満の乳幼児の保育料は無料となっている。なお、民間事業者が設置した保育所に通所する場合には、実費などを直接保育所に支払う必要が生じることもある。

命ずることができる（児福法46条4項）。

　また、都道府県知事は、保育所が児福法又は同法に基づく命令や処分に違反したときは、設置認可を取り消すことができる（児福法58条）。

⑷　保育所の廃止等

　民間事業者が設置した保育所を廃止し又は休止[52]しようとする場合には、その理由、入所させている者の処置、廃止の期日及び財産の処分（廃止の場合）、休止予定期間（休止の場合）を明らかにして、都道府県知事の承認を得る必要がある。

　この点、保育所の廃止や休止は、保育所の公共性から保育事業に多大な影響を及ぼすため、東京都においては、設置者に対し、廃止又は休止をしようとする日より以前に、相当期間の余裕をもって、保育所の所在する区市町村長及び知事と協議をすることを求めている（東京都保育所設置認可等事務取扱要項第5）。

コラム⑫　認可外保育施設

　認可外保育施設とは、一般に、子供を預かる施設（保育者の自宅で行うもの、少人数のものも含む）であって、児福法に基づく保育所の設置認可や認定こども園法に基づく認定こども園としての認定又は設置認可を受けていないものの総称をいう。

　認可外保育施設は、認可外であるからといって全く規制に服さないというものではなく、すべての施設が、児福法に基づいて都道府県が行う指導監督（報告徴収、立入調査や改善勧告、事業停止命令など）の対象である（児福法59条）。この点、厚生労働省では、指導監督児童の安全及び適切な保育水準確保の観点から、通達（「認可外保育施設に対する指導監督の実施について」平成13年3月29日雇児発第177号）において、指針や監督基準を策定している。各都道府県においては、上記の通達や、これをもとに自ら制定した独自の指導監督要綱（例えば、東京都における「認可外保

52）　1年未満の期間、保育所の運営を停止することをいう。

育施設に対する指導監督要綱」など）により、認可外保育施設の指導監督を行っている。

　また、認可外保育施設の設置者は、設置、変更、休止、廃止に際してそれぞれ届出を行う必要がある（児福法59条の2）とともに、設置した施設の運営状況について、都道府県知事に報告する必要がある（児福法59条の2の5、同法施行規則49条の7）。また、施設内で事故が発生した場合にも設置者に報告義務がある（児福法施行規則49条の7の2）。

　さらに、認可外保育施設の設置者は、利用者と契約を締結する際に契約内容及びその履行に関する事項について説明するよう努めなければならず（児福法59条の2の3）、契約成立後においては、設置者の名称や所在地、利用者が支払うべき対価の額に関する事項、提供するサービスの内容、保育する乳幼児に関して契約している保険に関する事項などの法定事項を記載した書面を利用者に交付する必要がある（児福法59条の2の4、同法施行規則49条の6）。

　なお、東京都においては、独自の制度として、「認証保育所」の制度が設けられている。これは、現在の保育所だけでは応えきれていない大都市のニーズに対応しようとする東京都独自の制度である。認証の対象となるのは、児福法に基づく認可を受けていない保育施設のうち、区市町村の推薦を受け、上記の通達に定める要件及び東京都が定める「東京都認証保育所事業実施要綱」所定の要件を充足しているものである。認証については、0歳から5歳までの乳幼児を対象とし、定員規模も大きい施設（A型）と、0歳から2歳までの乳幼児を対象とし、定員規模も小規模な施設（B型）に分かれている。認証保育所においては、保育所に求められるものに準じた設備基準が適用されている点、基本的な開所時間を13時間以上とすることが求められる点、保育料の上限が規定されている点などに特色がある。

〔髙見　駿〕

3　認定こども園

(1)　制度概要

ア　沿　革

　認定こども園は、幼稚園及び保育所又は保育機能施設[53]（以下、保育所及び保育機能施設を総称して「保育所等」という）における小学校就学前の子どもに対する保育及び教育並びに保護者に対する子育て支援の総合的な提供を行う施設である。この制度は、急激な少子化の進行や就学前の子どもに関する教育・保育に関する保護者のニーズの変化などを背景として、平成18年（2006年）10月 1 日施行の「就学前の子どもに関する教育、保育等の総合的な提供の推進に関する法律」（以下「認定こども園法」という）に基づいて創設されたものであり、令和 3 年（2021年） 4 月 1 日時点では、全国に8,585もの認定こども園が存在する[54]。

イ　認定こども園の種類

　認定こども園には、幼保連携型（幼稚園的機能と保育所的機能の両方の機能をあわせ持つ単一の施設）、幼稚園型（幼稚園が、保育が必要な子どものための保育時間を確保するなど、保育所的な機能を備えたもの）、保育所型（認可保育所が、保育が必要な子ども以外の子どもも受け入れるなど、幼稚園的な機能を備えたもの）、地方裁量型（幼稚園・保育所いずれの認可もない地域の教育・保育施設が、認定こども園としての機能を果たすもの）の 4 種類が存在する。

　このうち、幼保連携型は、児福法における児童福祉施設の一種でもあるが（児福法 7 条）、設置基準等の詳細については、認定こども園法において定められることになっている（児福法35条 2 項かっこ書、39条の 2 参照）。このため、認定こども園に対する法令の規律は、幼保連携型認定こども園である場合とそれ以外の場合で、適用条文が異なる。

ウ　認定こども園の設置者

　幼保連携型以外の認定こども園の設置者となるのは、幼稚園又は保育所等

---

53)　保育所の認可を受けていない保育施設のこと。
54)　内閣府子ども・子育て本部「認定こども園に関する状況について（令和 3 年 4 月 1 日現在)」

の設置者である。[55]

　他方、幼保連携型は、国、地方公共団体（公立大学法人を含む）、学校法人及び社会福祉法人のみが設置可能とされており（認定こども園法12条）、株式会社や一般社団法人、宗教法人などは設置主体になり得ない。

(2)　認定こども園の認定・認可

ア　認定こども園の認定（幼保連携型認定こども園以外）

　幼保連携型認定こども園以外の認定こども園は、幼稚園又は保育所等の設置者の申請に基づいて、都道府県知事（政令指定都市や中核市、児童相談所設置市の場合には、これらの都市の長。以下同じ）が認定する。認定の要件は、都道府県（政令指定都市や中核市、児童相談所設置市の場合には、これらの都市。以下同じ）の条例で定める要件に適合し、かつ、認定こども園法3条5項各号所定の基準に適合していることが必要である。[56]

イ　幼保連携型認定こども園の認可

　次に、国及び地方公共団体以外の者が幼保連携型認定こども園を設置しようとするときは、設置の申請を行い、都道府県知事の認可を得る必要がある（認定こども園法17条1項）。[57]

　認可の要件は、都道府県の条例で定められた幼保連携型認定こども園の設備及び運営に関する基準に適合することと、認定こども園法17条2項各号所定の基準に該当しないことである（認定こども園法17条6項）。[58]　なお、認定こども園法17条2項各号所定の基準は、前述した児福法35条5項各号と同等である。

ウ　認定・認可に関する都道府県の条例とその内容

　都道府県は、幼保連携型認定こども園以外の認定こども園への認定要件を定める条例及び幼保連携型認定こども園の認可基準を定める条例を定めている[59]。これらの条例に関しては、保育所における設備運営基準のように、国において定める基準[60]が存在し、条例制定に当たって参照されている（認定こども園法3条2項、12条2項）。このため、認定こども園の認定・認可に関する各都道府県の条例は、保育所における条例と同様に、全国的に似通った内容となっている。また、保育を目的とする施設という側面がある以上、基準の内容には、保育所の認可基準の内容と同じ又は類似するものも多い。

　そこで、以下では、保育所と同様に東京都の条例（「東京都幼保連携型認定こども園の学級の編制、職員、設備及び運営の基準に関する条例」及び「東京都認定こども園の認定要件に関する条例」。以下それぞれ「東京都幼保連携型認可条例」、「東京都認定こども園認定条例」という）をもとに、認定要件・認可要件の内容で、認定こども園特有といえるものを中心に、簡単に触れておく。具体的な基準の内容については、各都道府県が定める条例を確認されたい。

エ　条例が定める認定要件・認可基準に含まれている内容

（ア）　学級編成に関する基準

　認定こども園は、保育所的な機能と幼稚園的機能を併せ持つものであるため、幼稚園のように学級編成に関する基準が設けられている（東京都幼保連携型認可条例5条、東京都認定こども園認定条例4条）。

（イ）　職員の配置・資格に関する基準

　認定こども園の職員については、職員の資格及び配置に関する基準が存在する（東京都幼保連携型認可条例6条、東京都認定こども園認定条例5条及び6

---

59)　条例については、幼保連携型の認可基準と幼保連携型以外の認定要件を別々の条例で規定している場合（東京都など）、これらを一つの条例で規定している場合（大阪府など）がある。

60)　幼保連携型認定こども園以外の認定こども園については、「就学前の子どもに関する教育、保育等の総合的な提供の推進に関する法律第三条第二項及び第四項の規定に基づき、内閣総理大臣、文部科学大臣及び厚生労働大臣が定める施設の設備及び運営に関する基準」（平成26年、内閣府、文部科学省、厚生労働省告示第2号。すべて参酌すべき基準である）、幼保連携型認定こども園については、「幼保連携型認定こども園の学級の編制、職員、設備及び運営に関する基準」（平成26年内閣府、文部科学省、厚生労働省告示第1号。従うべき基準と参酌すべき基準の両方がある）による。

条）。

　配置する職員の資格については、幼保連携型であれば基本的に保育教諭（幼稚園教諭の免許と保育士資格の両方を有する者）を配置することとされているのに対し、幼保連携型以外の認定こども園においては、幼稚園教諭の免許及び保育士資格の両方を有することを原則としつつも、いずれかを有する者を配置することでもよいとされる[61]。職員の配置に関しては、保育所と同様、園児の年齢に応じた人数の保育従事者の配置が求められている。

（ウ）　設備に関する基準

　幼保連携型については、条例において園庭の設置や園舎に備えるべき設備、備えるべき園具・教具について、細かく規定が設けられている（東京都幼保連携型認可条例7条から9条）。

　幼保連携型以外の認定こども園については、保育所型や幼稚園型に関してはベースとなる施設である保育所や幼稚園に関する基準が参照されており、細かい規定や上乗せ規定はあまり設けられていない（東京都認定こども園認定条例7条2項、3項参照）。これに対し、地域裁量型に関しては、ベースとなる保育機能施設に対する法定の基準が存在しないことから、設けるべき設備について比較的細かく基準が定められている（東京都認定こども園認定条例7条4項、同条例施行規則7条3項）。

（エ）　保育・教育の期間・時間等に関する基準

　認定こども園においては、保育を必要とする園児に対しては、原則として1日8時間の教育及び保育が行われること、学級を設けて行われる教育については1日4時間が標準であることなどが定められている。

　また、幼保連携型に関しては、11時間開園、土曜日の開園が原則となる。これに対し、それ以外の認定こども園については、地域の実情に応じて開園時間を定めるべきこととされている[62]。

（オ）　子育て支援事業の内容に関する基準

　認定こども園においては、保護者に対する子育ての支援事業も行うことか

61）　ただし、3歳未満の子どもの保育には、保育士資格を有する職員の配置が原則必須であるほか、必要な資格には一定の特例がある（東京都認定こども園認定条例6条、同条例施行規則6条）。
62）　保育所型に関しては、保育所の基準で11時間開園が原則とされる。

ら、当該事業の内容に関する基準が定められており、地域の実情に照らし必要なものを保護者の要請に応じ提供する体制が求められている（東京都幼保連携型認可条例11条、東京都認定こども園認定条例11条）。

(3) 認定こども園の運営

ア　園児の受入れ等

園児の受入れの流れは子ども・子育て支援法20条に基づく同法19条１項１号から３号の認定区分（以下、それぞれ「１号認定」、「２号認定」、「３号認定」という）により異なる。２号認定及び３号認定の場合は、保育所による乳幼児の受入れと基本的に同じであり、保護者が市区町村に申し込みを行い、市区町村における利用調整を経て利用先が決定されていく。

他方、１号認定の場合には、保護者が認定こども園に直接利用の申し込みを行い、認定こども園において入園の可否を判断することになる。

イ　要件の維持・基準の遵守等

幼保連携型認定こども園については、認定こども園法に基準の遵守義務が明記されている（認定こども園法13条４項）。

他方、幼保連携型認定こども園以外の認定こども園に関し、認定こども園法は特段の遵守義務を明記しているわけではないが、条例で定められた要件を欠くに至った場合には、認定こども園としての認定が取り消されることになるため（認定こども園法７条）、当該要件を充足するよう維持する必要がある。

また、いずれの類型の認定こども園においても、設置者は、毎年１回運営状況を都道府県知事に報告する必要がある（認定こども園法30条）。

ウ　認定権者・認可権者による質問検査等

幼保連携型認定こども園に対しては、都道府県知事が必要に応じて報告徴収及び質問検査をすることができる（認定こども園法19条）。また、都道府県知事は、法令や条例に違反した場合には設置者に対し改善勧告や改善命令をすることができ（認定こども園法20条）、故意の法令違反などがあって園児の教育・保育上著しく有害な場合には、事業停止や施設の閉鎖を命じることができる（認定こども園法21条）。さらに、認定こども園法への違反や同法に基

づく処分への違反をした設置者に対しては、認可を取り消すことができる（認定こども園法22条）。

　他方、幼保連携型認定こども園以外の認定こども園については、認定こども園法においては幼保連携型認定こども園に見られるような都道府県知事の権限や処分は定められていないが、幼稚園型であれば学校教育法、保育所等に関して児福法において、それぞれ認められている権限を行使し、処分を行うことになる。なお、上述のように、認定要件を欠く場合には、都道府県知事は、認定こども園としての認定を取り消すことができる。

⑷　認定こども園の廃止等
ア　幼保連携型以外の認定こども園の廃止・休止

　幼保連携型認定こども園以外の認定こども園の廃止・休止について、認定こども園法には、特段の規定はない。廃止や休止に当たっては、幼稚園や保育所等の廃止の手続に則って行われることになる。

イ　幼保連携型認定こども園の廃止等

　幼保連携型認定こども園の設置者は、幼保連携型認定こども園の廃止、休止、設置者の変更などを行おうとするときは、設置の際と同様に、都道府県知事の認可を得る必要がある（認定こども園法17条1項）。

〔髙見　駿〕

4　学校問題における情報開示請求について

　個人情報保護については、近年、個人情報保護法が改正・施行されるなどして耳目を集めるとともに、コンプライアンス推進の情勢の中で、これまで以上に重要視される分野となってきている。

　本項では、そんな個人情報保護の観点から、学校問題の中核にあるいじめ問題に関し、どのように情報開示請求をし、また開示請求された場合に学校側がどう対応すべきかについて、東京都個人情報の保護に関する条例（以下、「都条例」という）を例にとって手続面から説明することとする。

1　いじめ被害者の保護者が情報開示請求をする場合

⑴　いじめ被害における個人情報

　学校は、いじめにより児童の生命・心身・財産に重大な被害が生じた疑いがあると認めるとき、または、いじめにより児童が長期の不登校を余儀なくされている疑いがあると認めるときには、質問票の使用その他の適切な方法により事実関係を明確にするための調査を行うこととされている（いじめ防止対策推進法28条）。

　学校は、この調査を行ったときは、いじめを受けた児童及びその保護者に対し、事実関係の情報提供、説明をする義務を負っており（同法28条２項）、基本的には、学校から情報が開示されることが想定されるが、これが正しく履行されず、いじめ被害者の保護者がいじめに関する全情報の開示（例えばいじめの行為者の名前、態様、その後の学校の対応など）を求めた場合に、これを拒否される場合が想定される。

　ここでは、被害者の保護者が、いじめについて情報開示請求をしたいと考えた場合の手続等について説明をする。

⑵　請求方法

　都条例では、「何人も、実施機関に対し、当該実施機関が保有する自己を本人とする保有個人情報の開示の請求（以下「開示請求」という。）をすることができる。」とされている（都条例12条）。

ア　定　義

　まず、本項に共通する言葉について以下のように定義する。

　「実施機関」とは、「知事、教育委員会、（中略）並びに都が設立した地方独立行政法人（地方独立行政法人法（平成十五年法律第百十八号）第二条第一項に規定する地方独立行政法人」を言う。

　「個人情報」とは、「生存する個人に関する情報であって、当該情報に含まれる氏名、生年月日その他の記述等により特定の個人を識別することができるもの（他の情報と照合することができ、それにより特定の個人を識別することができることとなるものを含む。）」を言う。

「保有個人情報」とは、「実施機関の職員（都が設立した地方独立行政法人の役員を含む。以下同じ。）が職務上作成し、又は取得した個人情報であって、当該実施機関の職員が組織的に利用するものとして、当該実施機関が保有しているもの（中略）ただし、公文書に記録されているものに限る」とされている（以上、都条例2条1項ないし3項）。

イ　請求についての検討

いじめに関する情報は、いじめ被害者にとって、個人情報に当たると考えられるため、自身の通う学校の所在地の教育委員会（＝実施機関）に対し、いじめに関する情報開示請求を行うことが出来る。

この点、いじめ被害者は、未成年者であることが考えられるが、法定代理人は本人に代わって開示請求をすることが出来る。ただし、当該開示請求が本人の利益に反することが明確である場合はこの限りではない（都条例12条2項）。

開示請求の方法は、条例で定められており、都条例においては、開示請求をしようとする者の氏名及び住所又は居所、開示請求をしようとする保有個人情報を特定するために必要な事項、そのほか実施機関が定める事項を記載した開示請求書を提出してすることとなっている（同条例13条1項各号）。また、開示請求をしようとする者は、請求相手の機関に対し、当該開示請求に係る保有個人情報の本人又はその法定代理人であることを証明するために必要な書類で実施機関が定めるものを提出し、又は提示しなければならない（同条2項）。開示請求を受けた機関は、形式上の不備がある場合には、この補正を求めることが出来る（同条3項）。

2　教育委員会が開示請求を受けた場合

(1)　請求を受けた機関の対応について

次に、実施機関である教育委員会が、いじめの被害者の保護者から、いじめについての情報開示請求を受けた場合、どのように開示すればいいのかについて説明をする。

⑵　開示の方法

　当該教育委員会は、開示請求があった日から14日以内に、開示請求者に対して、開示請求に係る保有個人情報の全部若しくは一部を開示する旨の決定、又は開示しない旨の決定をしなければならず（都条例14条1項）、当該決定をしたときは、開示請求者に対し、遅滞なく書面によりその旨を通知しなければならない（同条2項）。

　この際、やむを得ない理由により、上記の期間内に開示決定等をすることができないときは、開示請求があった日から60日を限度としてその期間を延長することができるが、この場合、速やかに延長後の期間及び延長の理由を開示請求者に書面により通知しなければならない（同条3項）。

⑶　開示するかどうかの判断について

　また、教育委員会は、開示請求に係る保有個人情報に、条例に規定する情報が含まれている場合を除き、開示請求者に対し、当該保有個人情報を開示しなければならないとされている（都条例16条各号）。

　具体的には、法令等の定めるところ又は実施機関が法律若しくはこれに基づく政令により従う義務を有する国の行政機関の指示等により、開示することができないと認められる情報や、開示請求者以外の個人に関する情報であって、当該情報に含まれる氏名、生年月日その他の記述等により開示請求者以外の特定の個人を識別することができるもの（他の情報と照合することにより、開示請求者以外の特定の個人を識別することができることとなるものを含む）又は開示請求者以外の特定の個人を識別することはできないが、開示することにより、なお開示請求者以外の個人の権利利益を害するおそれがあるものがこれに当たる。

3　個人情報の訂正等について

⑴　個人情報に誤りもしくは収集方法に違反がある場合

　ここでは、個人情報の開示を受けた際に、当該情報に誤りがある場合や、収集方法に違反があると判明した場合の手続について説明をする。

(2)　個人情報の誤りの訂正請求

　開示決定を受けた自己を本人とする保有個人情報に事実の誤りがあると認めるときは、実施機関に対し、その訂正の請求をすることが出来る（都条例18条１項）。未成年者又は成年被後見人の法定代理人も同様である（都条例18条２項、12条２項）。

　この場合、訂正請求をしようとする者は、いじめに関する個人情報であれば教育委員会に対して、訂正請求をしようとする者の氏名及び住所又は居所、訂正請求をしようとする保有個人情報を特定するために必要な事項、訂正を求める内容、その他実施機関が定める事項を記載した訂正請求書を提出するとともに、当該訂正を求める内容が事実に合致することを証明する書類等を提出、又は提示して訂正請求をする（都条例19条１項各号、２項）。

(3)　利用停止請求

　開示された保有個人情報が、条例に違反して収集、利用又は提供をされている場合には、その保有個人情報の利用の停止若しくは消去又は提供の停止を請求（以下、「利用停止請求」という）することが出来る（都条例21条の３）。

　具体的には、収集目的の範囲外の個人情報や、思想、信教及び信条に関する個人情報並びに社会的差別の原因となる個人情報などがこれに当たる（都条例21条の３、４条１項ないし３項）。

　利用停止請求をしようとする者は、実施機関に対して、利用停止請求をしようとする者の氏名及び住所又は居所、利用停止請求をしようとする保有個人情報を特定するために必要な事項、利用停止請求の趣旨及び理由、その他実施機関が定める事項を記載した利用停止請求書を提出し、請求をする（都条例21条の４）。

4　開示決定等に不服がある場合

(1)　開示決定等についての不服

　ここでは、例えば、実施機関の情報開示内容に墨塗が多く、事実が隠されていると感じるような場合、どのように開示内容について不服を申し立てれば良いかについて説明する。

⑵　審査請求

　個人情報保護条例では、行政不服審査法による申立てではなく、審査請求をすることが規定されている（都条例24条）。

　審査請求先は、実施機関ごとに異なるが、実施機関に対してするとされている場合もあり、例えば東京都教育委員会の場合は、実施機関である東京都教育委員会に対してするとされている。

　審査請求があった場合、当該審査請求に係る審査庁は、審査請求が不適法であり却下する場合や、開示決定等を取り消し、又は変更し、当該審査請求に係る保有個人情報の全部を開示する場合等を除き、（東京都の場合）東京都個人情報保護審査会に諮問して、当該審査請求についての裁決を行うものとされている（都条例24条の２）。

5　罰　則

⑴　開示請求者等に対する罰則について

　参考として、自らが本人もしくは法定代理人ではないにも関わらず、情報開示請求をし、開示を受けた場合等の罰則について説明する。

⑵　具体的な罰則

　例として都条例34条以下では、次のように罰則が定められている。

　①　開示請求者に対する罰則

　偽りその他不正の手段により、開示決定に基づく保有個人情報の開示を受けた者は、５万円以下の過料に処する（都条例38条）。

　②　実施機関の職員側の罰則

　実施機関の職員等が、正当な理由がないのに、保有個人情報を含む情報の集合物であって、一定の事務の目的を達成するために特定の保有個人情報を電子計算機を用いて検索することができるように体系的に構成したもの（その全部又は一部を複製し、又は加工したものを含む）を提供したときは、２年以下の懲役又は100万円以下の罰金に処する。

6　さいごに

いじめ被害の場合には、個人情報の開示請求をすることで被害者自身の権利を守ることに繋がると言える。非開示や不十分な開示を受けた場合も同様である。

個人情報保護法の下、実施機関（教育委員会など）の存在する自治体ごとに開示請求の方法等が定められており、まずはその方法を探し、適正な手続を経て、開示請求等をして頂ければ幸いである。

〔前田　俊斉〕

コラム⑬　いじめ防止授業を担当して

ここまで、学校でいじめが起こった場合にどのように情報開示をするのか、といった観点からその方法について述べてきたが、学校教育の現場に関係する弁護士の仕事として、小中学校でのいじめ防止授業というものがある。法律家の観点からなぜいじめが許されないのかを話すという授業だが、筆者自身この授業を担当する中で、自分自身の子どもの頃を振り返ることがある。

大人社会で様々なハラスメントが存在しているように、子ども社会でもいじめが存在しているのが事実であり、実際、筆者の子ども時代にもいじめが身近にあった。自分自身正義感だけは強い子どもだったせいか、いじめを止めさせるという行動に出ることが多く、その結果、反対に自分がいじめられるようになることもあった。こうなると、いじめを止めて自分がいじめられては損だという気持ちになり、小学校の高学年頃からは、いじめを止めさせることはしなくなった。

そんなある日、親の都合で転校した元いじめられっ子の同級生から暑中見舞いの葉書が届いた。そこには「○○君（筆者）はいじめを止めてくれたから嬉しかった」というようなことが書いてあった。読んだ途端、嬉しいのは僕の方だ、と思った。うだるような暑い夏の日だったが、自分のしたことが無駄ではなかったんだと思うと、なんだか晴れやかな気

持ちになったことを今でも思い出す。

　いじめ防止授業では、子どもたちに対し、いじめに遭遇した時に何が出来るだろう、という観点から考えてもらう時間がある。一人ではいじめを止められなくても、話を聞く、信頼できる大人に相談をする、大勢で束になっていじめを止めるなど様々な考えを聞くことができる。もしかしたら、子どもの頃の自分自身に重ねているのかもしれないが、子どもたちからそのような考えを聞く事が嬉しく、授業をさせてもらっている今日この頃である。

〔前田　俊斉〕

5 青少年保護育成条例

1 概　要

　青少年保護育成条例（青少年健全育成条例）とは、青少年の保護・健全な育成を目的に各自治体が定める条例の総称である。

　法律の委任を受けた条例（委任条例）ではなく、各自治体の定める自主条例である。

　従って、条例による規制の内容も、自治体ごとに様々であるが、概ね、①地方自治体の責務・体制整備に関する規定、②青少年やその保護者に対する規定、③第三者から青少年に対する一定の行為（わいせつ・淫行等）の禁止、④青少年に関わる事業者に対する規制などが規定されている（本項では③を中心に扱う）。

　現在、47都道府県のすべてにおいて青少年保護育成条例が制定されている。

　また、都道府県の青少年保護育成条例とは別に、市区町村が独自に青少年保護育成条例を定めている例もある（福山市[63]、高槻市[64]、羽生市[65]など）。

63）　福山市青少年保護育成条例
64）　高槻市青少年健全育成条例
65）　羽生市青少年健全育成条例

　本項では、条例による規制の代表例である有害図書の指定・販売禁止や、深夜外出規制等について解説した後、その他の規制の概要を紹介する。

2　有害図書指定

⑴　概　要

　ほとんどの条例において、知事が有害図書を指定し、事業者が指定された図書について販売等の規制を受ける、という構造となっている。

⑵　有害図書の指定等

ア　有害図書の指定

　条例及び条例の委任を受けた規則が定める一定の要件に該当する図書について、知事が「有害図書」等の指定をすることとされている。

　例えば、東京都の場合、知事は「著しく性的感情を刺激するもの」や「甚だしく残虐性を助長するもの」等、条例8条1項各号・規則15条で定められた要件に該当する図書等について「青少年の健全な育成を阻害するもの」として「指定」することができる（東京都青少年健全育成条例（以下、この項において「東京都条例」とする）8条1項）。

　この指定をするときは、東京都（同条例18条の2）のほか、ほとんどの都道府県において、指定に先立ち審議会（東京都の場合は東京都青少年健全育成審議会）の意見聴取が必要である旨、定められている（大阪府青少年健全育成条例（以下、この項において「大阪府条例」とする）47条など）。

　そして、知事が有害図書の指定をした場合、指定するものの名称や指定をする理由等を告示ないし公示する（例えば東京都条例8条2項、大阪府条例13条4項。ホームページ等で公表されている場合も多い）。

　なお、大阪府、福岡県、神奈川県などでは、知事が個別に図書類等を指定する方法（個別指定）のほか、個別の指定の場合よりもさらに有害といえる類型について基準を設け、その基準に該当する場合には知事の指定という手続を挟むことなく一律に有害図書類とするという方式（包括指定）も採られている（大阪府条例13条2項、福岡県青少年健全育成条例（以下、この項において「福岡県条例」とする）16条2項、神奈川県青少年保護育成条例（以下、この項におい

て「神奈川県条例」とする）10条 2 項）。

(3)　事業者に対する規制

　業として図書類を販売・貸付・頒布する者等は、有害図書（指定を受けた図書類のほか、一部の自治体では指定を経ずに有害図書とされたものを含む）について、販売、貸付、頒布などをすることが禁止されるほか（例えば東京都条例 9 条 1 項）、有害図書類を陳列する方法等についても規制を受けるのが一般的である（同条 2 項・ 3 項）。

　かかる実効性の確保のため、立入検査（東京都条例17条）、警告（東京都条例18条）といった措置が定められている。

3　深夜外出規制・立入規制

(1)　概　要

　青少年を深夜に連れ出すこと、及び青少年を深夜に特定の施設に立ち入らせることについて規制を設けるのが一般的である。

(2)　深夜外出規制

ア　保護者の義務（努力義務）

　多くの条例では、保護者とその他の者に対し、青少年の深夜外出について規制を設けている。

　一般的に、保護者とその他の第三者とに分けて規定され、深夜の青少年の外出を規制している。このうち、保護者が青少年を外出させない義務については努力義務とされるのが通常である。

イ　保護者以外の者の義務

　他方で保護者以外の者が青少年の連れ出し等をしないことについては（努力義務ではない）義務として規定され、深夜に青少年を連れ出し、同伴し、またはとどめることが禁止される。

　ただし、保護者の委託・同意を受けた場合、その他正当な理由がある場合[66]

---

66)　神奈川県ホームページでは、例として「学習塾、習い事、指導者のもとで行われるスポーツ等の合宿や慣例的に深夜に行われる神社などの祭礼、盆踊り、年越しの初詣（境内での飲食や遊興に過ぎない場合を除く）」とされている。
　　https://www.pref.kanagawa.jp/docs/t7e/faq/

は、この限りではないものとされている。この義務については、罰則の対象となり（例えば東京都条例26条5号）、当該青少年の「年齢を知らなかった」との理由をもって処罰を免れることはできないとされているのが通常である（東京都条例28条）。

外出が制限される時間については地域によって異なるため、個々の自治体の条例を見て確認する必要があるが、「午後11時から翌日午前4時」までとする例が多い（東京都条例15条の4、福岡県条例34条、神奈川県条例24条）。

その他の例としては、「午後11時から翌日午前5時」まで（兵庫県青少年愛護条例24条・15条の2）、「午後11時から翌日の午前6時までの時間」（愛知県青少年保護育成条例（以下、この項において愛知県条例とする）17条）、また、大阪府の場合、年齢によって外出が制限される時間を分け、16歳未満の者の場合には「午後8時から翌日午前4時」までとし、16歳以上18歳未満の者については「午後11時から翌日午前4時」までと定めている（大阪府条例25条）。

ウ　その他

これらの青少年を外出させない旨の規定に加えて、深夜に外出している青少年を保護・指導する努力義務や、深夜営業をする事業者等に対し深夜に施設・敷地内にいる青少年に帰宅を促す努力義務を規定する例もある（例えば東京都条例15条の4第3項・4項）。

⑶　深夜における施設への立入規制

ア　施設への立入り規制

一定の施設の経営者や従業員等に対し、深夜とされる時間に、当該施設に青少年を立ち入らせてはならないとする規制である。

イ　立入りが禁止される時間

施設への立入りが禁止される時間についても、条例ごとに異なっているため、個々の条文を確認する必要がある。さらに、同じ条例でも、外出について規制される時間と施設への立入りを規制する時間が異なっている場合もあるため、注意が必要である。

例えば、東京都や福岡県の場合には外出規制と同様に「午後11時から翌日午前4時」とされ（東京都条例16条・15条の4第1項、福岡県条例35条）、愛知

県でも「午後11時から翌日の午前6時までの時間」（愛知県条例17条の2）と、外出規制と同じ時間を対象としている。

これに対して、大阪府の場合、16歳未満については「午後7時から午前5時」まで（ただし保護者同伴の場合は午後10時から）、16歳以上17歳未満については「午後11時から翌日午前4時」までとしており、外出規制の場合よりも前後1時間ずつ長くなっている。

ウ　立入りが禁止される施設

深夜の立入りが禁止される施設は、条例ないし条例に基づく規則に列挙されており、カラオケボックス、まんが喫茶、インターネットカフェ、映画館、ボーリング場などを対象としている例が多い（例えば東京都条例16条1項1号から4号）。

エ　青少年の立入りを禁止する旨の表示

青少年の深夜立入りが禁止される施設には、入り口等の場所に深夜に青少年の立入りが禁止されている旨の掲示をする義務が課されているのが通常である。

掲示の様式については、条例のほか規則で定めている場合が多い（例えば東京都条例16条2項・東京都規則21条・同規則別記第5様式）。

オ　罰　　則

施設への立入り規制の違反については、罰則の対象とされるのが通常である（30万円以下の罰金とする例が多い（例えば東京都条例26条6号））。この場合も、外出規制と同様に、青少年の年齢を知らなかったことをもって処罰を免れることはできないとされている（例えば東京都条例28条）。

立入りそのものとは別に、入り口等に深夜の青少年の立入りを禁止する旨の掲示をする義務を怠った場合、警告（東京都条例18条2項10号）の対象とされている。また、掲示違反について罰則とする自治体もある（例えば大阪府条例57条1号）。

4　その他の規定の例

青少年保護育成条例においては、有害図書や深夜外出・立入り以外の規制

にも複数の類型の規制が定められている。以下、その一例を挙げる。

(1) **指定映画・演劇・玩具・刃物等の閲覧・販売等の禁止**

　図書類のほか、映画（例えば東京都条例10条）、演劇（東京都条例11条）、玩具（東京都条例13条）、刃物（東京都条例13条の２）等について、知事が指定したものについて、青少年に対し、その観覧ないし販売を規制するものであり、多くの自治体の条例で規制されている。

(2) **有害広告物規制**

　青少年の健全育成に相応しくない内容の広告を規制するものであり、これもほとんどの条例で規定されている。

　規制される広告の内容については、性的感情を著しく刺激するものや残虐性を助長するもの等、有害図書と同様の観点から基準が設けられていることが多い（東京都条例14条・東京都規則28条、大阪府条例22条・13条１項各号）。

(3) **自動販売機規制**

　図書類や玩具・刃物を自動販売機で販売・貸付をする者に対する規制である。例えば、自動販売機の設置について届出を必要とする規制（例えば大阪府条例19条）、青少年に有害とされる図書や玩具等について自動販売機への収納を禁止する規制（大阪府条例20条）、設置場所についての規制（大阪府条例21条）などが定められていることが多い。

(4) **質入れ、古物買受け等の禁止**

　質屋に対して、青少年から保護者の同意等を得ずに物品を質に取り金銭を貸し付けることを禁止したり（例えば東京都条例15条１項）、古物商に対し青少年から保護者の同意等を得ずに古物を買い受けることを禁止したりする規制である（東京都条例15条２項）。

　これらの規定が一般的であるが、さらに貸金業者に対し、青少年が保護者の同意等を得た場合を除いて、青少年に対する金銭の貸付や金銭の貸借の媒介をすることを禁止している例もある（愛知県条例18条３項）。

(5) **青少年を対象とする淫行等の禁止**

　青少年と淫らな性交・性交類似行為を禁ずる規定（例えば東京都条例18条の６、罰則として24条の３）、青少年に児童ポルノ等の提供を求める行為を禁ず

る規定（東京都条例18条の7、罰則として26条7号）、青少年に着用済み下着等を売却するよう勧誘すること（東京都条例15条の3第1号）、また、その買い受けや、そのための場所を提供すること等を禁止する規定（東京都条例15条の2）などが定められている例が多い。

(6)　特定業務への勧誘・就業の禁止

青少年に対して性風俗関連特殊営業において客に接する業務に従事するよう勧誘することや、特定の接待飲食等営業の客となるよう勧誘することを禁止する規定が一般的である（例えば東京都条例15条の3第2号・3号）。

なお、客引き行為や性風俗関連特殊営業・接待飲食等営業への就労については、別途、風営法やその他の条例で定められているため、これらを参照する必要がある（詳細は第6章）。

5　場所の提供・周旋の禁止

青少年に対して、淫行・わいせつ行為や、シンナー等の使用、喫煙・飲酒のための場所の提供や、その周旋をすることを禁止する規定が設けられている場合がある（愛知県条例15条、福岡県条例33条など）。

〔澤木謙太郎〕

第 **6** 章

環境・観光

相談内容	対応例

**川口市内に
廃掃法7条1項の規定による
一般廃棄物運搬業に係る
事業の用に供する施設を
設置したい**

- 一般廃棄物運搬業に係る廃掃法7条1項の許可を受ける必要がある

- 施設を設置するためには、廃掃法上の許可を申請する前に、市長から「承諾書」の交付を受ける必要がある

**建設工事に伴い生じた
産業廃棄物を、
排出した事業場の外で
自ら保管したい**

- 保管場所の面積が300㎡以上の場合には、都道府県知事に対し事前に届出を行う必要がある

- 自治体によっては、届出が必要となる保管場所の面積が廃掃法より狭い場合がある

**事業用地を
売却するに当たって
土壌汚染調査を自主的に
実施したところ、
土壌汚染が発見された**

- 土壌汚染対策法上、任意で、都道府県知事に対し、土壌汚染に係る指定区域の指定を申請することができる

- 自治体によっては、自主調査により土壌汚染が判明した場合、土壌汚染があることについての届出義務を課している

**大規模な太陽光発電施設を
設置することを検討しているが、
条例についても検討する必要が
あるか**

- 自治体によっては、一定の規模の太陽光発電施設を設置しようとする事業者を対象に、アセスメント手続を設けているところがある

【環　境】

根拠法	根拠条例等

▪ 廃掃法 7 条 1 項

▪ 川口市廃棄物処理施設の設置等の
手続に関する条例15条 2 項

▪ 廃掃法12条 3 項、12条の 2 第 3 項

▪ 和歌山県産業廃棄物の保管及び
土砂等の埋立て等の
不適正処理防止に関する条例 7 条

▪ 土壌汚染対策法14条 1 項

▪ 三重県
生活環境の保全に関する条例
72条の 4 第 1 項

▪ (例)
兵庫県太陽光発電施設条例
山梨県自然環境保全条例

【民 泊】

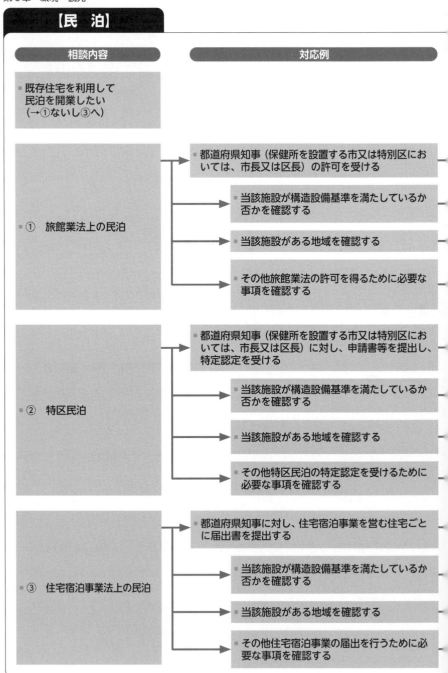

| 相談内容 | 対応例 |

既存住宅を利用して民泊を開業したい（→①ないし③へ）

① 旅館業法上の民泊
- 都道府県知事（保健所を設置する市又は特別区においては、市長又は区長）の許可を受ける
- 当該施設が構造設備基準を満たしているか否かを確認する
- 当該施設がある地域を確認する
- その他旅館業法の許可を得るために必要な事項を確認する

② 特区民泊
- 都道府県知事（保健所を設置する市又は特別区においては、市長又は区長）に対し、申請書等を提出し、特定認定を受ける
- 当該施設が構造設備基準を満たしているか否かを確認する
- 当該施設がある地域を確認する
- その他特区民泊の特定認定を受けるために必要な事項を確認する

③ 住宅宿泊事業法上の民泊
- 都道府県知事に対し、住宅宿泊事業を営む住宅ごとに届出書を提出する
- 当該施設が構造設備基準を満たしているか否かを確認する
- 当該施設がある地域を確認する
- その他住宅宿泊事業の届出を行うために必要な事項を確認する

根拠法	根拠条例等

旅館業法 3 条 1 項

旅館業法 3 条 2 項
旅館業法施行令 1 条 → 都道府県（保健所を設置する市又は特別区においては市又は特別区）の条例

建築基準法別表第二

旅館業法 → 都道府県（保健所を設置する市又は特別区においては市又は特別区）の条例
ガイドライン

国家戦略特別区域法13条 2 項、 3 項

国家戦略特別区域法施行令13条 3 号

国家戦略特別区域に指定されている各自治体の条例

国家戦略特別区域法 → 国家戦略特別区域に指定されている各自治体の条例

住宅宿泊事業法 3 条 1 項 → 各地方自治体の条例
ガイドライン

住宅宿泊事業法 2 条 1 項 → 各地方自治体の条例
ガイドライン

住宅宿泊事業法18条 → 各地方自治体の条例

各地方自治体の条例
ガイドライン

【都市公園】

相談内容	対応例
■ 都市公園の施設を設置したい （→①又は②へ）	
■① 公園施設を設置したい	■ 公園管理者に申請書を提出し許可を受ける
	■ 建設予定の公園施設の面積を 確認する
	■ その他許可を得るために 必要な事項を確認する
■② 占用物件を設置したい	■ 公園管理者に申請書を提出し許可を受ける
	■ 許可を得るために必要な事項を 確認する

根拠法	根拠条例等

都市公園法5条

- 当該都市公園を所管する
  地方自治体が制定する条例

都市公園法4条

- 当該都市公園を所管する
  地方自治体が制定する条例

- 当該都市公園を所管する
  地方自治体が制定する条例

都市公園法6条2項

- 当該都市公園を所管する
  地方自治体が制定する条例

都市公園法6条から8条

- 当該都市公園を所管する
  地方自治体が制定する条例

※本チャートは、本章で紹介している都市公園法の制度に関するものに限定している。

【歓楽街】

相談内容	対応例

風俗営業を開業したい
- 都道府県公安委員会の許可を受ける
  - 許可を受けようとする者が欠格事由にあるか否かを確認する
  - 営業所が構造設備基準を満たしているか否かを確認する
  - 営業所の立地が営業禁止区域・営業禁止地域に該当しないか否かを確認する
  - ほかに関係する法令がないか確認する

性風俗関連特殊営業を開業したい
- 都道府県公安委員会へ届出をする
  - 営業所・受付所の立地が営業禁止区域・営業禁止地域に該当しないか否かを確認する
  - ほかに関係する法令がないか確認する

キャバクラ・ホストクラブ・性風俗店の客引きに関し、どういう規制があるのか
- 風営法上、店自体が客引き行為を行うことが禁止されているほか、迷惑防止条例上、店が第三者へ有償で一定の客引き行為を依頼することも禁止され、ぼったくり防止条例上、迷惑防止条例違反の客引きから紹介を受けた客を店に立ち入らせることも禁止されている

キャバクラ・ホストクラブ・性風俗店の広告宣伝に関し、どういう規制があるのか
- 風営法上、キャバクラ・ホストクラブは清浄な風俗環境を害する方法で広告宣伝を行うことが禁止され、性風俗店は自分の店舗以外の性風俗店を営む目的で広告宣伝を行うことや広告制限区域等で広告宣伝を行うことが禁止されている
- また、迷惑防止条例上、何人もピンクビラ等を配布する行為などが禁止されている

JKリフレを開業したい
- 公安委員会へ届出をする必要がある
- このほか、営業所等設置禁止区域、18歳未満の者を接客業務に従事させることの禁止、広告宣伝、18歳未満の者を接客業務に従事するよう勧誘することの禁止等の規制がある

風俗案内所を開業したい
- 公安委員会へ届出をする必要がある
- このほか、営業時間・騒音・外観が規制され、指定区域内で性風俗店の広告物・ビラ等を表示・配布することや、18歳未満の者に業務従事・立ち入りをさせることが禁止されている

性風俗店にビルの一室を貸していいか
- その性風俗店で管理売春営業が行われれば、管理売春営業に要する資金等提供罪で処罰されるおそれがある
- また、その性風俗店が風営法上の禁止区域営業・禁止地域営業であれば、そこへの場所提供は、ぼったくり防止条例で禁止されているほか、大家がそれらの共犯として処罰されるおそれもある

根拠法	根拠条例等
風営法3条1項	風営法施行条例
風営法4条1項	
風営法4条2項　風営法施行規則7条	
風営法4条2項	
建築基準法　都市計画法　食品衛生法	
風営法27条　風営法31条の2 風営法31条の7　風営法31条の12 風営法31条の17	
風営法28条　風営法31条の2第4項 風営法31条の13	風営法施行条例
建築基準法　都市計画法　食品衛生法 公衆浴場法　興行場法　旅館業法	ラブホテル等建築規制条例
風営法22条1項1号 （客引き行為の禁止）	迷惑防止条例 （不当な客引き行為の禁止） ぼったくり防止条例 （不当な客引きを用いた営業の禁止）
風営法16条（風俗営業の広告宣伝規制） 風営法27条の2、28条5項（店舗型性 風俗特殊営業の広告宣伝規制）	迷惑防止条例 （ピンクビラ等配布行為等の禁止）
	JKビジネス規制条例
	風俗案内所規制条例
売春防止法13条（管理売春営業に要す る資金等提供罪） 風営法28条（営業禁止区域・営業禁止 地域）	ぼったくり防止条例（性関連禁止営業 への場所提供の禁止等） 風営法施行条例（営業禁止区域の基準 施設の追加・営業禁止地域の指定）

1 環境に関する条例

1 はじめに

本項では、環境に関する条例を取り上げる。

環境に関する条例は様々あるが、全ての条例に共通している目的は、いわゆる「環境問題」への対応である。

環境に関する条例については、環境問題がより深刻な自治体が先行して公害防止条例などを定め、国がその後を追う形で法律を制定してきたという歴史的経緯があるため、各自治体が定める条例の内容も非常にバリエーションに富んでいる。

このため、本項ではその全てを紹介することはできないが、環境に関する条例として、廃棄物の処理及び清掃に関する法律（以下、「廃掃法」という）、土壌汚染対策法という2つの基本法に関する条例を紹介するとともに、近年注目を集める太陽光発電施設等に関する条例や温暖化対策・カーボンニュートラルに関する条例を取り上げることとしたい。

2 廃掃法関連条例

⑴ 概　説

高度経済成長期における我が国の経済発展とそれに伴う物の大量生産・大量消費により、廃棄物＝ゴミの量も年々増加し、いわゆる「循環型社会」を形成していくことが重要との認識が共有されるようになった。

このような「ゴミ問題」に対する法規制の中心は、廃掃法による規制である。

廃掃法は、「一般廃棄物」[1]（廃掃法2条2項）及び「産業廃棄物」（廃掃法2条4項各号）の収集又は運搬を業として行おうとする者は、一般廃棄物の場合は当該業を行おうとする区域を管轄する市町村長の、産業廃棄物の場合は都

---

1)　廃掃法は、「廃棄物」を「ごみ、粗大ごみ、燃え殻、汚泥、ふん尿、廃油、廃酸、廃アルカリ、動物の死体その他の汚物又は不要物であつて、固形状又は液状のもの（放射性物質及びこれによつて汚染された物を除く。）をいう。」と定義する（廃掃法2条1項）。

道府県知事の許可を得なければならないと定めている（一般廃棄物につき廃掃法7条1項、産業廃棄物につき同法14条1項）。

また、同時に、廃掃法は、一般廃棄物処理施設や産業廃棄物処理施設を設置しようとする者は、当該施設を設置しようとする地を管轄する都道府県知事の許可を得なければならないと定めている（一般廃棄物処理施設につき廃掃法8条1項、産業廃棄物処理施設につき同法15条1項）。

廃棄物処理施設は、市民の快適な生活にとって必要不可欠なものであると同時に、いわゆる「忌避施設」の最たるものである。それゆえ、当該施設の設置については、事業者と周辺住民との間でトラブルが生じる可能性を常に秘めている。

このような点を踏まえ、廃掃法においては、一種のアセスメント手続を設けている。

すなわち、廃掃法は、事業者に対し、廃棄物処理施設の許可申請に際して生活環境影響調査書の添付を義務付けている（廃掃法8条3項、15条3項）。また、同許可申請があった場合、都道府県知事は、同調査書等を公衆の縦覧に供し、その後、設置予定地域の市町村長に対し意見聴取を行わなければならない（廃掃法8条4項、5項、15条4項、5項）。そして、処理施設の設置に関し利害関係を有する施設設置予定地域の近隣住民は意見書を提出することができる（廃掃法8条6項、15条6項）、といった具合である。

このように、廃掃法においても廃棄物処理施設の特性を踏まえた一定の住民参加手続が設けられているのであるが、これでは不十分であるとして、地域の実情に応じた対応を可能とするため、独自の条例を設けている自治体も多い。

廃棄物処理施設の設置に係る許可申請を検討している事業者としては、廃掃法で定められた手続を履践することは当然のこと、設置予定地域の自治体において廃掃法を踏まえた条例が定められているか否か、定められているとすればどのような手続が求められているのかを事前に調査し、廃掃法に違反しないよう留意しなければならない。

---

2) 廃棄物処理施設のほかには、下水処理施設、火葬場、墓地、刑務所等が挙げられる。

　また、廃棄物処理施設の設置以外に関しても、独自の条例を設けている自治体があるため、以下、規制類型ごとに分けて概説する。

(2)　廃棄物処理施設の設置に関連する条例

ア　川口市廃棄物処理施設の設置等に関する条例

　例えば、埼玉県川口市が制定している「川口市廃棄物処理施設の設置等の手続に関する条例」は、廃掃法7条1項の規定による一般廃棄物運搬業に係る事業の用に供する施設等（同条例2条5号において対象となる施設が定められている）を設置しようとする事業者に対し、廃棄物処理施設の設置等に係る工事その他の行為に着手する前（廃掃法上の設置許可を要する場合には、当該許可を申請する前）に、同条例で規定する市長からの「承認書」の交付を受けなければならない旨を定めている。

　承認書の交付にあたっては、事前に事業計画書を提出し、関係住民に対する説明会を実施し、さらに、必要に応じて関係住民との間で「生活環境保全協定」[3]を締結しなければならないなど、廃掃法で定められている以上の手続を求めている。手続のフローは、次のとおりである。

---

3)　「川口市廃棄物処理施設の設置等の手続に関する条例の手引き」によれば、「産業廃棄物処理施設の設置、維持管理等にあたって、生活環境の保全及び公衆衛生の向上を図るために、法令の規定基準を補完し、地域に応じた環境保全の目標値の設定、具体的な対策の明示などについて、当該施設の設置等に関し生活環境保全上の利害関係を有する関係住民等と事業計画者が取り交わす約束事項」と説明されている。

【条例で定める手続きフロー】

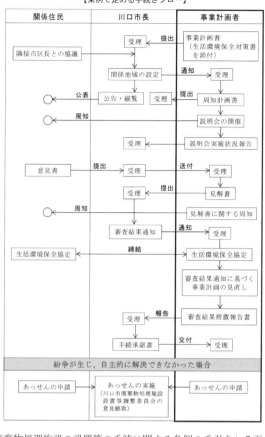

（「川口市廃棄物処理施設の設置等の手続に関する条例の手引き」7頁より抜粋）

イ　小　括

　川口市の条例はあくまで一例であり、廃棄物処理施設の設置にあたって、
（廃掃法では定められていない）知事との事前協議や、関係住民に対する説明会
の実施等の住民参加手続を定めている自治体は数多く存在する。

　事前協議にあたって提出しなければならない書類の内容や説明会を実施し
なければならない関係住民の範囲は自治体によって様々であり、紙幅の関係
上全てを紹介することはできない。もっとも、川口市のように、事業者向け
の手引き（マニュアル）等の資料を準備・公表している自治体が多いため、廃

棄物処理施設の設置を検討している事業者は、必ず事前に確認を行うべきである。

　なお、廃棄物処理施設の設置に関する手続について、川口市のように条例で定めるのではなく、「指導要綱」を定める自治体も存在する（例として千葉県、宮城県）。

　指導要綱は、自治体が行う「行政指導」（行政手続法32条）の指針を定めたものであり、条例と異なり、外部的効力を持つものではない。しかし、指導要綱に合理的な理由なく従わない場合には、施設の設置が許可されない可能性も考えられるため、いずれにせよ、事業者としては、かかる指導要綱が存在しないかどうか等についても事前に確認を行うべきである。

(3)　廃掃法で定める「廃棄物」以外の特定保管物等に係る規制

　廃掃法は、「廃棄物」の区分について次頁の図のとおり定めている（廃掃法2条）。

　自治体によっては、廃掃法で定める「廃棄物」以外にも、「特定保管物」、「特別物」、「特定産業廃棄物」等の名称で、独自に規制を課しているところがある。

　例えば、岐阜県廃棄物の適正処理等に関する条例は、使用され、その後利用されないまま保管されているゴムタイヤを「特定保管物」として定め（同条例施行規則2条の2）、これを多量保管する場合の保管場所に係る届出義務を課している（同条例11条の2）。

(4)　産業廃棄物の保管に関する規制

　廃掃法12条3項、12条の2第3項は、建設工事に伴い生ずる産業廃棄物（廃掃法施行規則8条の2）について、排出した事業場の外（保管場所の面積が300㎡以上の場合に限る。廃掃法施行規則8条の2の2）で自ら保管する場合には、都道府県知事に対する事前の届出義務を課している。

　この規制についても、自治体によっては、保管場所の基準をより厳しくしたり（神奈川県、和歌山県、大分県等）、廃掃法施行規則8条の2で定める産業廃棄物以外の廃棄物を保管する場合にも届出義務を課したりする（石川県、大阪府等）など、上乗せ・裾出し規制を行っている。

図 3-1-5 廃棄物の区分

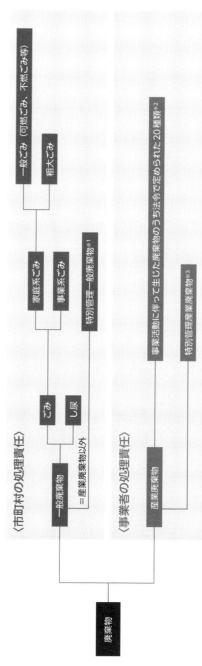

※1：一般廃棄物のうち、爆発性、毒性、感染性その他の人の健康又は生活環境に係る被害を生ずるおそれのあるもの。
※2：燃え殻、汚泥、廃油、廃酸、廃アルカリ、廃プラスチック類、紙くず、木くず、繊維くず、動植物性残渣(さ)、動物系固形不要物、ゴムくず、金属くず、ガラスくず、コンクリートくず及び陶磁器くず、鉱さい、がれき類、動物のふん尿、動物の死体、ばいじん、輸入された廃棄物、上記の産業廃棄物を処分するために処理したもの。
※3：産業廃棄物のうち、爆発性、毒性、感染性その他の人の健康又は生活環境に係る被害を生ずるおそれがあるもの。
資料：環境省

環境省「平成30年版 環境・循環型社会・生物多様性白書」より抜粋

(5)　その他の規制

　上記のほか、廃掃法における、排出事業者による実地確認（廃掃法12条7項、12条の2第7項）、多量排出事業者処理計画に係る規制（廃掃法12条9項・10項、12条の2第10項・11項・12項）、産業廃棄物管理責任者に関する規制（廃掃法12条の2第8項・9項）、産業廃棄物管理票の交付義務（廃掃法12条の3）等について、廃掃法とは異なる規制を課している自治体もあるため、事業者においてはよく調査・確認する必要がある。

3　土壌汚染対策法に関する条例

(1)　概　説

　1990年代後半、企業の工場跡地等の再開発等に伴い、重金属類や揮発性有機化合物等による土壌汚染の判明件数が増加し、社会的関心が高まったことから、平成14年、土壌汚染対策法が制定された。その後、同法については、平成21年、平成29年に2回の大改正が行われ、現在に至っている。

　土壌汚染対策法の目的は、土壌汚染による国民の健康被害を防止する点にある（土壌汚染対策法1条）。

　同法は、かかる目的を達成するために、土壌汚染を発見し（義務的調査及び自主調査）、（発見した場合には）公衆に知らせ（区域指定及び公示）、土壌汚染により健康被害が生じるおそれがある土地は汚染の除去等必要な措置を行い、健康被害が生じないように適正に管理する（形質変更時及び搬出時の事前届出等）、という仕組みを採用している[4]。

　しかし、土壌汚染対策法の制定よりも前に、一部の自治体では独自の条例を定め、土壌汚染対策を実施していた。その意味で、土壌汚染対策の分野は、法律よりも条例が先行していたケースである。

　また、一部の自治体では、当該自治体における土壌汚染対策をさらに実効性のあるものにするべく、土壌汚染対策法における定めとは異なる独自の規制を課す条例を制定している。

---

4)　土壌汚染対策法の概要については、環境省が発行しているパンフレット「土壌汚染対策法のしくみ」を参照されたい。

　当該土地に土壌汚染があるか否かは、特に不動産を取り扱う事業者（宅地建物取引業者、マンションデベロッパー等が代表的であるが、それに限られない）にとっては非常に大きな関心事である。例えば、当該土地に土壌汚染があることが判明すれば、当然、取引価格に影響を与えるし、当該土地に土壌汚染が存在するにもかかわらず売買をしたという場合には、民法上の契約不適合責任の問題が生じ、当該土地を取引した者同士での法的紛争に発展しかねない。

　そして、条例の関係で事業者が注意しなければならないのは、自治体によっては、土壌汚染対策法に「上乗せ」する形で、条例により独自の規制がなされている場合があるという点である（上乗せ条例の意義に関しては、序章 **4**（3頁）を参照されたい）。

　本章では紙面の関係上全て紹介することはできないが、以下、その一部を紹介する。

(2)　三重県生活環境の保全に関する条例

ア　土壌汚染対策法における規制の枠組み

　土壌汚染対策法に基づき土壌汚染対策が義務付けられるのは、同法が一定の場合に義務付ける土壌汚染調査において、土壌汚染が判明した場合である。[5]

　一方、土壌汚染対策法上は調査が必要ではないものの、土地の売買や開発等に際し、事業者が自主的に土壌汚染を調査する場合がある（自主調査）。

　この自主調査の結果、土壌汚染が判明した場合、土壌汚染対策法は、自主的な調査によって土壌汚染が判明した場合などには、土地の所有者等が都道府県知事等に指定区域の指定を申請でき（自主申告）、この自主申告がされない場合には、土壌汚染対策法の規制には服さないという仕組みをとっている。つまり、土壌汚染法対策上は、自主調査を行っても、その結果を報告（＝自主申告）する必要（義務）まではないのである（あくまでも事業者が任意に申告を行うという位置付けである）。

---

5)　水質汚濁防止法及び下水道法上の特定施設を廃止する場合（土壌汚染対策法3条）、大規模な土地の形質を変更する場合（土壌汚染対策法4条）及び汚染による健康被害のおそれがあるとして行政庁が調査命令を出した場合（土壌汚染対策法5条）には、法律上、土壌汚染の有無に関する調査が義務付けられる（義務的調査）。

イ　三重県生活環境の保全に関する条例

このように、自主調査の結果土壌汚染が判明した場合であっても、土壌汚染対策法上、申告義務はないが、条例で同様の義務を負わせるケースが存在する。例えば三重県では、自主調査により土壌汚染が判明した場合、次のとおり、土壌汚染があることについての届出義務を課している。

すなわち、三重県生活環境の保全に関する条例は、「土地の所有者等は、人の健康又は生活環境に係る被害が生じ、又は生じるおそれがあるものとして規則で定める基準を超える土壌又は地下水の特定有害物質による汚染を発見したときは、速やかに当該汚染の拡散を防止するための応急の措置を講ずるとともに、当該汚染の状況及び講じた措置について、規則で定めるところにより、知事に届け出なければならない。」（同条例72条の4第1項）とし、自主調査の結果として土壌汚染が判明した場合の知事に対する届出義務を課している。この届出義務を怠った場合には、知事は、土地の所有者等に調査その他必要な措置をとるべきことを勧告することができるとされている（同条3項）。

(3)　都民の健康と安全を確保する環境に関する条例（東京都）

都民の健康と安全を確保する環境に関する条例（以下、「東京都環境確保条例」という）は、土壌汚染対策法上、調査義務が発生する場合（前掲注5）を同法よりも更に広範なものとしている「上乗せ条例」である。

例えば、土壌汚染対策法4条1項は、3,000㎡以上の範囲の土地の形質変更（掘削、盛土）を行うときは、その形質変更に着手する30日前までに都道府県知事に対して所定の届出を行うべきとし、都道府県知事は、当該土地において土壌汚染のおそれがある場合には調査義務を課すことができるとしている（同条3項）のに対し、東京都環境確保条例は、敷地面積が3,000㎡以上の土地において形質変更を行おうとする事業者に対し、地歴調査の実施義務を課している（東京都環境確保条例117条、同条例施行規則57条3項）。

---

6)　地歴調査とは、土壌汚染状況調査の対象地及びその周辺の土地について、土地利用の履歴、特定有害物質の使用等の状況、土壌又は地下水の汚染の概況等の土壌汚染のおそれを推定するために有効な情報を把握することをいう（環境省「土壌汚染対策法に基づく調査及び措置に関するガイドライン（改訂第3.1版）」160頁）。

つまり、土壌汚染対策法は形質変更の範囲を問題とするのに対し、東京都環境確保条例は、形質変更の対象となる敷地の面積を問題としているのである。

同様の規制を行っている自治体としては、都道府県レベルで挙げると、東京都の他に大阪府や愛知県が挙げられる。

(4) 小 括

土壌汚染対策については、国が土壌汚染対策法を制定するより以前から独自の条例を定めていた自治体が散見され（東京都や神奈川県など）、もともと自治体が国に先行して独自の取組みを行っていた分野である。

あくまでも基本法は土壌汚染対策法であるが、このような特質がある分野であることから、自治体の条例で独自の規制がされていないか否かについては注意して調査をする必要がある。

4 太陽光発電施設に関する条例

(1) 概 説

「電気事業者による再生可能エネルギー電気の調達に関する特別措置法」は、平成24年7月1日に施行され、これにより我が国において再生可能エネルギーの固定価格買取制度（通称FIT；Feed-in Tariff）が導入された。

これを嚆矢として、大規模な太陽光発電施設を建設するための用地取得などが過熱し、投資の対象としても太陽光発電が社会的な注目を集めるようになった。

太陽光発電は、我が国における再生可能エネルギーの代表的なものであり、今後も我が国のエネルギー政策において重要な位置付けとなることは明らかである。一方で、太陽光発電施設、特に「メガソーラー」と呼ばれる大規模な太陽光発電施設については、その設置工事が与える影響もさることながら、パワーコンディショナーが稼働することによる騒音問題、太陽光パネルを設置することによる景観や反射光の問題、土地の形質変更に伴う防災機能の低

---

7) 大阪府生活環境の保全等に関する条例81条の5
8) 県民の生活環境の保全等に関する条例39条の2

下等、当該施設が周辺環境に与える影響も少なくないことが指摘されている[9]。

　そこで、再生可能エネルギーを生み出す太陽光発電施設の設置と周辺環境に与える影響を調和させるという観点から、太陽光発電施設の設置について独自の条例を設ける自治体が複数存在する。

　さらに、事業として太陽光発電施設を設置・運営するにあたっては、条例だけでなく、土壌汚染対策法、国土利用計画法、都市計画法、文化財保護法、森林法、農地法、電波法、土砂災害防止法、景観法、砂防法……等々、相当多数の関連法令に定められる手続をクリアしなければならない[10]。

　本項で取り上げる条例は、太陽光発電施設を設置する上で事業者が遵守すべき関連法令のほんのわずか一部である点にご留意いただきたい。

　以下、例として「兵庫県太陽光発電施設等と地域環境との調和に関する条例」（以下、「兵庫県太陽光発電施設条例」という）を題材として解説する。

(2)　太陽光発電施設の設置に関する条例

　兵庫県太陽光発電施設条例は、一定の規模の太陽光発電施設[11]を設置しようとする事業者を対象とし、アセスメント手続を設けている。すなわち、対象となる事業者は、近隣住民に対する事前説明会を実施した上で、設置工事の60日前までに事業計画の届出をしなければならない（同条例7条1項）。

　事業計画が条例の定める施設基準に適合しない場合には、指導又は助言を受ける可能性があり、指導に正当な理由なく従わない場合には勧告及び公表を行うことができると定める（同条例14条）。また、事業計画の届出等をせず、又は虚偽の届出等を行った場合には、5万円以下の罰金刑に処される（同条例19条）。

　手続のフローは、次のとおりである。

---

9)　環境省「太陽光発電の環境配慮ガイドライン」1頁〜2頁
10)　太陽光発電施設の設置に関する関連法令の大枠については、資源エネルギー庁が発行している「再生可能エネルギー事業支援ガイドブック」が参考となる。
11)　条例の名称に太陽光発電施設「等」とあるように、兵庫県太陽光発電施設条例は、太陽光発電施設だけでなく、風力発電施設も規制の対象としているが、本項では太陽光発電施設に絞って説明している。

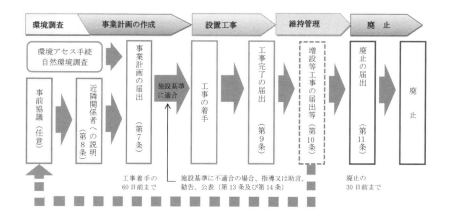

（兵庫県「太陽光発電施設等と地域環境との調和に関する条例パンフレット」より抜粋）

　兵庫県太陽光発電施設条例のように、太陽光発電施設の設置にあたり一種の環境アセスメント手続を整備している都道府県条例は、令和5年1月時点で、兵庫県の他に、和歌山県、岡山県、山梨県、山形県及び宮城県の5都道府県が確認できる。

　例えば、山梨県の「山梨県自然環境保全条例」は、一部の地域を「世界遺産景観保全地区」（同条例5条5項）とした上で、同地区において太陽電池モジュール総面積1万㎡の太陽光発電設備を設置しようとする者（同条例施行規則8条2号）は、事前に山梨県と協議を行い、自然環境保全協定を締結しなければならないという独自のルールを設定している（同条例23条1項）。

　このように、各都道府県条例で、対象となる施設（設置しようとする施設）の規模や種類、設置までの手続、維持管理に関する規定、罰則の有無等、様々な点で微妙に異なっているため、上記都道府県で太陽光発電施設等の設置を検討している事業者は、事前に都道府県のHP等で情報収集を行っておく必要がある。

　また、昨今の世情を踏まえると、今後もこのような条例を整備する都道府

県が増加することが予想される。太陽光発電施設を設置しようとする事業者は、関係する法令だけではなく、施設を設置しようとする自治体に独自の条例が存在しないか否かについても十分気を配る必要がある。この点、本章では都道府県の条例を紹介したが、市町村にも数多く見られるので、留意されたい。

5　温暖化対策・カーボンニュートラルに関する条例

⑴　概　説

　いわゆる地球温暖化問題対策としての温室効果ガス排出量の削減は、平成9年（1997年）に開催された第3回気候変動枠組条約締約国会議（COP3）において採択された京都議定書以来、我が国のみならず全世界的な目標となっている。

　そして、平成27年（2015年）に開催された第21回気候変動枠組条約締約国会議（COP21）で採択されたパリ協定では、20世紀後半には温室効果ガスの年間排出量と吸収量が差引きゼロとなる状態を実現することが目標とされ、我が国においても、令和元年（2019年）6月11日、「パリ協定に基づく成長戦略としての長期戦略」が閣議決定された。この「戦略」は、「脱炭素社会」に到達することを最終目的に掲げ、2050年までに、温室効果ガス排出量を80％削減するという目標を掲げるものである。

　このように、地球温暖化の問題が耳目を集めるようになってから30年弱が経過し、さらに近年、地球温暖化対策として、「脱炭素化」や「カーボンニュートラル」がホットワードとなっている。

　地球温暖化対策に関連する法律としては、京都議定書を契機として平成10年に制定された「地球温暖化対策の推進に関する法律」（以下、「地球温暖化対策法」という）が代表的なものである。

　地球温暖化対策法19条2項は、「都道府県及び市町村は、単独で又は共同して、地球温暖化対策計画を勘案し、その区域の自然的社会的条件に応じて、温室効果ガスの排出の量の削減等のための総合的かつ計画的な施策を策定し、及び実施するように努めるものとする。」と定め、政府だけでなく、都道府県

及び市町村が一体となって温暖化対策に取り組むべき努力義務を定めている。

これに呼応して、各自治体においても、地球温暖化対策及び脱炭素化・カーボンニュートラルを目指すための様々な条例が定められている。本章では、例として徳島県の条例を紹介する。

(2) 徳島県脱炭素社会の実現に向けた気候変動対策推進条例

ア 徳島県条例の概要

徳島県脱炭素社会の実現に向けた気候変動対策推進条例（以下、「徳島県条例」という）は、「脱炭素社会」「気候変動対策」を全国で初めて掲げた条例である[12]。

徳島県条例は、主に気候変動対策に関する基本方針等（第2章）、気候変動の緩和に係る対策（第3章。具体的には、県民生活に係る対策、再生可能エネルギー等に係る対策、森林等による吸収作用の保全等に係る対策、フロン類の排出抑制等に係る対策）、気候変動への適応に係る対策（第4章。具体的には、気候変動への適応に関する基本的施策、県民等の理解の促進等及び調査研究）、環境教育等の推進（第5章）、先導的な技術の活用及び先駆的な取組みの実施等（第6章）を構成要素とする。

この中でも、事業者が特に注意しなければならないのは、類型的に温室効果ガスの排出量が多い特定の事業者（特定事業者）に、温室効果ガスの削減計画書及び実施報告書の提出を義務付け、この義務を履行しない事業者に対する罰則を設けている点である。

具体的には、徳島県条例においては、徳島県内に設置しているすべての工場又は事務所その他事業場におけるエネルギー使用量合計が原油換算で1,500キロリットル以上の事業者、自動車運送事業者で、トラック100台以上、バス100台以上、タクシー150台以上又は自家用貨物自動車100台以上の輸送能力を有する事業者が「特定事業者」にあたるとされている（徳島県条例施行規則7条）。

そして、特定事業者は、温室効果ガスの削減計画書及び実施報告書の提出等の義務が課されるとともに（同条例25条、26条）、これらを提出せず、又は

---

12) 徳島県資料「徳島県脱炭素社会の実現に向けた気候変動対策推進条例 概要」

虚偽の記載をした場合等には、知事が必要な措置を講ずるよう勧告すること
ができ（同条例66条）、勧告に従わなかった場合はその旨を公表することがで
きるとされている（同条例67条）。

イ　他の自治体の条例

　徳島県条例は「脱炭素社会」を目指すことを明言するものという意味で極
めて先進的なものであるが、ここで紹介したように、温室効果ガスの排出が
類型的に多い特定の事業者に対して、地球温暖化対策計画書等の作成・届出
を義務付けている条例は多い。

　都道府県レベルでいえば、北海道（北海道地球温暖化防止対策条例）、秋田県
（秋田県地球温暖化対策推進条例）、静岡県（静岡県地球温暖化防止条例）、熊本県
（熊本県地球温暖化の防止に関する条例）などがそうである。各都道府県によっ
て地球温暖化対策計画書等の作成・届出が義務付けられる事業者（特定事業
者）の範囲は微妙に異なるため、注意が必要である。

〔林　誠吾〕

コラム⑭ 公害紛争処理制度について

　「公害」とは、法的には、事業活動その他の人の活動に伴って生ずる相当範囲にわたる大気汚染、水質汚濁、土壌汚染、騒音、振動、地盤沈下、悪臭によって、人の健康又は生活環境に係る被害が生ずることと定義されている（環境基本法2条3項）。

　我々が「公害」と聞いて真っ先に思い浮かぶのは、水俣病、新潟水俣病（第二水俣病）、イタイイタイ病、四日市ぜんそくのいわゆる「四大公害病」に見られるような、大規模な「産業公害」である。

　このような産業公害に係る法的紛争については、被害者が大多数かつ広範囲に存在するという特殊性から、企業側の行為と被害との間の因果関係について争われるケースがほとんどであり、被害の回復に向けて極めて高いコスト（時間、費用及び精神的コスト）がかかるという点が特徴的である。

　このような産業公害に係る法的紛争は依然解決しているとは言い難い状況ではあるものの、近年の公害の態様は、産業公害から都市型・生活環境型ともいうべきものに変化していると言われる。具体的には、隣家・上階等からの騒音問題、住宅等の解体工事に伴う振動問題、飲食店からの悪臭・騒音問題、住宅地に隣接した工場からの大気汚染問題といったように、これまでの「大企業vs個人」という形から、「個人vs個人」という形へと、より身近なものになっているのである。

　このような問題を解決するための法的手段としては、当然、民事訴訟を提起したり、民事調停手続を利用することが考えられる（司法的解決）。

　しかし、このような手続以外にも公害問題に係る当事者間の紛争を解決する手続が存在する。それが「公害苦情相談制度」及び「公害紛争処理制度」である。

　公害苦情相談制度は、都道府県又は市区町村の公害苦情相談窓口に相談し、当事者に対して改善措置の助言等を求めるなどして、問題の解決を図るものである。公害紛争処理制度は、公害紛争処理法に基づくものであり、裁判所による解決ではなく、都道府県公害審査会等や公害等調

整委員会により調停、あっせん、仲裁及び裁定といった形での解決を目指すものである。

　このような問題に関する相談を受ける専門家としては、司法的な解決も視野に入れながら、公害苦情相談制度や公害紛争処理制度の利用を含めて適切な手続を選択することが求められる。

（5）公害紛争処理の流れ

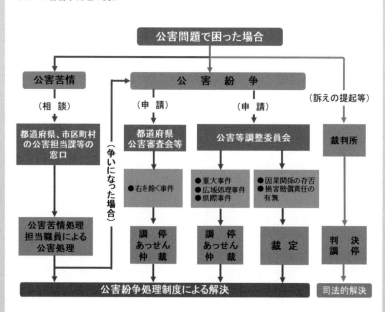

（総務省HP「公害問題解決の2つの制度」より抜粋）

〔林　誠吾〕

2 民泊に関する法律及び条例

1 概　説

　いわゆる「民泊」について法律上の定義はないが、一般に住宅（戸建住宅やマンションなどの共同住宅等）を活用して、宿泊料を受けて人を宿泊させるサービスの意味で用いられるのが通常である。

　この民泊を行うためには、①旅館業法に基づき旅館業の許可を受けるか、②特区民泊の認定を受けるか、③住宅宿泊事業の届出を行う必要がある。

　①旅館業法による方法が本来であるが、住宅専用地域では多くの場合に住宅を宿泊施設に転換させることが困難であるため、旅館業法の適用を受けない例外的な類型として、②特区民泊及び③住宅宿泊事業法上の民泊が活用されている。

　民泊事業を開始するには、事業に供する住宅の構造や所在地等を考慮して、①旅館業法上の民泊、②特区民泊、③住宅宿泊事業法上の民泊、いずれの形態が適しているのかを検討し、選択する必要がある（各制度の違いを簡潔にまとめた表は民泊制度ポータルサイトに掲載されている[13]）。いずれの形態を選択するにしても、各法令、法令を受けた省令や条例並びに関係省庁が作成したガイドラインを調査・確認し、それらが定める基準に従った実施が求められる。

2 旅館業法上の民泊

(1)　特　徴

　施設を設け、宿泊料を受けて、人を宿泊させる営業は旅館業法における「旅館業」に該当するところ、旅館業法3条1項に基づき、都道府県知事等から、旅館業を営むことの許可を得て、民泊事業を行う方法がある。

　後述する特区民泊や住宅宿泊事業法上の民泊とは異なり、旅館業法による場合には、最低滞在日数の規制や年間宿泊提供日数の上限がない。従って、短期滞在の需要に対応したり、一年間365日施設を稼働させたりすることがで

---

13)　URL: https://www.mlit.go.jp/kankocho/minpaku/overview/minpaku/index.html

きるという利点がある。

　他方で、旅館業法上の民泊には、住居専用地域で行うことができないという制約があるため（建築基準法別表第二）、民泊を運営しようとする場所が住宅地等であるときは、旅館業法上の民泊を運営できない場合が多いという欠点がある。

　また、旅館業法が定める構造設備基準を満たした施設でなければ旅館業の許可を受けることはできないため、建物の構造上の問題で民泊事業を行うことができない場合もある。

(2)　許可を取得するために参照すべきもの

ア　旅館業法及び関連条例

　まず、旅館業法上の民泊を開業するには、都道府県知事（保健所を設置する市又は特別区においては、市長又は区長）の許可を受ける必要がある（旅館業法3条1項）。旅館業の許可を受けるためには、民泊事業を行う予定の施設（住宅）の所在する都道府県（ないし保健所を設置する市又は特別区）の保健所にて申請を行うことになる。[14]

　次に、旅館業法上の民泊を開業するための施設（住宅）は、旅館業法3条2項及び旅館業法施行令1条が定める構造設備基準に準拠するものでなければならない。加えて、都道府県（ないし保健所を設置する市又は特別区）によっては、条例で独自の基準を設けている場合もあるため、開業する地域の条例も確認する必要がある。例えば東京都の場合は旅館業法施行条例7条において構造設備基準が設けられており、玄関帳場や客室、浴室、便所、共同洗面所等について基準が定められている。旅館業法上の民泊の許可を取得するために必要となる手続は、「民泊サービスを始める皆様へ～簡易宿所営業の許可取得の手引き～（平成30年6月改訂版）」（厚生労働省　医薬・生活衛生局　生活衛生課）に記載されている。旅館業法上の民泊を開業するにあたっては、同手引きも参照しつつ、施設（住宅）が所在する地域の保健所に事前に相談することが望ましい。

---

14)　「民泊サービスを始める皆様へ～簡易宿所営業の許可取得の手引き～（平成30年6月改訂版）」（厚生労働省　医薬・生活衛生局生活衛生課）2頁

イ　その他の法令

　住居専用地域外にある施設（住宅）を改造して旅館業法上の民泊を開業しようとするような場合には、建築基準法上、旅館業を営む施設に求められる設備基準に適合させる必要がある。

　また、消防用設備等の設置、防火安全対策の実施といった消防法令に適合した形での運営が求められることから、事前に施設（住宅）が所在する地域の消防機関に相談することも必要になる。

3　特区民泊

(1)　特　徴

ア　特区民泊の内容

　特区民泊とは、旅館業法の特例として認められる民泊であり、国家戦略特別区域法13条1項の定める「国家戦略特別区域外国人滞在施設経営事業」のことをいう。

　すなわち、国家戦略特別区域法13条1項では、①国家戦略特別区域において、②外国人旅客の滞在に適した施設を賃貸借契約及びこれに付随する契約に基づき一定期間以上使用させるとともに、③当該施設の使用方法に関する外国語を用いた案内その他の外国人旅客の滞在に必要な役務を提供する事業を「国家戦略特別区域外国人滞在施設経営事業」（特区民泊）としている。具体的には、国家戦略特別区域法施行令13条各号の要件を満たす必要がある。

イ　特定認定

　区域計画で特区民泊（国家戦略特別区域外国人滞在施設経営事業）の内容や実施主体に関する事項を定め（同法8条2項2号）、内閣総理大臣の認定（同法8条7項）を受けている区域では、事業者が特区民泊を行うために必要な都道府県知事の認定（特定認定）を申請することが可能となる（同法13条1項）。

　特定認定を受けた者（認定事業者）については特定認定を受けた事業について旅館業法3条1項の規定は適用されないこととされている（国家戦略特別区域法13条5項）ため、事業者は特定認定を受けることで、旅館業法の制限を受けることなく民泊を開業することができることとなる。

ウ　特区民泊の特徴（宿泊日数）

特区民泊の特徴は、旅館業法上の民泊や住宅宿泊事業法上の民泊と異なり、宿泊者の最低滞在日数が2泊3日から9泊10日までの範囲内において条例で定める期間以上と定められている点である（国家戦略特別区域法施行令13条2号）。令和5年（2023年）2月現在いずれの自治体においても、条例において最低滞在日数を2泊3日以上（9泊10日以内）と定めていることから、1泊2日の短期滞在目的の宿泊者や10泊11日以上の長期滞在目的の宿泊者を受け入れることはできない。

⑵　認定を取得するために参照すべきもの

ア　国家戦略特別区域法及び関連条例

特区民泊を開業するには、都道府県知事（保健所を設置する市又は特別区にあっては、市長又は区長）に対し、申請書及び厚生労働省令で定める添付書類を提出し、特定認定を受ける必要がある（国家戦略特別区域法13条2項及び3項）。

特区民泊を開業するための施設（住宅）は、国家戦略特別区域法施行令13条3号の構造設備基準に準拠するものでなければならない。

令和5年（2023年）2月現在、特区民泊を開業することのできる地域は、東京都大田区、大阪府（34市町村）、大阪市、福岡県北九州市、新潟県新潟市、千葉県千葉市である。ただし、当該地域内であればどこでも開業可能というわけではなく、条例により開業できる地域が限定されている。

また、条例では、以上の他にも自治体ごとに個別の実施基準を定めていることがあるため、その点についても各自治体の条例及びガイドラインを確認する必要がある。例えば、東京都大田区の場合は、大田区国家戦略特別区域外国人滞在施設経営事業に関する条例3条により委任された大田区国家戦略特別区域外国人滞在施設経営事業に関する規則において申請書の様式等が定められている。

イ　その他の法令

特区民泊は、事業者と滞在者の賃貸借契約及びこれに付随する契約に基づき行われるため、宅地建物取引業法の適用の有無が問題になり得る。もっと

も、国土交通省土地・建設産業局不動産業課長が平成26年12月5日に発した「国家戦略特別区域法における国家戦略特別区域外国人滞在施設経営事業と宅地建物取引業法の関係について」（平成26年12月5日国土動第87号）によると、宅地建物取引業法の適用はないとされていることから、この通達に従えば特区民泊を開業するにあたって宅地建物取引業の免許は不要ということになる。

　他方で、特区民泊を開業するにあたっても、建築基準法や消防法に適合した形で行う必要があることは、旅館業法上の民泊と同様である。なお、3日から6日までの滞在期間で特区民泊を行う場合には、一定の基準を満たし、火災時等の滞在者の安全が図られていると認められた場合、当該施設の建築基準法上の用途を「住宅」とみなして取り扱って差し支えないとされている（「国家戦略特別区域外国人滞在施設経営事業の用に供する施設の建築基準法における取扱いについて（技術的助言）」国住指第2706号、国住街第142号、平成28年11月11日国土交通省住宅局建築指導課長、国土交通省住宅局市街地建築課長）。満たすべき基準については、上述の技術的助言を参照されたい。

ウ　マンションと特区民泊

　特区民泊は、マンション等の区分所有建物の一室でも行うことができる。ただし、マンションの管理規約上、明確に特区民泊を禁止する旨の規定がある場合には、当該施設を利用した特区民泊の開業には特定認定がなされないこととされている（「区分所有建物における特区民泊の実施について（通知）」平成28年12月9日内閣府地方創生推進事務局）。したがって、マンション等の区分所有建物において特区民泊の開業を予定している場合には、当該マンション等の管理規約も確認する必要がある。

4　住宅宿泊事業法上の民泊

(1)　特　徴

　住宅宿泊事業法上の民泊とは、急増する訪日外国人観光客の受け皿として、また少子化・高齢化により増加した空き家の有効活用先として、旅館業法上の民泊や特区民泊よりもさらに柔軟に既存住宅を利用するために、平成30年

6月に施行された住宅宿泊事業法に基づくものである。

　旅館業法上の民泊と異なり、住居専用地域でも開業することが可能であり（ただし、実際には、条例で開業可能な地域を制限している自治体もある）、かつ、比較的緩やかな構造設備基準を満たすことで開業することができるようになっている。

　さらに、住宅宿泊事業法上の民泊は都道府県知事等に届出をすることで開業することができるため（住宅宿泊事業法3条1項）、都道府県知事等の許可が必要な旅館業法上の民泊や特定認定が必要な特区民泊と比較して事業開始の難易度は低い。

　ただし、住宅宿泊事業法上の民泊は、宿泊料を受け取って人を宿泊させることができる日数に上限があり、年間180日を超えて宿泊させることができない（自治体によっては、条例によりさらに年間宿泊提供日数を短期に制限している地域もある）。そのため、少なくとも年間185日（または186日）については民泊事業を営むことができないので、住宅を効率よく利用して収益を上げるために、180日は住宅宿泊事業法上の民泊として利用する一方で、残りの185日（または186日）については短期賃貸物件として貸し出すなどの工夫が必要になる。

　また、住宅宿泊事業法上の民泊には、住宅宿泊事業者が滞在者とともに住宅内に滞在する「家主居住型」と、滞在者のみが住宅内に滞在する「家主不在型」がある。後者の場合には、住宅宿泊管理業者に住宅宿泊管理業務を委託する義務がある。

(2)　届出をするにあたって参照すべきもの

ア　住宅宿泊事業法等

　住宅宿泊事業法上の民泊を開業するにあたっては、都道府県知事に対し、住宅宿泊事業を営もうとする住宅ごとに、住宅宿泊事業法3条2項各号に定める事項を記載した届出書を提出する必要がある。かかる届出書には、当該届出に係る住宅の図面や住宅宿泊事業を開業しようとする者が住宅宿泊事業法4条の欠格事由に該当しないことを誓約する書面その他国土交通省令及び厚生労働省令で定める書類を添付する（住宅宿泊事業法3条3項）。

　住宅宿泊事業法上の民泊を開業するための施設（住宅）は、住宅宿泊事業

法2条1項各号の要件をいずれも充足する家屋である必要がある。基本的には、台所、浴室、便所、洗面設備その他の当該家屋を生活の本拠として使用するために必要な設備が備わっている建物であれば、住宅宿泊事業法上の民泊は開業することができる。

　住宅宿泊事業法上の民泊を開業するために必要となる情報や手続については、民泊制度ポータルサイト[15]や、ガイドライン（厚生労働省医薬・生活衛生局　国土交通省不動産・建設経済局、国土交通省住宅局、国土交通省観光庁「住宅宿泊事業法施行要領（ガイドライン）」最終改正：令和3年9月1日）も参照されたい。

イ　条　例

　住宅宿泊事業法18条は、各都道府県等に対し、「住宅宿泊事業に起因する騒音の発生その他の事象による生活環境の悪化を防止するため必要があるときは、合理的に必要と認められる限度において、政令で定める基準に従い条例で定めるところにより、区域を定めて、住宅宿泊事業を実施する期間を制限することができる」としている。

　これを受けて各自治体は、条例により個別に住宅宿泊事業法上の民泊を実施することのできる区域や期間を制限している。条例による制限としては、住居専用地域での実施をすべて不可とするもの（東京都大田区、大阪市等）、住居専用地域において平日に実施することを不可とするもの（東京都文京区・板橋区、名古屋市等）、住居専用地域において特定の日に実施することを不可とするもの（東京都港区・渋谷区、仙台市等）、学校等の周辺での実施を不可とするもの（東京都千代田区、札幌市、奈良市等）等、区域全域を制限区域とするもの（東京都目黒区・中央区・台東区等）といった例がある。

　また住宅宿泊事業法18条は区域及び期間の制限を定めることを想定したものにすぎないが、このほかにも住宅宿泊事業を開業予定の事業者に対し、特定の行為を要請することを定めた条例を制定している自治体も存在する（近隣住民への事前説明、独自の構造基準・衛生基準・安全基準等の設定、管理人の常駐又は駆け付けの義務付け等）。例えば東京都新宿区は、新宿区住宅宿泊事業の適正な運営に関する条例を制定し、事業者に対して、近隣住民への事前説明

---

15)　URL: https://www.mlit.go.jp/kankocho/minpaku/business/host/procedure.html

義務及びこれを行った旨を区長に報告する義務（同条例7条）、住宅宿泊事業の実施により発生した廃棄物を自己の責任で廃棄することの義務（同条例8条）、周辺住民からの苦情及びその対応に関して記録を作成し保存することの義務（同条例9条）を課している。

　このように、自治体ごとに住宅宿泊事業法上の民泊に関する運用が異なっていることから、住宅宿泊事業法上の民泊を開業するにあたっては、当該施設（住宅）が所在する地域の条例を確認し、かつ、各自治体の担当部署に事前に確認をすることが望ましい。[16]

ウ　その他の法令

　住宅宿泊事業法上の民泊についても、消防法令に適合したものである必要があることから、事前に当該施設（住宅）が所在する地域の消防署に確認することが求められる。

　また、住宅宿泊事業法上の届出住宅は、水質汚濁防止法上の特定施設に該当することから、同法に基づく特定施設の届出も必要になる。

エ　マンションと住宅宿泊事業法上の民泊

　ガイドライン（住宅宿泊事業法施行要領）によれば、住宅宿泊事業法上の民泊を開業するにあたっては、事前に周辺住民に対して民泊を開業することを説明することが望ましいとされている（12頁）。マンション等の共同住宅においては、滞在者と住民の接触が特に予想されることから、周辺住民に対する事前説明はできる限り行うことが望ましい。

　マンションによっては、管理規約において民泊自体の開業を禁止しているところもある（住宅宿泊事業法に基づくものであると否とを問わず）。管理規約上民泊が禁止されていないかどうか、事前に管理規約を確認することも怠ってはならない。

〔谷口奈津子〕

---

16)　各自治体の条例の制定状況及び窓口一覧は、民泊制度ポータルサイトで確認することができる（URL：https://www.mlit.go.jp/kankocho/minpaku/municipality.html）。

コラム⑮　新宿区の取り組み

　民泊制度ポータルサイトによれば、令和3年4月1日時点で、58の自治体が民泊に関する条例を制定しており、自治体ごとに独自の基準を定めているケースも多い（URL：https://www.mlit.go.jp/kankocho/minpaku/municipality.html）。

　本章でも紹介した新宿区では、住宅宿泊事業法制定前より、旅館業法の許可を受けずに人を宿泊させるいわゆる「違法民泊」が問題となっていた。そこで、住宅宿泊事業法制定に先駆けて、平成29年12月11日「新宿区住宅宿泊事業の適正な運営に関する条例」を制定し、住宅宿泊事業法18条に基づく区域・期間制限のみならず区、区民、事業者、宿泊者それぞれに対して民泊に関連して各自が負うべき責務について定めている（いわゆる「新宿区ルール」）。本条例により事業者が負う主要な義務については本章で記載したとおりであるが、その他にも、区長に対して、届出住宅に関する事項（所在地、住宅宿泊事業者の連絡先、周辺地域の住民に対する説明が完了した年月日等）を公表することを義務付けている（同条例12条）。実際に、新宿区では、毎月10日に前月末の情報が公表されており、常に区内で住宅宿泊事業を営む事業者の最新の情報を確認することができるようになっている（URL：https://www.city.shinjuku.lg.jp/kenkou/eisei03_002094.html）。また、区内に土地や建物を所有し、それを他人に提供する者に対しては、当該提供に係る契約書に住宅宿泊事業の実施の可否を記載するように努めることを求めている（同条例13条）。さらに、新宿区では、同条例の趣旨にのっとり適切に施策を実施すべく「住宅宿泊事業の適正な運営を確保するための覚書」を区内の4警察署（牛込・新宿・戸塚・四谷）と締結し、違法民泊が行われている場合に各警察署と連携し必要な措置を講じることを確認している（URL：http://www.city.shinjuku.lg.jp/whatsnew/pub/2018/0611-01.html）。

　ここで紹介したものはあくまでも新宿区内の施策であるが、民泊開業者の多い地域では、新宿区のような独自の基準を定めているケースが多いので、民泊に関連する問題について相談を受ける専門家としては、各

自治体が定める条例や規則、ガイドライン等も参照した視野の広いアドバイスが求められている。

〔谷口奈津子〕

③ 都市公園の利用

1　概　説

　都市公園は、「人々のレクリエーションの空間となるほか、良好な都市景観の形成、都市環境の改善、都市の防災性の向上、生物多様性の確保、豊かな地域づくりに資する交流の空間など多様な機能を有する都市の根幹的な施設」[17]であり、事業者としてもオープンスペースとして多面的な利用をしたいところである。

　しかしながら、公園内に商業施設を設けるなどといった都市公園のビジネス利用については、財政面、人材面等の制約もあり[18]、空間を効果的に利活用できない状況が続いていた。

　そこで、平成29年5月に都市公園法が改正され、Park-PFI（公募設置管理制度）の創設、PFI事業の設置管理許可期間の延伸、保育所等の社会福祉施設の占用物件への追加等、事業者が都市公園をビジネス利用するための交通整理がなされた。

　都市公園の管理については、都市公園法及び同法が委任する各地方自治体の条例により定められており、平成29年6月の改正都市公園法により事業者が都市公園を活用する場合にも、都市公園法及び条例に準拠する必要がある。

　紙面の都合上、各地方自治体が定める具体的な条例については自治体が公表するホームページ等の記載に譲ることとし、本項では、都市公園を利用する際に必要となる許可についてその概略、及び事業者が都市公園を活用する

---

17)　国土交通省都市局「都市公園法運用指針（第4版）」平成30年3月
18)　第193回国会に提出された「都市緑地法等の一部を改正する法律」の概要による。同法は平成29年6月に公布。

際に利用しうる各制度の概略を紹介する。

2　都市公園に施設を設置するには

⑴　都市公園に設置可能なもの

　都市公園に設置できるものは、公園施設と占用物件の二種類である。

　公園施設とは、都市公園法 2 条各号が定める施設で、「都市公園の効用を全うするために当該都市公園に設けられる」施設を意味する。広場や花壇・噴水、休憩所・ベンチ、ぶらんこ・滑り台・砂場等の遊戯施設のほか、野球場や陸上競技場といった運動施設、植物園、動物園といった共用施設、飲食店、売店、駐車場といった便益施設がこれにあたる（都市公園法 2 条）。

　他方で、占用物件とは、「都市公園の占用が公衆のその利用に著しい支障を及ぼさず、かつ、必要やむを得ないと認められるもの」を意味し、電柱・電線・水道管・下水道管・ガス管・郵便差出箱・公衆電話所といった公園の利用に関係しない工作物や、イベント等のために一時的に設置されるテント等がこれにあたる（都市公園法 7 条）。そして、平成29年 6 月施行の改正都市公園法により、保育所等の社会福祉施設についても占用物件に含まれることになった。

⑵　公園施設の設置許可

　国土交通大臣又は地方公共団体以外の事業者が公園施設を設置したり、公園施設を管理しようとする場合には、当該都市公園を所管する地方自治体が制定する条例により定められた事項を記載した申請書を公園管理者に提出しその許可を受ける必要がある（都市公園法 5 条）。

　都市公園法 2 条各号に定められる「公園施設」に該当する施設であれば都市公園に設置することができるが、都市公園が公共のためのオープンスペースであるという性格を有することから、都市公園法及び条例は、建物の面積に一定の上限を課している（いわゆる「建蔽率」）。都市公園法では参酌基準としての建蔽率を定めており、基本建蔽率を 2 ％として、特定の施設に関しては最大34％まで認められると定めている。ただし、実際の建蔽率は、都市公園法が定める基準を参酌して地方公共団体が制定した条例により規定される

ことになり、地方公共団体によっては、地域の特性等に鑑み、都市公園法が定める参酌基準よりも建蔽率を拡大して定めているところもある。例えば、横浜市公園条例では、基本建蔽率について、原則として2％としつつ、横浜公園（横浜市中区）に限っては7％まで認めている。また、京都市都市公園条例では、同じく基本建蔽率については原則として2％としつつ、5,000㎡以上の敷地面積を有する都市公園に関しては例外的に4％まで認めている。

⑶　占用物件の占用許可

　都市公園に占用物件を設置する場合にも、当該都市公園を所管する地方自治体が制定する条例により定められた事項を記載した申請書を公園管理者に提出し、その許可を受ける必要がある（都市公園法6条2項）。

　近年の保育所や介護施設が不足しているという現状に鑑み、改正都市公園法において保育所や介護施設等の社会福祉施設が占用物件に含まれることになり、都市公園のスペースを活用し得ることとなった。新たに占用物件に追加された社会福祉施設は都市公園法施行令12条3項1号から5号のとおりであるが、地域によって必要とされる社会福祉サービスに対するニーズが異なることに鑑み、地方公共団体は、同施行令12条3項1号から5号までに掲げるものに準ずる社会福祉施設を条例により追加することもできる（都市公園法施行令12条3項1号～6号）。

3　都市公園を利用する際の各制度

　事業者が都市公園内に施設を設置し事業を開始するにあたっては、令和5年（2023年）2月現在、以下のような5つの制度がある（複数の制度を組み合わせて行われる事業もある）[19]。

---

19)　国土交通省都市局公園緑地・景観課「都市公園の質の向上に向けたPark-PFI活用ガイドライン」（平成30年8月10日）2頁

■都市公園におけるPPP/PFI手法の比較

制度名	根拠法	事業期間の目安	特徴
指定管理者制度	地方自治法	3-5年程度	・民間事業者等の人的資源やノウハウを活用した施設の管理運営の効率化（サービスの向上、コストの縮減）が主な目的。 ・一般的には施設整備を伴わず、都市公園全体の運営維持管理を実施。
設置管理許可制度	都市公園法第5条	10年 （更新可）	・公園管理者以外の者に対し、都市公園内における公園施設の設置、管理を許可できる制度。 ・民間事業者が売店やレストラン等を設置し、管理できる根拠となる規定。
PFI事業 （Private Finance Initiative)	PFI法	10-30年程度	・民間の資金、経営能力等を活用した効率的かつ効果的な社会資本の整備、低廉かつ良好なサービスの提供が主な目的。 ・都市公園ではプールや水族館等大規模な施設での活用が進んでいる。
その他（DB、DBO等）	－	－	・民間事業者に設計・建設等を一括発注する手法（DB）や、民間事業者に設計・建築・維持管理・運営等を長期契約等により一括発注・性能発注する手法（DBO）等がある。
P-PFI	都市公園法第5条の2～5条の9	20年以内	・飲食店、売店等の公募対象公園施設の設置又は管理と、その周辺の園路、広場等の特定公園施設の整備、改修等を一体的に行う者を、公募により選定する制度。

〔谷口奈津子〕

4 歓楽街に関する条例

1 概　説

(1) 歓楽街とは

　歓楽街とは、盛り場・夜の街・ネオン街等とも称され、人々が遊興するための施設が集積した地区をいい、レストラン・居酒屋・オーセンティックバー・キャバクラ・ホストクラブ・スナック・ガールズバー・カラオケ店・パ

チンコ店・ゲームセンター・ディスコ（クラブ）・マッサージ店・サウナ店・カプセルホテル・レンタルルーム・ラブホテル・性風俗店等から構成される。

　東京23区であれば、新宿歌舞伎町・池袋・六本木・西麻布・渋谷・赤坂・銀座・新橋・五反田・神田・秋葉原・上野・湯島・錦糸町・赤羽・蒲田・吉原・鶯谷等の各地区が、地方であれば、札幌すすきの・仙台国分町・名古屋栄・大阪ミナミ・広島流川・福岡中洲・那覇松山等の各地区が、典型的な歓楽街に当たるといえよう。

(2)　歴　史

　人の生活に遊びは付きものであり、歴史上、人の集まる都市空間には必ずといっていいほど歓楽街が形成されてきた。我が国では、古来、大寺社の境内・門前町・市の周辺・見せ物が興行される広場・河原が盛り場であったといわれる。[20] 江戸期中頃になると、江戸が推定100万人以上の人口を要する世界に冠たる大都市となり、江戸市中の両国広小路・浅草寺奥山・上野山下・江戸橋広小路等には多数の商店・料理屋茶屋・芝居小屋等が立ち並び、殷賑を極め、時代を下った天保年間に刊行された江戸の挿絵入り地誌『江戸名所図会』にも往時の様子が描かれた。[21] このほか、江戸には、公許の吉原遊廓[22]や、社寺門前である湯島天神・芝神明・牛込神楽坂・下谷本郷・城東・新川・新橋南地・赤坂等に非公許の岡場所等が形成され、遊里となった。[23] 明治期以降、これらの地域が歓楽街となっていったほか、戦後、新宿・池袋・渋谷・上野等、人口増加に伴い多くの人が集まるようになった鉄道のターミナル駅周辺等を中心に、ヤミ市をベースにする等し、新たな歓楽街が形成された。[24][25]

---

20)　深作光貞「盛り場」（日本大百科全書、平成6年）

21)　中江克己『「お江戸」の素朴な大疑問－住宅事情からゴミ問題・犯罪・盛り場のことまで』（PHP研究所、平成17年）218頁

22)　江戸に散在していた私娼を集めて公許の遊里を設けるべきという庄司甚右衛門の請願を受け、幕府がこれを許可し、元和4年（1618年）、現在の中央区人形町付近に開業したが（元吉原）、明暦3年（1657年）の大火で焼失し、江戸の市域拡大に伴い、当時、周縁部に位置していた現在の台東区千束付近に移転した（新吉原）。昭和21年（1946年）、GHQの公娼廃止令が発せられるも、特殊飲食店街（いわゆる赤線）として存続したが、昭和33年（1958年）、売春防止法の全面施行により、それにも終止符を打った。現在はソープランド街。

23)　西村亮彦ほか「近代東京における花街の成立」（景観・デザイン研究講演集no.4、平成20年）

24)　六本木は、戦前の大日本帝国陸軍駐屯地が戦後にアメリカ軍駐屯地となったため、周辺に米兵向けのバー・ナイトクラブが開業し始め、歓楽街が形成された。

25)　秋葉原は、戦前、国鉄の貨物取扱所と青果市場が設置され（いずれも平成元年までに廃止）、

2 歓楽街に関する法律

　このような歓楽街の形成と拡大は、人の生活に活力と潤いを与え、経済を回し、大衆文化の揺籃となったものの、その影として、個人・地域社会のゆきすぎた退廃、治安・生活環境の悪化、青少年健全育成への悪影響等を招いた。

　これを受け、歓楽街の事業者を規制するべく、昭和23年（1948年）に風俗営業取締法（昭和59年（1984年）改正後は「風俗営業等の規制及び業務の適正化等に関する法律」）、昭和31年（1956年）に売春防止法が制定されたほか、各種の法整備がなされた。

　風営法は、歓楽街によくみられる業態を風俗営業・性風俗関連特殊営業・特定遊興飲食店営業・深夜酒類提供飲食店営業・興行場営業・特定性風俗物品販売等営業・接客受託営業に大別した上、風俗営業・特定遊興飲食店営業

戦後、電気街としての顔も加わったものの、長く歓楽街の要素はなかったが、平成13年（2001年）、日本初のメイドカフェが開業したことを皮切りに、メイドカフェを含むコンセプトカフェやリフレが急増し、歓楽街が形成された。

26)　戦前は、広く風俗・衛生に関する営業に関し、現在の食品衛生法、旅館業法、公衆浴場法等の所管事項と併せ、警視庁令や府県令が規制していた。吉田一哉『逐条解説風営適正化法』（東京法令出版、令和元年）。

27)　キャバクラ・ホストクラブ・パチンコ店・ゲームセンター等

28)　ガールズバーは、バーテンダーの大半が女性であるショットバーのことをいい、平成18年（2006年）頃から急増した業態であるが、建前上、バーテンダーは風営法上の「接待」をしないことになっているため、風俗営業に当たらず、許可制の対象でなく、深夜における酒類提供飲食店営業の届出を行えば、午前0時以降も営業ができる等、風俗営業としての規制を受けないといわれている。ただし、実態は風営法上の「接待」を行っている場合も多く、その場合、無許可営業となるため、グレーな業態である。

29)　ソープランド・箱ヘル・デリヘル・ストリップ劇場・個室ビデオ店・レンタルルーム・ラブホテル・アダルトショップ・出会い喫茶・テレクラ等

30)　ピンサロは、店舗内で性的サービスを提供する営業であるものの、立地が店舗型性風俗特殊営業（2号営業）の営業禁止地域に指定されているため、キャバクラ等と同じ風俗営業（1号営業）の営業許可のみを取得し、営業している。しかし、各地の風営法施行条例上、風俗営業者が店舗内で卑わいな行為をし又はさせることは禁止されており、これに違反した場合、風営法上の営業停止処分（同法26条1項）がなされる。また、ピンサロは、個室を設けず、各客席が他の客席や通路から見通せる構造の場合が多く、従業員と客の双方が公然わいせつ罪で検挙された例もある。

31)　ディスコ（クラブ）等

32)　ピンク映画館等。ストリップ劇場・個室ビデオ等は含まない。

33)　AV等を扱うが、それを専ら（7～8割以上）扱うわけではない営業（AVコーナーを持つレンタルビデオ店等）

34)　コンパニオン派遣業・外国人ダンサー招聘業・芸者置屋等

に許可制を採用し、性風俗関連特殊営業・深夜酒類提供飲食店営業に届出制を採用し、無許可・無届出の営業をした者に刑罰を課す。

　これに加え、風営法は、風俗営業に関し、構造設備・営業時間・照度・騒音振動・広告宣伝・料金表示・年少者の立入・接客従事者への拘束的行為・客引き等について規制し、性風俗関連特殊営業に関し、広告宣伝・営業禁止区域・客引き・接客従事者への拘束的行為等について規制し、これらに違反した場合、営業停止や刑罰の対象となる。このほか、特定遊興飲食店営業・深夜酒類提供飲食店営業・興行場営業・特定性風俗物品販売等営業・接客受託営業に関しても、各業態に応じた規制をしている。

　売春防止法は、売買春を禁止するほか、[35]勧誘・周旋・前貸・困惑等により売春をさせる行為・対償のうわはね・売春させる契約をする行為・場所提供・管理売春営業・管理売春営業に要する建物等の提供を禁止する（同法3条〜13条）。

　このほか、歓楽街の事業者には、次表のような法律も関係する。

建築基準法	建築規制
都市計画法	用途地域
食品衛生法	飲食店許可
公衆浴場法	浴場業許可
興行場法	興行場許可
旅館業法	旅館業許可
職業安定法	有害業務に就かせる目的での職業紹介・労働者募集・労働者供給罪
労働基準法	年少者による危険有害業務の就業制限
出入国管理及び難民認定法	在留資格
刑法	公然わいせつ罪 わいせつ物頒布等罪
軽犯罪法	静音妨害罪 身体露出罪 追随罪

35）　売春防止法上、原則として、禁止行為を行った場合、刑罰に処せられるが、例外として、単純な売春行為と買春行為は違法であるものの刑罰の対象になっていない。

児童買春・児童ポルノ処罰法	児童買春周旋罪 児童買春勧誘等罪
児童福祉法	児童に淫行させる行為の禁止

3　歓楽街に関する条例

(1)　生活安全基本条例

　地方公共団体では、生活安全分野の基本条例として、生活安全に関する地方公共団体・住民・事業者の責務等を定めた条例が制定され、同条例では歓楽街に関する定めが置かれている場合がある。

　例えば、東京都では「東京都安全安心まちづくり条例」が制定され、その第六章「繁華街等における安全安心の確保等」において、繁華街等に施設を所有する者・地域住民・来訪者に対し、繁華街等の安全安心を確保するために必要な措置を講ずる努力義務を課し（同条例21条）、知事・公安委員会は、共同して、繁華街等における安全安心の確保に関する指針を定め（同条例22条）、都・警察署長は、事業者等に対し、繁華街等の安全安心を確保するために必要な措置を講ずるものと定めている（同条例23条）。

　他の地方公共団体では、「神奈川県犯罪のない安全・安心まちづくり推進条例」・「和歌山県安全・安心まちづくり条例」・「新潟市犯罪のない安心・安全なまちづくり条例」等にその例がみられる。

(2)　風営法施行条例

　風営法は、風俗営業・性風俗関連特殊営業・特定遊興飲食店営業・深夜酒類提供飲食店営業に関し、具体的な営業禁止区域の基準施設・営業禁止地域・営業禁止時間・振動騒音の数値基準等につき、各都道府県の条例に委任している。

　これを受け、各都道府県では、風営法施行条例が制定されている。例えば、東京都では、「風俗営業等の規制及び業務の適正化等に関する法律施行条例」が制定され、風俗営業に関し、住宅集合地域や、学校・図書館・児童福祉施[36)]

---

36)　都市計画法上の第一種低層住居専用地域・第二種低層住居専用地域・第一種中高層住居専用地域・第二種中高層住居専用地域・第一種住居地域・第二種住居地域・準住居地域・田園住居地域をいう。

設・病院・診療所の敷地の周囲100m以内の地域での営業を禁止し（同条例3条）、パチンコ店等の営業禁止時間を風営法上の営業禁止時間よりも長い午後11時から午前10時とする等の定めが置かれている（同条例5条）。また、店舗型性風俗特殊営業に関し、風営法上、一団地の官公庁施設・学校・図書館・児童福祉施設の周囲200m以内の区域での営業が禁止されているところ（同法28条1項）、この基準施設に病院と診療所を加えるとともに（同条例9条）、営業の違いに応じ具体的な営業禁止地域を指定し（同条例10条）、営業禁止時間を午前0時から午前6時とする等の定めが置かれている（同条例11条）。このほか、風俗営業・性風俗関連特殊営業に関し、営業者の遵守事項・年少者立入の制限・広告宣伝制限地域等の定めが置かれ、特定遊興飲食店営業・深夜酒類提供飲食店営業に関しても、営業時間・営業禁止地域・遵守事項の定めが置かれている。

　他の自治体でも同様の条例が見られる。

37）　次表の地域が指定されている（令和4年（2022年）12月現在）。

ソープランド・箱ヘル・デリヘルの受付所	台東区千束4丁目（一部）の地域以外の地域
ストリップ劇場・個室ビデオ店・アダルトショップ・出会い喫茶等	商業地域以外の地域
ラブホテル・レンタルルームのうち、宿泊営業・休憩営業のいずれも行い、ワンルーム・ワンガレージ式の個室（車庫付き個室）を有するもの	次に掲げる地域以外の地域①新宿区歌舞伎町1丁目（一部）・新宿2丁目（一部）・新宿3丁目（一部）の地域②台東区千束4丁目（一部）の地域③豊島区西池袋1丁目（一部）の地域
ラブホテル・レンタルルームのうち、上記以外のもの	近隣商業地域・商業地域（東京都文教地区建築条例上の第一種文教地区・第二種文教地区に該当する部分を除く。）以外の地域

38）　営業禁止区域内・営業禁止地域内において営業している店舗型性風俗特殊営業を見かけることもあるが、違法営業である場合のほか、風営法28条3項に基づき、風営法施行条例の施行・適用の際現に店舗型性風俗特殊営業の届出をしていた者として、営業禁止区域の規制が及んでいない場合もあり得る。なお、店舗の新築・移築・増築等をした場合や営業権の譲渡等をした場合、風営法28条3項は適用されなくなる（風俗営業等の規制及び業務の適正化等に関する法律等の解釈運用基準）。

(3) 迷惑防止条例

ア 概 説

　迷惑防止条例は、その正式名称を「公衆に著しく迷惑をかける暴力的不良行為等の防止に関する条例」などといい、東京都が昭和37年（1962年）10月、大阪府が昭和37年（1962年）12月に制定したのを皮切りに、地域の実情に応じその内容に多少の差はあるものの、類似の条例が他の都道府県に広がった。迷惑防止条例は、ダフヤ行為・ショバヤ行為・景品買い行為・粗暴行為（痴漢行為・盗撮行為を含む）・押し売り行為・客引き行為等を禁止し、これに違反した者に刑罰を課す。

　迷惑防止条例は、昭和30年頃から、ダフヤ行為・ショバヤ行為・景品買い行為が横行し、これが暴力団の資金源となっていたことのほか、暴力団の一種であるぐれん隊が街頭・電車内等において粗暴な行為をし、地域社会が大きな迷惑を被るようになっていたことや、犯罪構成要件の内容や立証の面で、これらの行為に既存法令を用いて対応するのが難しかったことを背景として制定された[39]。しかし、社会情勢の変化に伴い、ダフヤ行為等やぐれん隊は殆どみられなくなった一方、痴漢行為・盗撮行為・ピンクビラの配布等といった新たな迷惑行為が増加し、迷惑防止条例は数度の改正を通じてこれらの行為を禁止対象に加えていった[40]。

　以下では、東京都の迷惑防止条例を例として、禁止行為のうち、歓楽街の事業者が関係しやすい不当な客引き行為等の禁止とピンクビラ等配布行為等の禁止を取り上げる。

イ 不当な客引き行為等の禁止

　東京都の迷惑防止条例は、何人も[41]、①性風俗店・ストリップ劇場・ピンク

---

39)　石井春水ほか（座談会）「ぐれん隊防止条例」（ジュリスト261号、昭和37年）10頁

40)　坂田正史「迷惑防止条例の罰則に関する問題について」（判タ1433号、平成29年）21頁

41)　風営法も、風俗営業・店舗型性風俗特殊営業を営む者がその営業に関し客引きをすること、また、客引きをするために公共の場所で人の身辺に立ちふさがったりつきまとったりすることを禁止している（同法22条1項1号、2号、28条12項1号、2号。）ここでの主体は風俗営業・店舗型性風俗特殊営業を営む者であるところ、営業者自身だけでなく、その従業員や営業者から依頼を受けた者を含むが、営業者から独立した者は含まない。一方、迷惑防止条例の主体は「何人も」であるから、営業者から独立した者も含む。これが客引き規制に関する風営法と迷惑防止条例の違いである（大塚尚『風俗営業法判例集』（立花書房、平成28年）111頁。

映画・アダルトショップ等の客引き[42]・誘引[43]（同条例7条1項1号）、②男娼行為の客引き・客待ち[44]（同項2号）、③キャバクラ・ホストクラブ等の客引き（同項3号本文）、④セクキャバ・いちゃキャバ・おっパブ等[45]の客引き・誘引（同項3号かっこ書）、⑤立ちふさがり・つきまとい等の執拗な客引き（同項4号）、⑥性風俗店・キャバクラ・ホストクラブ等のスカウト（同項5号）、⑦AVのスカウト（同項6号）、⑧立ちふさがり・つきまとい等の執拗なスカウト（同項7号）、⑨公安委員会が指定する区域[46]内の公共の場所での客待ち（同条3項）をしてはならないと禁止し、①〜⑧に違反した場合、50万円以下の罰金又は拘留若しくは科料に処せられ、⑨に対する警察官の中止命令に違反した場合、20万円以下の罰金又は拘留若しくは科料に処せられる。

　また、対償を供与し、その供与の約束をして、他人に①〜⑧の行為を行わせることも禁止されている（同条例7条2項）。違反した場合、100万円以下の罰金に処せられる。

ウ　ピンクビラ等配布行為等の禁止

　東京都の迷惑防止条例は、ピンクビラ等につき、①公共の場所での配布（同条例7条の2第1項1号）、②公衆の用に供する建物内等への掲示（同項2号）、③人の住居等への差入等（同項3号）、④①〜③の行為を行う目的での所持（同条2項）、を禁止しており、違反した場合、刑罰（①〜③につき50万円以下の罰金又は拘留若しくは科料、④につき30万円以下の罰金又は拘留若しくは科料）に処せられる。

　また、対償を供与し、その供与の約束をして、他人に①〜③の行為を行わ

---

42)　客引きとは、相手方を特定して営業所の客となるよう勧誘することをいう。例えば、通行人に対し、営業所の名称を告げず、単に「お時間ありませんか」、「お触りできます」などと声を掛けながら相手の反応を待っている段階では、いまだ「客引き」には当たらない（「風俗営業等の規制及び業務の適正化等に関する法律等の解釈運用基準」53頁）。

43)　誘引とは、呼び込み・ビラ配布等、相手方を特定せずに客となるよう広く誘いかけることをいう。

44)　客待ちとは、客引きや誘引をする目的で、公衆の目に触れるような場所で、うろついたり、とどまったりすることをいう。

45)　性的好奇心をそそるために人の通常衣服で隠されている下着や身体に接触し又は接触させる卑わいな接待を伴う業態が対象となる。

46)　「公衆に著しく迷惑をかける暴力的不良行為等の防止に関する条例に基づく区域の指定」（公安委員会告示）が特別区・市ごとに町丁目単位で指定している。この告示をみると、東京都内の歓楽街がどこにあるのかが分かる。

せることも禁止されている（同条例7条の2第3項）。違反した場合、100万円以下の罰金）に処せられる。

(4) ぼったくり規制条例

ア 概　要

あらかじめ提示していた金額よりもはるかに高額の支払を請求したり、料金を受け取ったものの約束していたサービスを提供しなかったりすることを「ぼったくり」という。そのような行為は昔からあったが、平成12年（2000年）頃以降、新宿歌舞伎町や上野等において集中的な被害が目立ち始めた[47]。

これを受け、平成12年（2000年）、東京都では「性風俗営業等に係る不当な勧誘、料金の取立て等及び性関連禁止営業への場所の提供の規制に関する条例」（通称「ぼったくり防止条例」）が制定された。東京都のほか、北海道・宮城県・新潟県・大阪府・広島県・福岡県においても、同様の条例が制定されている。

イ 客引き・スカウトにかかる規制

同条例は、性風俗店・キャバクラ・ホストクラブ等が客引き・スカウトを第三者へ委託した場合において、委託者に、受託者が迷惑防止条例に違反しないよう指導すべき義務を課している（同条例2条の2）。

また、同条例は、性風俗店・キャバクラ・ホストクラブ等が迷惑防止条例違反者から紹介を受けた者を営業所に立ち入らせることや自らの業務に従事させることを禁じている。違反した場合、50万円以下の罰金に処せられる（同条例2条の7第1項、2項）[48]。

このほか、同条例は、迷惑防止条例違反の客引き・スカウトに関し、公安委員会による指示・営業停止命令等を定めている。

47）　武岡暢『歌舞伎町はなぜ〈ぼったくり〉がなくならないのか』（イーストプレス、平成28年）35頁
48）　迷惑防止条例の客引き・スカウト規制に違反した者が営業者から依頼を受けた者であった場合、営業者は自ら風営法上の客引き規制に違反したことになり、同法により処罰されるため、このぼったくり防止条例の規制に存在意義があるのは、迷惑防止条例の客引き・スカウト規制に違反した者が営業者から独立した者であった場合である。

ウ　違法性風俗店への場所提供の規制

　同条例は、何人も、違法性風俗店のために要する場所を提供することを禁止するとともに、自らが他人に提供している建物が違法性風俗店の用に供されていることを知った場合において、賃貸借契約に違法性風俗店が営業されたときに解除が可能である旨の定めがあるときは、提供者に対し、契約解除し、建物の明渡しを求める義務を課している（同条例2条の8）。

　このほか、同条例は、指定区域内に所在する建物を他人に提供する者が講じるよう努めるべき措置や、指定区域内に所在する建物を違法性風俗店に提供してしまった者が講じるべき措置について定めている（同条例2条の9、2条の10）。

エ　ぼったくり行為の規制

　同条例は、指定区域内の性風俗店・キャバクラ・ホストクラブに対し、店舗内に客に見やすいように料金等を表示する義務を課し（同条例3条）、また、何人であってもこれらの客を勧誘し、広告宣伝するにあたり、料金等が実際よりも著しく低廉であるような事項を告げたり不実の告知をしたりする行為や、乱暴な言動を交える等の方法で料金等を取り立てる行為を禁止している（同条例4条）。違反した場合は、6月以下の懲役又は50万円以下の罰金に処せられる（同条例11条2項）。

　このほか、同条例は、指定区域内の性風俗店・キャバクラ・ホストクラブに関し、公安委員会による指示・営業停止命令を定めている。

(5)　JKビジネス規制条例

　1990年代半ば頃から、ブルセラ・援助交際等、女子高校生（「JK」はその隠語）に性的関心をよせる事例がみられたが、2000年代半ば頃から、女子高校生がマッサージを行うサービス（JKリフレ）等が現れ始め、平成22年（2010年）には、個室からマジックミラー越しに制服姿等の女子高校生を見る「見学系」といった業態も現れる等し、専ら女子高校生が何らかのサービスを行

---

49)　ここでいう違法性風俗店とは、同条例上の「性関連禁止営業」のことを指し、具体的には、①店舗を設けてわいせつ物頒布罪又は児童ポルノ規制法7条6項に規定する罪（児童ポルノを不特定多数者に提供し又は公然陳列する罪）に当たる違法な行為を行う営業、②禁止区域営業・禁止地域営業を行う店舗型性風俗特殊営業をいう（同条例2条2項）。

　う業態が急増した。こういった業態を総称して「JKビジネス」という。

　これを受け、東京都では、平成29年（2017年）、「特定異性接客営業等の規制に関する条例」が制定された。他の地方公共団体でも同様の条例が見られる。

　同条例では、①JK等の文字や学校制服等の映像・写真・絵等を営業所の名称・広告・宣伝に用い、あるいは②学校制服・体操着を接客業務に従事する者が着用し、青少年に関する性的好奇心をそそるおそれがある業態を特定異性接客営業と定義する。そのうち、店舗型のリフレ・見学店・撮影会・コミュ・カフェ等を「店舗型特定異性接客営業」といい、無店舗型のリフレ・お散歩店等を「無店舗型特定異性接客営業」という。

　同条例は、特定異性接客営業に関し、届出制を採用しつつ、営業所等設置禁止区域、18歳未満の者を接客業務に従事させること等の禁止、広告宣伝の規制、18歳未満の者を接客業務に従事するよう勧誘すること等の禁止等を定めている（同条例6条〜10条）。

　このほか、指示・営業停止・報告徴収・立入検査・中止命令等の定めが置かれている（同条例11条〜17条）。

　禁止規定・営業停止・中止命令等に違反した場合には、刑罰が課される（同条例20条〜22条）。

(6)　風俗案内所規制条例

　風俗案内所がいつ発祥したのかは必ずしも明らかでないが、平成17年（2005年）の風営法改正で風俗営業・性風俗特殊営業を営む者自身による客引き行

---

50)　JK・15歳・16歳・17歳・18歳・高1・高2・高3・高校1年生・高校2年生・高校3年生・こども・インターハイ・ジャージ・スクール・スクール水着・スク水・セーラー服・ティーン・テスト・ブルマ・ブレザー・ランドセル・乙女・女の子・開校・課外・学院・学園・学生・学生服・学年・学校・家庭科・教育実習生・教師・教室・現役・高校・高校生・校則・公立・黒板・在校生・児童・授業・授業料・出席表・出席簿・少女・女子生徒・女子高生・私立・新学期・新入生・生徒・制服・先生・全日制・卒業・体育祭・体操着・体操服・担任・中学生・通学路・転校生・同級生・登校・当校・特待生・日直・入学・部員・部活・部活動・放課後・娘・優等生（特定異性接客営業等の規制に関する条例施行規則2条）

51)　学校教育法上の学校において着用を指定する生徒制服・体操着・これらを着用する人の姿態を表すもの（特定異性接客営業等の規制に関する条例施行規則3条）

52)　18歳未満の者を接客業務に従事させること等の禁止は、特定異性接客営業だけでなく、バニーガールバー等、設備を設けて客に飲食をさせる営業のうち、接客業務に従事する者が水着・下着を着用し、客の性的好奇心をそそるおそれがあるもの（特定衣類着用飲食店）にも適用される。

為や広告宣伝に対する規制が強化されたところ、これを脱法的にかわすため、風俗案内所が急増したといわれている。[53]　現在では、風俗案内所がなければ歓楽街ではないといえるほど、どの歓楽街にも数多く営業している。

　これを受け、東京都では、平成18年（2006年）、「歓楽的雰囲気を過度に助長する風俗案内の防止に関する条例」が制定された。他の地方公共団体でも同様の条例が見られる。

　同条例では、風俗案内を「次に掲げる営業（性風俗店・キャバクラ・ホストクラブ等）に関する情報の提供を受けようとする者の求めに応じて無償・有償で情報を提供すること」（かっこ内筆者注）と定義した上、風俗案内所につき、届出制を採用しつつ、営業時間・騒音・外観を規制し、指定区域内での性風俗店の広告物・ビラ等の表示・配布、18歳未満の者の業務従事・立ち入りを禁止している（同条例2条〜4条）。

　このほか、中止命令・従業員名簿・受託時の確認・報告徴収、立入検査等の定めが置かれている（同条例5条〜8条）。

　禁止規定・中止命令等に違反した場合には、刑罰が課される（同条例10条）。

(7)　その他の条例

　このほか、歓楽街の事業者が関係する条例としては、市町村の客引き条例・市町村のラブホテル等建築規制条例・デートクラブ規制条例・青少年健全育成条例（不健全図書等の販売規制・淫行禁止・着用済み下着の買受禁止等）が挙げられる。

　このうち、市町村の客引き条例とは、市町村（特別区を含む）のレベルにおいて、客引き行為・スカウト行為に関し、風営法・都道府県の迷惑防止条例を前提として、上乗せ・横出し規制を行うものをいう。「新宿区公共の場所における客引き行為等の防止に関する条例」等がその例である。

　また、市町村によるラブホテル等の建築規制条例とは、市町村（特別区を含む）のレベルにおいて、ラブホテル等の建築に関し、都道府県の風営法施行条例を前提として、上乗せ・横出し規制（建築規制）を行うものをいう。規

---

53)　京都地判平成26・2・25判時2275号27頁〔28221223〕における被告京都府の主張。

制対象・規制地域を拡大するとともに、ラブホテル等の建築に際し市町村長の同意を必要とし、それに従わない場合、中止命令を発令し、中止命令に従わない行為を刑罰の対象とするものが多い。風営法上、市町村へこれらの施設への規制権限が与えられていないことから、制定されるようになった。「渋谷区ラブホテル建築規制条例」等がその例である。「枚方市ぱちんこ遊戯場の建築規制に関する条例」等、パチンコ店に関しても同様の条例がある。

〔遠藤　泰裕〕

5　公衆浴場に関する条例

1　概　説

(1)　公衆浴場とは

　公衆浴場とは、浴場業を規律する公衆浴場法上、「温湯、潮湯又は温泉その他を使用して、公衆を入浴させる施設」と定義されている（同法1条1項）。同法上、「温湯」・「公衆」・「入浴」等につき、それ以上の定義はなされていないが、不特定多数の者を身体の清潔や健康等のために湯浴、水浴、蒸気浴又は熱気浴させる施設を広く含むものと解釈できる。昔ながらの銭湯のほか、ヘルスセンター（健康ランド・スーパー銭湯）、サウナ店、スポーツ施設等の各種施設に設置された入浴施設、果てはいわゆるソープランドまでがこれに当たる。

---

54)　風営法上、ラブホテルの定義（同法2条6項4号）は相当絞りがかけられているため、ラブホテル的な実態がありながら風営法の規制がかからないホテル（いわゆる「類似ラブホテル」）が生まれた。市町村のラブホテル等建築規制条例は、これを規制しようとするものである。

55)　ただし、入浴者が宿泊者のみである旅館内の浴場等や事業場附属寄宿舎内の浴場は、それぞれ旅館業法や労働基準法、事業場附属寄宿舎規則により、公衆浴場法とほぼ同様な監督その他必要な措置をなし得ることになっているので、重ねて公衆浴場法を適用すべき必要はなく、公衆浴場法は適用されない。また、入浴の施設を有する家庭で近隣の者を継続的に入浴させるような場合や、隣の数世帯が協同して浴場を設け利用しているような場合は、社会性を有するものとは認められないので、公衆浴場法は適用されない。

56)　スポーツ施設や漫画喫茶等においてシャワーブースのみが設置されている場合があるが、これらは公衆浴場法上の公衆浴場には当たらない。ただし、これらも届出をするよう行政指導する地方公共団体がある（「東京都北区コインシャワー営業施設の衛生指導要綱」等）。

57)　遊泳用プールは、公衆浴場法上の公衆浴場には当たらない。

　なお、公衆浴場法は公衆浴場の分類をしていないが、公衆浴場法の施行条例では、地域住民の日常生活において保健衛生上必要なものとして利用される施設である「一般公衆浴場[58)]」とそれに当たらない「その他の公衆浴場[59)]」等の分類がされている。一般公衆浴場に当たるのが昔ながらの銭湯や老人福祉センター等の浴場である。

(2)　公衆浴場の歴史

　我が国における公衆浴場の歴史[60)]は古く、仏教が伝来した飛鳥時代には、建立された寺院の伽藍のなかに経典の教えに従い浴室が設けられ、僧侶が入浴したほか、後には民衆にも開放されたといわれる（施浴）。また、これらの時代、民衆のあいだでは、沿海地域において岩窟のなかで熱気浴をする岩風呂が造られ、内陸地域において素焼き窯のなかで熱気浴をする窯風呂が造られていたといわれる。市中において湯銭をとって民衆に入浴させる銭湯（この頃は未だ蒸気浴）ができたのは、更に時代を下った平安時代末期から鎌倉時代の京周辺といわれ、江戸時代には新しく開かれた江戸において銭湯文化が花開き、入浴の形態も蒸気浴から湯浴へ変わっていった。その後、湯女が湯客の接待をする湯女風呂が登場し、寛永年間には遊里であった吉原を揺るがす程の繁盛を示す等、銭湯の業態に動揺がみられたが、明暦3年（1657年）に湯女を抱えることが幕府により禁止されると、本来の業態である身体を清める場として定着した。明治時代に入ると、東京の人口が急激に増加したことに伴い、都内の銭湯も急激に増加し、地方にも銭湯文化が普及した。また、銭湯の形態も、明治時代中頃から大正時代にかけ、混浴の禁止が徹底され、湯気抜きの天井窓が設置されて浴室が明るく開放的になり、カランが設置されて床も板張りからタイル張りに変化する等、現在の形態と近くなった。銭湯の数は、震災や戦災により一時的な減少をみたものの、戦後の人口増加を受けて増加し続け、ピークである昭和40年（1965年）頃には全国で約2万3,000

---

58)　「普通公衆浴場」・「一般浴場」・「普通浴場」等の名称が用いられている条例もある。

59)　「特殊公衆浴場」・「特殊浴場」等の名称が用いられている条例もある。また、条例によっては、その他の浴場を更に風営法2条6項1号に該当する公衆浴場（個室付き浴場＝いわゆるソープランド）とそれ以外に分類し、前者を「1号浴場」、後者を「2号浴場」等と称している場合もある。

60)　一般社団法人日本銭湯文化協会編『改訂版銭湯検定公式テキスト①』（草隆社、令和2年）13頁以下

軒を数えた。しかし、それ以降、各家庭での自家風呂の普及に伴い、銭湯の数は減少の一途を辿っていく。一方、高度経済成長によって国民生活が豊かになるに伴い、余暇を楽しむための施設の需要が増加し、ヘルスセンターやサウナ店等、その他の公衆浴場は増加した。[61]

(3)　公衆浴場の現在

令和2年（2020年）度末時点の統計によれば[62]、全国の公衆浴場数は2万3,954軒を数える。このうち一般公衆浴場の数は3,231軒であり、一般公衆浴場の減少をその他の公衆浴場の増加が補った形である。ただし、平成20年（2008年）度をピークにしてその他の公衆浴場も減少傾向であり、近年は公衆浴場全体の数が減少している[63]。

しかし、漫画家タナカカツキ氏の手による、エッセイ「サ道」（パルコ、平成23年）、同氏が「モーニング」（講談社）誌上にて平成27年（2015年）から連載を開始した「マンガ サ道〜マンガで読むサウナ道〜」が発端となり、第3次サウナブームが到来し[64]、同作がドラマ化された令和元年（2019年）以降、同ブームへ本格的に火が付いた結果、我が国のサウナ人口は急拡大した。東京都の公衆浴場利用者数も、ここ10年以上一貫して減少していたが、令和元年（2019年）はわずかながら増加に転じた[65]。これを受け、個室制・会員制サウナを中心とした新規開業やテントサウナを用いたイベント開催の動きもみられる。

61）　日本初のサウナ店は、昭和26年（1951年）、東京の銀座6丁目に開業した「銀座センター東京温泉」といわれている（ただし、開業当時は1人用の箱型蒸し風呂。サウナが設置されたのは昭和32年（1957年）だという）。草彅洋平『日本サウナ史』（カンカンピーボー、令和3年）158頁。

62）　厚生労働省大臣官房統計情報部「衛生行政報告例」

63）　上記統計資料によれば、銭湯（一般公衆浴場）・サウナ店は減少、スポーツ施設に設置された入浴施設は増加、それ以外の公衆浴場は横ばいの傾向にある。

64）　何次目のブームかには諸説あるものの、ここでは、普及期の昭和40年前後を第1次、ヘルスセンターが急増した平成初期を第2次とする。

65）　東京都「東京の公衆浴場はどうなっているの？（東京都の公衆浴場の現況）」（https://www.shouhiseikatu.metro.tokyo.jp/chousa/yokujyo/genjo.html）。令和2年（2020年）以降は、新型コロナウイルスの感染拡大が影響し、再び減少に転じている。

2　公衆浴場に関する法律

(1)　公衆浴場法

　公衆浴場法は、浴場業を規制する法律である。浴場業とは、業として公衆浴場を経営することをいう（公衆浴場法1条2項）。昭和23年（1948年）、公衆浴場における公衆衛生の確保・風紀の維持を目的として、制定された。[66]

　浴場業をしようとする者は、都道府県知事（保健所を設置する市又は特別区にあっては市長又は区長。以下同じ）の許可が必要であり（公衆浴場法2条1項）、[67]都道府県知事は、①公衆浴場の設置場所・構造設備が公衆衛生上不適当であると認めるとき、又は、②公衆浴場の設置場所が配置の適正を欠くと認めるときは、許可をしないことができる（同法2条2項）。[68]②にかかる適正配置基準は、都道府県の条例へ委任されている（同法2条3項）。

　また、浴場業者は、公衆浴場につき、換気・採光・照明・保温・清潔等に関し、入浴者の衛生・風紀に必要な措置を講じなければならない（公衆浴場法3条1項）。この点にかかる衛生風紀基準は、都道府県の条例へ委任されている（同法3条2項）。この衛生風紀基準は、浴場業の許可に関し、適正配置基準と併せ、許可の基準ともなる。

　このほか、公衆浴場法は、浴場業者の相続等に伴う地位承継（同法2条の2）・伝染性の疾病に罹患している者に対する入浴の拒否義務（同法4条）・公衆衛生に害を及ぼすおそれのある行為の禁止（同法5条）・報告徴収（同法6条）・立入検査（同法6条）・許可取消（同法7条）・営業停止（同法7条）・罰則（同法8条〜11条）を規定している。

---

66)　戦前は、広く風俗・衛生に関する営業に関し、警察行政の一環として府県令が規制し、公衆浴場もその規制対象であったが、戦後、府県令が廃止されたことに伴い、営業三法（旅館業法・興行場法・公衆浴場法）の1つとして、昭和23年（1948年）に制定された。真田秀夫「衛生医薬法規」（ジュリスト100号、昭和31年）56頁。

67)　テントサウナの場合、個人が設置して楽しむ限りでは、許可は不要であるものの、イベント等において施設を設けて他の人を入浴させる場合には、テント設営の都度、許可が必要になる。

68)　②に当たる適正配置の要件は、昭和23年（1948年）の制定時にはなく、昭和25年（1950）年の改正により追加された。この改正は、浴場業者の要望が背景にあり、当時の法務府法制意見局（現在の内閣法制局）が憲法22条1項違反のおそれを理由に閣法として改正法案を提出することに難色を示したため、議員立法として改正法案が提出された（小嶋和司「職業選択の自由の制限」（憲法判例百選、昭和38年）55頁）。

　なお、許可申請の手続は、都道府県ごとに多少の差異はあり得るものの、概ね次表のとおりである。

```
① 事前相談
② 図面の事前チェック
③ 建築主事への建築確認申請
④ 消防署への消防法検査の相談
⑤ 許可申請書受理
　※建築検査済証・消防法令適合通知書を添付
⑥ 保健所による施設検査[69]
⑦ 保健所長から消防署長への確認
⑧ 営業許可書交付
⑨ 営業開始
```

(2)　物価統制令

　物価統制令は、戦後のインフレ対策の一環として昭和21年（1946年）施行されたポツダム勅令の1つであり、かつては同令に基づき様々な商品等の統制額が指定されていた。

　しかし、我が国の経済復興に伴い、次第に統制額の商品等は少なくなっていき、令和4年（2022年）現在、唯一、公衆浴場入浴料金だけが都道府県知事による統制額指定の対象となっている（公衆浴場入浴料金の統制額の指定等に関する省令2条）。

(3)　公衆浴場の確保のための特別措置に関する法律

　公衆浴場の確保のための特別措置に関する法律は、銭湯等の一般公衆浴場が減少傾向にあることを受け、公衆衛生と住民福祉の向上のため、これに歯止めをかけるべく、国・地方公共団体等が必要な措置をとるべきことを定めた法律である。昭和56年（1981年）に制定された。

　具体的には、株式会社日本政策金融公庫等が浴場業者に対し公衆浴場の設備投資資金等を貸し付ける場合に有利な条件で貸し付けるよう努めるべきことや（同法5条1項）、国・地方公共団体が公衆浴場の確保を図るため必要と認める場合に助成等の必要な措置を講ずるように努めるべきこと等が定めら

---

69)　建物については、検査済証により、建築基準法に適合した建築物であるかどうかを確認される。

れている（同法6条）。

⑷ 生活衛生関係営業の運営の適正化及び振興に関する法律

生活衛生関係営業の運営の適正化及び振興に関する法律は、生活衛生関係の営業に関し、同業者組合の設立を認めた上、同業者組合を規制する法律である。昭和32年（1957年）に制定された。

浴場業に関しては、同法に基づき、全国公衆浴場業生活衛生同業組合連合会（全浴連）や各都道府県の公衆浴場生活衛生同業組合が設立され、各種指導・技能者養成・福利厚生等の事業を行っている。

なお、浴場業者がこれらの組合に加入するかどうかは自由である（非強制加入）。

⑸ その他の法律

このほか、公衆浴場については、次表のような法律も関係する。

建築基準法 バリアフリー法	建物の建築
都市計画法（用途地域指定）	立地
消防法	消防設備
水道法	貯水槽
下水道法 水質汚濁防止法 浄化槽法	排水
温泉法 建築物用地下水採取規制法	地下水の揚水
大気汚染防止法	排気
旅館業法	宿泊施設を併設する場合
食品衛生法	食堂を併設する場合

これらの法律の内容を詳しく解説することは紙幅の関係上できないが、これらの法律を細かく知っていることは稀であり、盲点があり得ることを前提として、各都道府県の担当者へ問い合わせをしつつ、注意深く調査を実施することが必要である。

3 公衆浴場に関する条例等

⑴ 公衆浴場法の施行条例

公衆浴場法は、公衆浴場の適正配置基準・衛生風紀基準を都道府県の条例

へ委任している（同法2条3項、3条2項）。これを受け、都道府県では、同法の施行条例が制定されている。

　例えば、東京都台東区では「東京都台東区公衆浴場法施行条例」が制定されている。

　同条例では、適正配置基準として、一般公衆浴場[70]につき、原則、既設の普通公衆浴場と200m以上の距離を保たなければならないと定められている。

　また、同条例では、衛生風紀基準として、一般公衆浴場につき、照度・清掃・消毒・排水・水質・給水・換水・貯湯槽・ろ過器・記録保存・装飾・貸与品・混浴年齢[71]・物品販売・区画割・構造・床面積・床壁材・携行品収納設備・便所・採光・保温設備・換気設備・屋外浴槽・温度計・灰・飲用水等の細目が定められ、その他の公衆浴場につき、一般公衆浴場の細目が一部準用された上、その他の公衆浴場のうち1号浴場（ソープランド）と2号浴場（ヘルスセンター・サウナ店・スポーツ施設等の各種施設に設置された入浴施設等）ごとにそれぞれの業態に応じた細目が定められている。

　衛生風紀基準は内容が非常に細かい上、都道府県ごとに異なっており、各都道府県の担当者が最も当地の許可実務に詳しいはずであるため、公衆浴場を開業しようとする場合には、兎に角、早めに都道府県の窓口に事前相談を行うべきである。

(2)　公衆浴場法に関する都道府県規則

　公衆浴場法に関しては、省令である公衆浴場法施行規則や都道府県の施行条例のほか、浴場業許可の手続等に関し、都道府県の規則が定められている。

　例えば、東京都台東区では「東京都台東区公衆浴場法施行細則」が制定されている。

　同細則では、許可申請書に記載すべき事項が追加されているほか、添付書類・営業許可証・営業開始届・各種書式・施行条例が委任した具体的数値基

70）　同条例では「普通公衆浴場」という名称が用いられているが、説明の便宜上、本項では「一般公衆浴場」の名称を用いる。

71）　国は、令和2年12月、「公衆浴場における衛生等管理要領」（通知）を改正し、混浴制限年齢を概ね10歳以上から概ね7歳以上に引き下げ、これを受け、各都道府県も条例を改正し、混浴制限年齢を7歳以上に引き下げた（東京都では令和4年1月1日から施行）。

準等につき、定められている。

⑶　補助金要綱

公衆浴場の確保のための特別措置に関する法律は、地方公共団体が公衆浴場の確保を図るため必要と認める場合は助成等の必要な措置を講ずるように努めるべきことを定めているが、これを受け、各地方公共団体において浴場業者への補助金に関する要綱が制定されていることがある。「台東区やさしい銭湯施設改善助成金交付要綱」等がその例である。

それらの要綱では、区内の公衆浴場経営者に対し、その経営に必要な経費を補助することとされ、補助金の種別、内容、対象者及び申請手続等が定められている。

公衆浴場を開業しようとする場合には、利用できる補助金がある可能性があるため、もらい漏れがないよう、必ず確認したいところである。

⑷　公衆浴場入浴料金指定の告示

物価統制令を受けた公衆浴場入浴料金の統制額の指定等に関する省令2条は、都道府県知事が公衆浴場入浴料金を指定するものと定めており、これを受け、各都道府県では公衆浴場入浴料金が指定されている。

例えば、東京都では、「公衆浴場入浴料金の指定」（告示）が制定されており、令和4年（2022年）8月現在、一般公衆浴場につき、12歳以上の者（大人）1人についての入浴料金500円、6歳以上12歳未満の者（中人）1人についての入浴料金200円、6歳未満の者（小人）1人についての入浴料金100円との指定がなされている。

なお、入浴料金の指定は一般公衆浴場のみが対象であって、その他の公衆浴場は対象でなく、その他の公衆浴場に統制額は適用されない。

⑸　その他の条例等

このほか、公衆浴場が関係する条例としては、各都道府県の建築安全条例・火災予防条例・税条例（固定資産税の減免）・水道条例（水道料金の特例）・下水道条例（下水道料金の特例）等が挙げられる。

例えば、東京都の建築安全条例では、原則、多層階建ての公衆浴場を耐火建築物とし、他の用途に供する部分と耐火構造の床・壁や特定防火設備で区

画し（同条例38条1項）、また、ボイラー室等を同じように耐火構造の床・壁や特定防火設備で区画しなければならないと定められている（同条例39条1項）。

また、東京都の火災予防条例では、ボイラーにつき、位置・構造・管理・安全装置等の基準が定められ（同条例4条）、サウナ設備につき、位置・構造・管理等の基準が定められている（同条例7条の2）。

法律の場合と同様、これらの条例等を細かく知っていることは稀であり、盲点があり得ることを前提として、各都道府県の窓口へ問い合わせをしつつ、注意深く調査を実施することが必要である。

〔遠藤　泰裕〕

第 **7** 章

福　祉

第7章 福　祉

相談内容	対応例
▪ 訪問介護事業を始めたい	▪ 都道府県知事の指定を受ける必要がある
▪ 保険給付の支給限度額の 基準が知りたい	▪ 各自治体によって定められている
▪ 保険者が保険料を滞納している	▪ 未払期間に応じて保険給付の制限を受ける
▪ どのような 行政処分を受けるのか 知りたい	▪ 指定取消処分、 指定の効力の一部停止処分又は 全部停止処分を受ける可能性がある ▪ 厚生労働省が処分基準及び 過去の処分内容のデータを公開している

相談内容	対応例
▪ 障害者福祉サービス事業を 始めたい	▪ 都道府県知事による指定を 受ける必要がある
▪ 介護給付費の 支給決定基準が知りたい	▪ 各自治体によって定められている

【高齢者福祉事業】

根拠法	根拠条例等
▪ 介護保険法41条	▪ 東京都指定居宅サービス等の事業の人員、設備及び運営の基準に関する条例 ▪ 介護保険法施行規則114条
▪ 介護保険法43条、44条、45条	▪ 松江市介護保険条例 ▪ 松江市市町村特別給付に関する規則
▪ 介護保険法66条、67条、200条	▪ 介護保険法施行規則99条、103条
▪ 介護保険法77条1項等	▪ 厚生労働省老健局総務課 介護保険指導室 「全国介護保険指導監督担当者会議」 ▪ 平成28年度厚生労働省 老人保健健康増進等事業 「介護保険法に基づく介護サービス事業者に対する行政処分等の実態及び処分基準例の案に関する調査研究事業報告書」

【障害者福祉事業】

根拠法	根拠条例等
▪ 障害者総合支援法36条	▪ 岐阜市指定障害福祉サービスの事業等の人員、設備及び運営に関する基準等を定める条例 ▪ 障害者総合支援法施行規則34条の7
▪ 行政手続法5条 ▪ 障害者総合支援法19条2項	▪ 船橋市 障害福祉サービス支給決定基準

【子 供】

相談内容	対応例
子どもの治療費が高い	子どもの医療費の自己負担部分について、条例によって医療費が減額ないし免除されている場合がある
離婚し、自分だけの収入では、子どもの生活費が捻出できない	母子家庭・父子家庭の援助（福祉資金の貸付や医療費の助成）といった支援がある
隣の住民の子どもが虐待されている	児童相談所に速やかに連絡する 各自治体において、児童虐待禁止条例を制定し、虐待防止に向けた取り組みが行われている
子どもがいじめを受けている	各自治体でいじめ防止対策の条例を制定している 中には、適切な調査や処分をしてくれる規定があるかもしれないので、確認してみる
家庭教育について支援は受けられないか	家庭教育の重要性は認められており、自治体によっては家庭教育支援条例が制定されている場合がある

根拠法	根拠条例等

- 児童の権利に関する条約
（子どもの権利条約）
- こども基本法
（令和 5 年 4 月 1 日施行）

- 鏡野町子ども医療費給付条例
- 台東区子どもの医療費の
助成に関する条例

- 母子及び父子並びに
寡婦福祉法
- 母子家庭の母及び父子家庭の
父の就業の支援に関する
特別措置法
- 児童扶養手当法

- 長久手市母子・父子家庭
医療費支給条例
- 日南市母子及び父子家庭等
医療費助成に関する条例
- 江南市児童扶養手当支給条例

- 児童虐待防止法

- 埼玉県虐待禁止条例

- いじめ防止対策推進法

- 滝川市子どもの
いじめの防止等に関する条例
- 千葉県いじめ防止対策推進条例

- 教育基本法

- くまもと家庭教育支援条例
- 志木市
子どもの健やかな成長に向け
家庭教育を支援する条例

【外国人】

相談内容	対応例

外国人に優しい地域で暮らしたい
→ 外国人の人権尊重及び社会参画について積極的に取り組みをしている地域をお勧めする

公営団地に住みたい
→ 永住者や一定年数居住している外国人であれば、条件を満たす可能性がある

日本で旅行中に病気になったどうすればいいか不安 適切な治療を受けたい
→ 旅行中に病気になって救護された場合、領事に速やかに通知をするよう定めている地域もある

日本語教育を受けたい
→ 外国人に対する日本語教育の機会を増やすように各自治体が取り組みを行っている
外国人に対する日本語教育の機会を増やすように各自治体が取り組みを行っている
なかには、従業員に対する日本語教育の経費を補助してくれる制度もある

住民投票に参加したい
→ 常設型住民投票条例により外国人にも投票権がみとめられる地域であれば、住民投票に参加は可能である
個別に参加できる場合もある

給付金を貰いたい
→ 国民年金の受給資格を得ることができなかった高齢者や外国人の重度心身障害者に対し、給付金を支給する条例がある

→ 永住者や定住者であれば、生活保護制度を利用して保護を受給できる可能性がある

根拠法	根拠条例等

- ※多文化共生社会基本法の制定を求める意見もある
  - 宮城県多文化共生社会の形成の推進に関する条例
  - 川崎市外国人市民代表者会議条例

- 公営住宅法
  - 小美玉市の外国人の市営住宅入居取扱要綱

- 行旅病人及び行旅死亡人取扱法
  - 双葉町行旅病人及び行旅死亡人取扱要綱
  - 河内長野市行旅病人及び行旅死亡人取扱要綱

- 日本語教育推進法
  - 横須賀市日本語研修補助金交付要綱

- 地方自治特別法
- 地方自治法
  - 生駒市市民投票条例
  - 長崎市住民投票条例

- 国民年金法
  - 高浜市在日外国人福祉給付金支給条例
  - 豊田市在日外国人福祉給付金支給条例

- 外国人は、生活保護法の適用対象とならない
  - 根拠法はないものの人道上の観点から生活保護を受給できる運用となっている

【障害者福祉一般】

相談内容	対応例

事業者から差別されている

→
- 事業者は障害者に対する不当な差別的取り扱いを禁止されている
- 地方自治体にあっせんを求めることができる場合もあるので、そちらを利用しても良い

障害者の採用枠があるのか

→
- 障害者の雇用促進をしている地方自治体もあるので、その地域のホームページで、障害者の雇用を積極的に行っていると認められている事業者の採用枠を探してみてはどうか

障害者手帳が欲しい

→
- 障害に応じて、身体障害者手帳、精神障害者保健福祉手帳の交付を受けるべきである
- 各自治体が独自に運用している療育手帳（例えば、東京都は愛の手帳）の交付も検討するべきである
- これらにより、税の軽減や割引サービスを受けられる

年金を受け取りたい

→
- 障害年金を受給できるのであれば、障害年金の受給手続をすべき
- 更に、追加で福祉給付金を貰える自治体もある

根拠法	根拠条例等
▪ 障害者差別解消法	▪ 東京都 障害者への理解促進及び 差別解消の推進に関する条例
▪ 障害者雇用促進法	▪ 総社市 障がい者千五百人雇用推進条例
▪ 障害者優先調達推進法	▪ 大阪府 障害者等の雇用の促進等と 就労の支援に関する条例
▪ 身体障害者福祉法	▪ 渋谷区 身体障害者福祉法施行細則
▪ 精神保健及び 精神障害者福祉に関する法律	▪ 新潟県 精神保健及び精神障害者福祉に関する 法律施行条例
	▪ 東京都愛の手帳交付要綱 ▪ 千葉県療育手帳制度実施要綱
▪ 国民健康保険法 ▪ 厚生年金保険法	▪ 大野町障害者福祉給付金支給条例 ▪ 八幡浜市障害者福祉給付金条例 ▪ 伊方町心身障害者福祉給付金条例 ▪ 小平市心身障害者福祉手当支給条例

1 はじめに

　「社会福祉」（social-welfare）とは、狭義には基本的人権（特に生存権）の保障の観点から生活困窮者の生活保障や心身に障害等があり支援や介助を必要とする人への援助を行う公的サービスをいい、広義には全国民を対象に一般的な生活問題の解決を目指す取り組みの総称をいう。[1]

　このように、「社会福祉」という言葉でカバーされる範囲は非常に広範であり、それゆえに社会福祉に関連する法令は、非常に多岐にわたる。また、地方自治体における社会福祉に関連する条例には、法令の委任を受けて制定されたものに加え、当該地域における自主的な取り組みを定めるものも存在し、やはり非常に多岐にわたる。よって、本章において言及できる項目及び内容はそのごく一部であり、そのすべてを紹介するには至らない。

　そこで、本章においては、まず、民間の事業者が社会福祉に関する事業を営む場合に着目し、その例として高齢者福祉事業及び障害者福祉事業に関する法令や条例について触れる。そして、その次に、社会福祉制度における支援の対象者という目線から、子ども（障害児を含む）、外国人、障害者についてピックアップし、それぞれの関連する法令及び条例の概要について触れていく。

2 高齢者福祉事業

　高齢者福祉事業のサービス内容は多岐にわたり、関連する法律や条例も多い。本項では、介護保険法及び介護保険法に関連する基準や条例を中心に、介護保険の適用を受けることができるサービスの種類を説明したうえで、介護保険上の指定事業者として指定を受けるための基準、保険給付の受給に関する制度、身体拘束や個人情報の取扱いに関する注意点、行政処分の種類や基準について説明する。

---

1)　中村磐男ほか『標準社会福祉用語事典〔第2版〕』（秀和システム、平成22年）207頁

1 高齢者福祉事業に関係する法律・条例

　事業者により提供される高齢者福祉に関するサービスは、基本的に介護保険の適用を受けるサービスである。

　介護保険の適用を受けるサービスを提供するためには、都道府県知事から介護保険法に基づく指定を受ける必要があり、かかる指定を受けるためには、介護保険法施行規則や介護保険法から委任を受けて各自治体の条例が定める人員・設備・運営等に関する基準を満たす必要がある。また、保険料の料率、納期、減免や徴収の猶予等についても、介護保険法から委任を受けて各自治体が定める介護保険条例で定められている。

2 介護保険の適用を受けることができるサービスの種類

⑴ 概　要

　介護保険の適用を受けるサービスを提供する事業は、主に要介護者を対象とする介護給付（介護保険法18条1号）に関する事業と、要支援者を対象とする予防給付（同条2号）に関する事業に分類される（以下、介護給付と予防給付を合わせて「保険給付」という）。

　そして、介護保険の適用を受けるサービスは、①居宅サービス、②地域密着型サービス、③居宅介護支援、④介護保険施設、⑤介護予防サービス、⑥地域密着型介護予防サービス、⑦介護予防支援に大別され、サービス内容は多岐にわたる。具体的な業務内容については、介護保険法8条に規定されている。事業者は、保険給付を受けることのできるサービスの種類ごとに介護保険法に基づく指定を受ける必要がある。

　これらのサービスのうち、居宅サービス、地域密着型サービス及び施設サービスについて、以下簡単に触れておく。

⑵ 居宅サービス

　居宅サービスは、自宅で入浴、排せつ、食事等の介護その他日常生活上のサービスを受ける訪問介護や、自宅から施設に通って入浴、排せつ、食事等その他日常生活上のサービスを受ける通所介護のように、利用者が自宅を日

常生活の拠点にしつつ利用するサービスである。

　介護保険法上、保険給付の対象となる居宅サービスは、訪問介護、訪問入浴介護、訪問看護、訪問リハビリテーション、居宅療養管理指導、通所介護、通所リハビリテーション、短期入所生活介護、短期入所療養介護、特定施設入居者生活介護、福祉用具貸与、特定福祉用具販売の12種類である。

⑶　地域密着型サービス

　地域密着型サービスは、定期的な巡回訪問や通報により入浴、排せつ、食事等の介護その他日常生活上のサービスを提供するなど、認知症高齢者や中重度の要介護高齢者等が、住み慣れた地域で暮らし続けることができるように提供されるサービスである。

　介護保険法上、保険給付の対象となる地域密着型サービスは、定期巡回・随時対応型訪問介護看護、夜間対応型訪問介護、地域密着型通所介護、療養通所介護、認知症対応型通所介護、小規模多機能型居宅介護、認知症対応型共同生活介護（グループホーム）、地域密着型特定施設入居者生活介護、地域密着型介護老人福祉施設入所者生活介護、看護小規模多機能型居宅介護の10種類である。

⑷　施設サービス

　施設サービスとは、施設を生活の中心とする場合に受けることができるサービスである。

　介護保険法上、保険給付の対象となる施設サービスは、介護福祉施設サービス、介護保険施設サービス、介護医療院サービス、介護療養施設サービスの4種類である。

3　介護保険法に基づく事業者の指定とその基準

⑴　根拠条例

　介護保険の適用を受けるサービスを提供する事業者として介護保険法に基づく指定を受けるためには、人員・設備・運営に関する基準を満たす必要がある（介護保険法41条、70条、同法施行規則114条等）。

　事業者が指定を受けるに当たって満たすべき基準の内容は、サービスの種

類に応じ、厚生労働省令で定められた基準に従い制定された各自治体の条例に定められている。

　例えば、居宅サービスについては、厚生労働省令として「指定居宅サービス等の事業の人員、設備及び運営に関する基準」（平成11年厚生省令第37号）が存在し、これに従って制定された条例として、東京都であれば「東京都指定居宅サービス等の事業の人員、設備及び運営の基準に関する条例」が存在する。

　また、事業者ではなく施設に着目した規制として、指定制（介護老人福祉施設、介護医療院など）や許可制（介護老人保健施設）が存在する。こちらについても、例えば介護老人福祉施設であれば、「指定介護老人福祉施設の人員、設備及び運営に関する基準」（平成11年厚生省令第39号）が存在し、これを受けて東京都であれば「東京都指定介護老人福祉施設の人員、設備及び運営の基準に関する条例」が制定されている。

(2)　指定基準の内容

　各サービスによって基準は異なるが、例えば指定居宅サービスでは、「指定居宅サービス等の事業の人員、設備及び運営に関する基準」において、訪問介護事業の運営について次のような基準を定めている。

①　人員基準

・訪問介護員等の員数を常勤換算方法で2.5人以上とすること（5条1項）
・指定訪問介護事業所ごとに、常勤の訪問介護員等のうち、利用者の数が40又はその端数を増すごとに1人以上の者をサービス提供者とすること（5条2項）

など

②　設備基準

・設備に関する基準として事業の運営を行うために必要な広さを有する専用の区画を設けること（7条）
・指定訪問介護の提供に必要な設備及び備品を備えること（7条）

など

※　訪問介護事業ではないが、例えば通所介護の場合には、条例施行規則においてより

詳細な基準が定められている。東京都では、「東京都指定居宅サービス等の事業の人員、設備及び運営の基準に関する条例施行規則」において、食堂及び機能訓練室の合計した面積は 3 ㎡に指定通所介護事業所の利用定員を乗じて得た面積以上とすること（18条 1 号）、相談室は遮蔽物の設置等により相談の内容が漏洩しないよう配慮すること（同条 2 号）を求めている。

③　運営基準

- 指定訪問介護の提供の開始に際し、あらかじめ、利用申込者又はその家族に対し、運営規程の概要等サービスの選択に資すると認められる重要事項を記した文書を交付して説明を行い、当該提供の開始について利用申込者の同意を得ること（ 8 条 1 項）
- 正当な理由なく指定訪問介護の提供を拒んではならないこと（ 9 条）
- 自ら適切な指定訪問介護を提供することが困難と認めた場合は、適当な他の指定訪問介護事業者等の紹介その他の必要な措置を速やかに講じること（10条）
- 被保険者証によって、被保険者資格、要介護認定の有無及び要介護認定の有効期間を確かめること（11条 1 項）
- 要介護認定を受けていない利用申込者については、当該利用申込者の意思を踏まえて速やかに当該申請が行われるよう必要な援助を行うこと（12条 1 項）
- 居宅サービス計画に沿った指定訪問介護を提供すること（16条）
- 訪問介護員等に身分を証する書類を携行させ、初回訪問時及び利用者又はその家族から求められたときは、これを提示すべき旨を指導すること（18条）
- 訪問介護計画を作成すること（24条 1 項）
- 内容が虚偽又は誇大な広告を出してはいけないこと（34条）
- 居宅介護支援事業者又はその従業者に対し、利用者に対して特定のサービスを利用させることの対象として、金品その他財産上の利益を供与してはならないこと（35条）

など

(3)　各自治体による独自基準

　各自治体では、厚生労働省が定めた基準をもとに、条例の中で独自基準を設けている。例えば、千葉市は次のような独自基準を設け、その趣旨・内容についてホームページで公表している。[2]

ア　申請者の資格（暴力団の排除）について

　厚生労働省令では申請者の資格を法人であることと定めているにとどまり、それ以上に申請者の属性については規定していない。

　これに対し、千葉市では、平成24年10月1日に千葉市暴力団排除条例が施行されたことから、役員及び管理者が暴力団員である事業者が介護保険事業に参入するのを防止するため、法人であることのほかに、当該法人（事業者）の役員及び事業所の管理者は暴力団員であってはならないことを資格要件として追加している。

イ　事務室・相談室の設置

　厚生労働省令では、居宅サービス事業者等は事業を行うために必要な広さの区画を有するとともに、指定居宅サービス等の提供に必要な設備及び備品等を備えなければならないと定めている。

　この点、千葉市では、「必要な広さの区画」の内容が不明確であることを理由に、事務室、相談室（相談スペース）について、専用の区画を設けることを規定している。

ウ　記録の保存期間

　厚生労働省令では、居宅サービス事業者等は、利用者に対する指定居宅サービス等の提供に関する記録を、その完了の日から2年間保存することを義務付けている。

　これに対し、千葉市では、指定居宅サービス等の完了の日（利用者との契約終了日）から5年間保存することを義務付けている。

　これは、不適切な介護報酬の返還請求権の消滅時効が、事業者が介護報酬を受け取ってから5年間であるところ（地方自治法236条1項）、保存期間を2

---

2)　千葉市ホームページ（https://www.city.chiba.jp/hokenfukushi/koreishogai/kaigohokenjigyo/documents/dokuzigaiyou.pdf）

年間とすると、返還請求の根拠となる記録が事業所に残されておらず、不適切な介護報酬の返還を請求できない場合が生じることを防止するためである。

エ　虐待防止研修の実施

　虐待防止研修の実施については厚生労働省令で規定されていない。

　しかし、近年、介護職員等の利用者への虐待が社会問題になっていることから、千葉市では、介護サービス事業者が従業員に対して年1回虐待防止研修を実施することを義務付けている。

　このように、各自治体によって独自の基準を定めているため、指定基準を検討する際には、各自治体の条例や条例の施行規則の内容を検討する必要がある。

4　保険給付の受給

⑴　要支援・要介護認定

　利用者が保険給付を受けてサービスを利用するためには、市町村の要介護認定（要介護者に該当すること及びその該当する要介護状態区分の認定（介護保険法19条1項））・要支援認定（要支援者に該当すること及びその該当する要支援状態区分の認定（介護保険法19条2項））を受ける必要がある（介護保険法19条）。

　市町村は、被保険者から支給申請があった場合、認定審査会が行う当該申請に係る審査及び判定（介護保険法27条5項）の結果に基づき、要介護認定等を行う（介護保険法27条7項）。

　要介護状態区分・要支援状態区分は、介護・支援の必要の程度に応じて厚生労働省令で定めるとされ（介護保険法7条1項、2項）、「要介護認定等に係る介護認定審査会による審査及び判定の基準等に関する省令」により「要介護1」から「要介護5」の5段階、要支援認定は「要支援1」、「要支援2」の2段階に分かれている。認定結果によって利用できるサービスが異なる。

　要介護・要支援認定は、客観的で公平な判定を行うため、コンピュータによる一次判定と、保健医療福祉の学識経験者で構成される介護認定審査会（介護保険法14条）での二次判定の二段階で行われる[3]。

---

3)　介護認定審査会の委員の定数は、政令で定める基準に従って市町村の介護保険条例で定められ

　この点、二次判定の基準は、要介護認定等に係る介護認定審査会による審査及び判定の基準等に関する省令において定められているが、自治体によって要介護度の認定にばらつきが生じていることが問題となっている。

　なお、介護認定審査会の委員の定数は、介護保険法15条1項に基づき市町村の介護保険条例で定められている。

(2) 償還払い方式と法定代理受領方式

　保険給付の支払方法は、サービスを利用した利用者が指定事業者に介護報酬全額を支払い、その後利用者が市町村に申請して保険給付分の払い戻しを受けるいわゆる償還払い方式（介護保険法41条1項等）と、指定事業者が市町村から直接保険給付を受領するいわゆる法定代理受領方式があり（同法41条6項等）、実務では法定代理受領方式が一般的に利用されている。

(3) 介護保険の上乗せ給付

　介護保険の居宅サービス等を利用して介護保険の支給を受けるに当たっては、要介護度別に区分支給限度額が設定されている（介護保険法43条、44条、45条）。そのため、区分支給限度額を超える介護報酬は、利用者の自己負担となる。

　この区分支給限度額については、市町村において、居宅サービス介護費等に係る区分支給限度額、福祉用具購入限度額及び住宅改修費支給限度額を上回る額を条例に定めるところにより当該市町村における支給限度額とすることが出来るとされており（介護保険法43条3項、44条6項、45条6項）、条例で介護保険の上乗せ給付をすることが認められている。

　例えば、島根県松江市では、介護保険の要介護者（要支援者を除く）に対して、要介護状態の軽減や悪化の防止と利用者の負担を緩和するために、介護保険施設等（介護老人福祉施設（地域密着型介護老人福祉施設を含む）・老人保健施設・介護医療院・療養型医療施設・医療療養病床および一般病床）から在宅に

ている（介護保険法15条1項）。委員は、市町村長（特別区の場合は区長）によって任命され、その任期は原則2年であるが、再任されることも可能である（介護保険法15条2項、介護保険法施行令6条）。なお、具体的な要介護認定や要支援認定の審査及び判定の案件の取扱いは、委員のうちから会長（委員の互選で決定される）により指名された者で構成される5名程度の合議体において行われる（介護保険法施行令9条）。

復帰する人で、区分支給限度額を超える介護サービスを利用しなければ、在宅での介護が難しい状況にあると認められる場合に、6か月（退院（退所）月を含む）を限度として、区分支給限度額に一定額（区分支給限度額の2割）を上乗せして支給する制度を設けている（松江市介護保険条例、松江市市町村特別給付に関する規則）。

⑷　指定事業者が介護保険料を不正受給した場合の処理

　介護保険法上の指定事業者が、偽りその他不正の行為により保険給付を受けた場合、市町村は、その支払った額について返還させるべき額を徴収するほか、その返還させるべき額に100分の40を乗じて得た額を徴収することができる（介護保険法22条3項）。なお、最判平成23・7・14判時2129号31頁〔28173740〕は、介護保険法22条3項について、事業者が上記支払を受けるに当たり偽りその他不正の行為をした場合における介護報酬の不当利得返還義務についての特則を設けたものであるとし、市町村が同項に基づく返還を事業者に対して求めるには、その前提として、事業者が介護報酬の支払を受けたことに法律上の原因がないといえることを要すると判示している。

⑸　保険料滞納による保険給付の制限

　要介護認定等を受けた第1号保険者（65歳以上の者）が、特別な理由もなく長期間保険料を納付しない場合、介護サービスを利用する際、未払期間に応じて保険給付の制限を受ける。

・1年以上未納の場合

　　利用者が介護サービスを利用したときに利用料の全額（10割）を自己負担で支払い、のちに申請によって給付分を戻してもらう償還払いになる（介護保険法66条、同法施行規則99条）。

・1年6か月以上未納の場合

　　介護保険法66条により償還払いになっている保険給付額の支給について一部又は全部が差し止められる（介護保険法67条1項2項、同法施行規則103条）。

　　保険給付額の支給が差し押さえられてもなお納付しない場合、差し止

められている保険給付額から滞納保険料相当額を控除した残金が支給される（介護保険法67条3項）。

・2年以上未納の場合

　時効により（2年）保険料徴収権が消滅した期間がある場合（介護保険法200条1項）、災害その他特別な事情がある場合を除き、その時効消滅した未納期間に応じて保険給付額が減額される。

⑹　**保険給付の時効について**

　保険給付を受ける権利は、行使することができる時から2年を経過したときは、時効によって消滅する（介護保険法200条1項）。

コラム⑯　介護保険料と要介護認定の地域差

1　介護保険料の地域差

　介護保険の加入者は、65歳以上の第1号被保険者と40歳〜64歳の第2号被保険者に区別され、第1号被保険者の介護保険料は介護保険法129条と同条2項より委任を受けた各自治体の介護保険条例により決まり、各自治体によって保険料が異なる。

　令和3年5月14日に厚生労働省が公表した「第8期計画期間における介護保険の第1号保険料について」によると、第8期（令和3年度〜令和5年度）の第1号保険料が最も低い自治体が月額3,300円、最も高い自治体が月額9,800円であり、介護保険料の金額は自治体によって最大約3倍の開きがある（なお、第8期の介護保険料の全国平均は月額6,014円であり、第7期（平成30年度〜令和2年度）から2.5%上昇している）。

　1人あたりの保険料基準額は、65歳以上の人が利用する介護保険サービスの費用と65歳以上の人数によって決まるが、単純に高齢者の人口が多ければ一人当たりの保険料が低くなるわけではない。高齢者が多くても一人一人が健康状態を保つことができれば、介護保険サービスに係る費用負担が少なくなり介護保険料も下がる。

2　要介護認定の地域差

　要介護度は、一次審査において全国一律の基準を用いてコンピュータによる審査が行われるが、二次審査を行う介護認定審査会によって要介護度が変更され、同じ身体状態でも市町村によって受けることができるサービスが異なるという問題が発生している。報道によると、自治体によっては申請件数に占める変更比率が41%にも達するようであり、二次審査での考慮要素が各自治体で違うこと、各自治体で基準が明文化されていないこと、認定審査会の裁量に任されていることといった点がその背景として指摘されている（日本経済新聞令和2年3月7日「ばらつく要介護認定　99%の自治体が全国判定を変更」）。

　なお、要介護認定の地域差については、内閣府が公表している「要介護（要支援）認定率の地域差要因に関する分析」（平成30年4月）において、年齢構成、医療介護供給体制、医療費、福祉行政、運動習慣、経済状況、介護予防等様々なデータから地域差が生じる要因を分析している。

〔松本　啓〕

5　身体拘束

　高齢者福祉施設において、高齢者の徘徊やベッドからの転落を防止するために、ベッドや椅子に高齢者の体幹や四肢をひも等で縛るといった身体拘束が行われることがある。しかし、このような身体拘束は、身体機能の低下、精神的苦痛やせん妄の発生等の多くの弊害が発生することから、各自治体における施設運営基準に関する条例において原則として禁止され、一定の要件をみたす限定的な場合に限り実施可能とされている。

　各自治体における施設運営基準に関する条例では、身体拘束を行い得る場合について、入所者又は他の入所者等の生命又は身体を保護するため緊急やむを得ない場合としている。[4] ここでいう、「緊急やむを得ない場合」とは、

---

4)　例えば、「東京都指定介護老人福祉施設の人員、設備及び運営の基準に関する条例」20条4項、「千葉市指定介護老人福祉施設の人員、設備及び運営の基準に関する条例」14条4項など。

「切迫性」、「非代替性」、「一時性」を満たす場合を意味する。「切迫性」とは、利用者本人または他の利用者等の生命または身体が危険にさらされる可能性が著しく高いことを、「非代替性」とは、身体拘束その他の行動制限を行う以外に代替する介護方法がないことを、「一時性」とは、身体拘束その他の行動制限が一時的なものをいう（厚生労働省「身体拘束ゼロ作戦推進会議」『身体拘束ゼロへの手引き』22頁）。

身体拘束は人間としての尊厳を著しく害する行為であり、たとえ利用者の家族が身体拘束に同意していたとしても、条例で定められた要件を満たさなければ許容されない点に留意しなければならない。

また、上記のほか、各条例では、要件を満たした上で身体拘束を行う場合の記録義務、身体拘束の適正化を図るための措置を講じる義務についても規定する。

6　個人情報の取扱い

(1)　高齢者福祉施設の個人情報の取扱いに関係する条例・ガイドライン

高齢者福祉施設における個人情報の取扱いにあたっては、個人情報の保護に関する法律（以下「個人情報保護法」という）のほか、同法の具体的な指針を定める「個人情報の保護に関する法律についてのガイドライン（通則編）」等（個人情報保護委員会）、また、特に病院、診療所、薬局、介護保険法に規定する居宅サービス事業を行う者等の事業者等における個人情報の取扱いにかかる具体的な留意点・事例を示す「医療・介護関係事業者における個人情報の適切な取扱いのためのガイダンス」（個人情報保護委員会、厚生労働省）及び「『医療・介護関係事業者における個人情報の適切な取扱いのためのガイダンス』に関するＱ＆Ａ（事例集）」（個人情報保護委員会事務局、厚生労働省）がそれぞれ定められている。

そのため、高齢者福祉事業において個人情報を取り扱う際には、これらの法令・ガイドライン等を理解する必要がある。

(2)　個人情報の取得・利用

高齢者福祉施設では、日々サービス利用者のあらゆる個人情報が取得・利

用されている。

　個人情報保護法上は、17条から21条において、個人情報の取得・利用について規定しており、またその下位規範である上記各ガイドライン等にも詳細に規定しているところ、特に以下の点に留意する必要がある。

ア　利用目的の特定・利用目的による制限

　個人情報保護法17条1項により、個人情報を取り扱う場合には、その利用目的をできる限り特定しなければならず、また、個人情報保護法18条1項により、一定の例外に該当する場合を除き、事前の本人の同意なく、特定した利用目的の達成に必要な範囲を超えて個人情報を取り扱ってはならない。

　高齢者福祉施設としては、個人情報の利用目的について、利用者にとって一般的かつ合理的に想定できる程度に特定し、特定した利用目的以外の取扱いを行わないよう留意する必要がある。

イ　適正な取得

　個人情報保護法20条2項により、一定の例外に該当する場合を除き、事前の本人の同意なく、要配慮個人情報を取得してはならない。

　高齢者福祉施設において取り扱う個人情報には、病歴や身体障害・知的障害・精神障害等の障害があること、健康診断等の結果などといった要配慮個人情報に該当する情報を取得する必要がある場合も想定されるところ、基本的には本人の同意を取得した上でそれらの情報を取得することに留意する必要がある。

ウ　取得に際する利用目的の通知・公表

　個人情報保護法21条1項により、個人情報を取得した場合には、その利用目的の通知又は公表が必要であり、同条2項により、直接書面に記載された本人の個人情報を取得する場合には本人に対し、その利用目的の明示をしなければならない。

　高齢者福祉施設において、書面に記載してもらうかたちで個人情報を取得する場合においては、当該書面上に記載するなどして、利用目的について明示をする必要がある。また、それ以外の場合においても、利用目的については、施設内における掲示やウェブサイトへの公表を通じて、利用者がいつで

も確認できるよう公表を行っておく必要がある。

(3) 個人情報の保管

ア 安全管理措置

個人情報保護法23条により、取り扱う個人情報の漏えい、滅失又は毀損の防止その他個人情報の安全管理のために必要かつ適切な措置を講じなければならない。

個人情報保護法ガイドライン（通則編）別添において、具体的に講じなければならない措置やその手法について記載されているため、こちらも適宜参照して対応すべきである。

特に、高齢者福祉施設では、入居者の情報等を紙媒体で管理していることも多く、紛失や持ち出し等の管理上の問題が起きやすい性質にある。また、データベース上で管理している場合は、近年増加している外部からの不正アクセスへの対策を行う必要がある。

イ 従業員及び委託先に対する監督

個人情報保護法24条及び25条により、個人情報の安全管理が図られるよう、個人情報を取り扱う従業員及び委託先に対し、必要かつ適切な監督を行わなければならない。

その際、高齢者福祉施設における従業員の個人情報の取扱いについては、あらかじめ策定した個人情報管理規程に従っているかという観点で監督することが適切であるため、その前提として個人情報管理規程を策定することが望ましい。

また、例えば高齢者福祉施設から別のリハビリ施設や病院への個人情報の提供を委託として行う場合には、委託先において当該個人情報の安全管理措置が適切に講じられるよう、監督を行う必要がある。具体的には、①適切な委託先の選定、②個人情報の取扱いに関する条項を含む委託契約や覚書の締結、③委託先における個人情報の取扱状況の把握、の３点を念頭に置く必要がある（個人情報保護法ガイドライン（通則編）３－４－４）。

(4) 個人情報の提供

個人情報保護法27条により、個人情報を第三者に提供する場合は、原則と

してあらかじめ本人の同意を取得する必要がある。

　高齢者福祉施設において取得した入居者の個人情報を、転院・転居に伴う場合等に第三者に提供を行う場合には、基本的に本人の同意を取得して行う必要がある。その際、提供先やその提供の目的等、本人が同意に係る判断を行うために必要と考えられる情報を明確に示さなければならない。

⑸　個人情報の開示請求への対応

ア　家族等第三者からの請求であり、かつ、利用者が存命の場合

　個人情報保護法27条1項により、原則として家族を含む第三者に対して利用者の同意なく介護に関する情報を提供することができない。

　利用者の同意に関しては、「東京都指定居宅サービス等の事業の人員、設備及び運営の基準に関する条例」34条等により、利用者から文書による同意を得ることを義務付けられている。

　ただし、不正受給者に係る市町村への通知は介護保険法23条に基づく情報提供のため、本人の同意を得る必要はない（個人情報保護法27条1項1号）。

イ　家族等第三者からの請求であり、かつ、利用者が既に死亡している場合、

　利用者が既に死亡している場合には、利用者の情報は個人情報保護法が定める個人情報に該当しない（個人情報保護法2条1項）。

　ただし、「診療情報の提供等に関する指針」（「診療情報の提供等に関する指針の策定について」（平成15年9月12日医政発第0912001号））を遵守して情報を提供する必要がある。

ウ　本人からの請求の場合

　個人情報保護法33条により、本人からの開示請求であれば、原則として遅滞なく個人情報を開示することが義務付けられている。その際、基本的には紙媒体、データ等本人が指定した方法により開示することが義務付けられている点に留意する必要がある。

　法に定める事由に該当することを理由に、開示しない旨を決定したときには、本人に対し、遅滞なくその旨を通知する必要がある。

7 行政処分

(1) 行政処分事由

　介護保険法上、主に次の事由に該当する場合、行政処分を受ける（77条等）。なお、平成27年度の処分事由の内訳は、不正請求が32.3%で最も多く、次いで運営基準違反・人員基準違反がそれぞれ約13%を占める。[5]

① 不正請求

　サービス提供がない架空請求、減算規定に該当しているが減算していない、加算の要件を満たしていないのに加算請求をしている等

② 基準違反

　運営基準違反（サービス計画書その他書類の不備、管理者が従業者及び業務の管理をしていない、無資格者をサービス責任者に任命している等）、人員基準違反（管理者・サービス提供責任者が常勤・専従の要件を満たしていない、介護職員や看護職員について必要な人員数を満たしていない等）

③ 虚偽報告・虚偽答弁

　サービス提供報告書、勤務簿・給与台帳等の書類の偽造等

④ 人格尊重義務違反

　身体的・心理的虐待、経済的虐待（入居者の金銭、貴金属類、保険金の窃取等）

⑤ 不正の手段による指定（虚偽申請）

　勤務する予定がない者の氏名を申請書類に記載、事業活動を行わない所在地での届出、定款の偽造等

⑥ その他

　他の事業者による不正請求の幇助、高齢者虐待防止法違反等

(2) 行政処分の類型

　指定事業者が処分事由に該当する行為を行った場合、指定取消処分、指定

---

5)　株式会社日本総合研究所「平成28年度厚生労働省老人保健健康増進等事業　介護保険法に基づく介護サービス事業者に対する行政処分等の実態及び処分基準例の案に関する調査研究事業報告書」（平成29年3月）

の効力の一部停止処分又は全部停止処分を受ける可能性がある（介護保険法77
条 1 項等）。

　例えば、平成27年度についてみると、介護サービス事業者に対する行政処
分の49.1％が指定取消処分となっている[6]。

　ただし、入所施設の事業所に対する処分はすべて効力の一部停止処分、訪
問介護・訪問看護の事業所に対する処分の 7 割超が指定取消処分である等、
サービスの種類により受ける処分の割合が異なる。

(3)　処分基準

ア　国による処分基準の考え方

　どのような行政処分を実施するのかの判断については、次のとおり国が「行
政処分等の実施及び程度の決定に当たっての基本的考え方」を提示している
（厚生労働省老健局総務課介護保険指導室「全国介護保険指導監督担当者会議」19
頁）。

　I　具体的にどのような行政処分を実施するかの判断に当たっては、まず、
　　当該行為の重大性・悪質性について、特に以下の点に着眼し、検証を行
　　う。
　　①　公益侵害の程度
　　　　○　利用者に対し著しく不適切な介護サービスを提供し、あるいは多
　　　　　額の不正請求を行うなど、当該違法・不当行為が公益性を著しく侵
　　　　　害しているか。
　　　　○　被害を受けた利用者数、個々の利用者が受けた被害はどの程度深
　　　　　刻か。
　　②　故意性の有無
　　　　○　当該違法・不当行為が故意によるものか、過失によるものか。
　　③　反復継続性の有無
　　　　○　当該違法・不当行為が反復継続して行われたものか、あるいは一

6)　株式会社日本総合研究所「平成28年度厚生労働省老人保健健康増進等事業　介護保険法に基づ
　く介護サービス事業者に対する行政処分等の実態及び処分基準例の案に関する調査研究事業報告
　書」（平成29年 3 月）

回限りのものであったのか。

○ 当該違法・不当行為が行われた期間がどの程度であったのか。

④ 組織性・悪質性の有無

○ 当該違法・不当行為が現場の担当者個人の判断で行われたものか、あるいは経営陣や管理者も関わっていたのか。

○ 問題を認識した後に隠蔽を図るなど悪質な行為が認められたか。悪質な行為が認められた場合には、当該行為が組織的なものであったか。

Ⅱ　Ⅰの検証結果をもとに、地域におけるサービス提供・基盤整備の状況、事業者の運営管理態勢（※）など、配慮すべき他の要素を総合的に考慮した上で、具体的な処分内容を決定する。

（※）事業者の運営管理態勢の適切性

○ 個々の役職員の法令遵守等に関する知識や取組は十分か。

○ 事業者の運営管理態勢は十分か、また適切に機能しているか。職員教育は十分に行われているか。

イ　自治体の処分基準

　約2割の自治体が自ら作成した基準を使用し、約3割の自治体が他の自治体から提供を受けた基準等を利用している。また、過去の処分事例を参考にして処分を決定している自治体も多い（株式会社日本総合研究所「平成28年度厚生労働省老人保健健康増進等事業　介護保険法に基づく介護サービス事業者に対する行政処分等の実態及び処分基準例の案に関する調査研究事業報告書」（平成29年3月）10頁）。

　自治体が作成した基準の内容は、約40％が処分決定の際の着眼点や配慮すべき点などが理念的に示されているもの、約25.5％が主に点数の計算によって目安となる具体的な処分の度合いがわかるものとなっている（同11頁）。

〔松本　啓、笠井菜穂子〕

3　障害者福祉事業

　高齢者福祉事業と同様、障害者福祉事業もサービス内容は多岐にわたり、関連する法律や条例も多い。そのため、本項では、「障害者の日常生活及び社会生活を総合的に支援するための法律」（以下「障害者総合支援法」という）及び介護保険法に関連する基準や条例を中心に、障害者福祉サービスの種類を説明したうえで、障害者福祉サービス事業者として指定を受けるための基準、介護給付費の受給に関する基準や制度、行政処分の種類について説明する。

1　障害者福祉サービスの種類

⑴　障害者福祉サービスの種類

　障害者福祉サービスの種類については、障害者総合支援法5条に規定されており、居宅介護、重度訪問介護、同行援護、行動援護、療養介護、生活介護、短期入所、重度障害者等包括支援、施設入所支援、自立訓練、就労移行支援、就労継続支援、就労定着支援、自立生活援助及び共同生活援助と多岐にわたる。各サービスの具体的内容は障害者総合支援法5条を参照されたい。

⑵　介護保険サービスと障害者福祉サービスの優先関係

　障害者総合支援法7条により、サービスの内容や機能から障害者福祉サービスに相当する介護保険サービスがある場合には、原則として介護保険サービスに係る保険給付を優先して受けることになる（介護保険優先原則）。

2　障害者総合支援法に基づく指定の基準

⑴　指定障害福祉サービス事業者の指定基準に関する法律・条例の枠組み

　介護保険法上の指定を受ける場合と同様、障害者福祉サービス事業者として指定を受けるためには、人員・設備・運営の基準を満たす必要がある（障害者総合支援法36条）。各サービスにおいて充足すべき基準の内容は、厚生労働省令（「障害者自立支援法に基づく指定障害福祉サービスの事業等の人員、設備及び運営に関する基準」（平成18年厚生労働省令第171号））で定められた基準をもとに各自治体が条例で規定している。例えば、岐阜市では、「岐阜市指定障害

福祉サービスの事業等の人員、設備及び運営に関する基準等を定める条例」を制定している。

⑵ 指定基準の内容

各サービスによって基準の内容は異なるが、例えば指定居宅介護サービスでは、「障害者の日常生活及び社会生活を総合的に支援するための法律に基づく指定障害福祉サービスの事業等の人員、設備及び運営に関する基準」において、居宅介護事業の運営について次のような基準を定めている。

① 人員基準

- ・事業を行う事業所ごとにおくべき従業者の員数を常勤換算で2.5人以上とすること（5条1項）
- ・事業所ごとに1人以上の者をサービス提供責任者とすること（5条2項）
- ・事業所ごとに常勤の管理者を置くこと（5条3項）

など

② 設備基準

- ・事業の運営を行うために必要な広さを有する専用の区画を設けること（8条）
- ・指定居宅介護の提供に必要な設備及び備品を備えること

など

③ 運営基準

- ・支給決定障害者等が指定居宅介護の利用の申込みを行ったときは、運営規程の概要、従業者の勤務体制、その他利用申込者のサービスの選択に資すると認められる重要事項を記した文書を交付して説明を行い、利用申込者の同意を得ること（9条）
- ・正当な理由なく指定居宅介護の提供を拒んではならないこと（11条）
- ・自ら適切な指定居宅介護を提供することが困難と認めた場合は、適当な他の指定居宅介護事業者等の紹介その他の必要な措置を速やかに講じること（13条）
- ・受給者証によって、支給決定の有無、支給決定の有効期間、支給量等を確かめること（14条）

- ・居宅介護に係る支給決定を受けていない者から利用の申込みがあった場合は、速やかに介護給付費の支給の申請が行われるよう必要な援助を行うこと（15条1項）
- ・居宅介護計画を作成すること（26条）
- ・従業者に、その同居の家族である利用者に対する居宅介護の提供をさせてはいけないこと（27条）
- ・利用者又は他の利用者の生命又は身体を保護するため緊急やむを得ない場合を除き、身体拘束その他利用者の行動を制限する行為を行ってはいけないこと（35条の2）

など

(3)　各自治体による独自基準

　各自治体は、厚生労働省令をもとに条例を作成しているが、一部独自基準を設定している。例えば、岐阜市では、「岐阜市指定障害福祉サービスの事業等の人員、設備及び運営に関する基準等を定める条例」において、暴力団排除条項の追加、運営規程に定める内容の追加、運営規程や重要事項説明書等の掲示方法、非常災害対策等について独自基準を設けている。

3　介護給付費の受給

(1)　障害支援区分の認定

　障害者が介護給付費を受けて障害者福祉サービスを利用するためには、市町村の介護給付費を支給する旨の決定を受ける必要がある（障害者総合支援法19条1項）。

　市町村は、障害者から支給申請があった場合、市町村審査会が行う当該申請にかかる障害支援区分に関する審査及び判定の結果に基づき、障害支援区分の認定を行う（障害者総合支援法21条1項）。

　障害支援区分は、障害者等の障害の多様な特性その他の心身状態に応じて必要とされる標準的な支援の度合いを総合的に示すものとして厚生労働省令で定める区分であると定義され（障害者総合支援法4条4項）、「障害支援区分に係る市町村審査会による審査及び判定の基準等に関する省令」（平成26年厚

生労働省令第5号）により「非該当」及び「区分1」から「区分6」までの7
段階に分かれている。認定結果によって利用できるサービスが異なる。

　障害支援区分の認定は、客観的で公平な判定を行うため、コンピュータに
よる一次判定と、市町村審査会（障害者総合支援法15条）による二次判定の二
段階で行われる。

　市町村審査会の委員の定数は、障害者総合支援法16条1項に基づき市町村
の障害支援区分判定等審査会の委員の定数等を定める条例で定められている。

(2)　支給決定基準

　支給決定は利用者の居住地の市町村が行う者とされ（障害者総合支援法19条
2項）、各市町村が行政手続法5条に基づき支給決定基準を定めている。

　支給決定基準は各市町村によって異なる。例として居宅介護のうち身体介
護における船橋市と宮崎市の介護給付支給決定基準を示す。

	船橋市	宮崎市
対象者	障害支援区分が区分1以上（障害児にあってはこれに相当する支援の度合）である者	障害支援区分が区分1以上（障害児にあってはこれに相当する支援の度合）である者
サービス内容	入浴、排せつ又は食事の介護など身体の介護を中心としたサービス	居宅における身体介護（入浴、排せつ、食事等の介護）を中心としたサービス
支給量	標準支給決定基準量 　1.5時間×15日＝22.5時間／月 　（1.5時間／1回） 加算後支給決定基準量 　3時間×15日＝45.0時間／月 　（3.0時間／1回）	基準最大支給量 　区分1・2（1時間×19回／月） 　区分3以上（1.5時間×19回／月） 加算後最大支給量 　家事援助とあわせて124時間／月
加算要素	①　1日に2時間以上の時間をおいて2回以上の介護を必要とする場合 ②　単身もしくは単身に準ずる世帯（同居する家族が介護できない場合）で入浴の準備に時間を要する場合 ③　児童で保護者が就労等により介護できない時間がある場合	次のいずれか2つに該当すること ①　重度訪問介護支給対象者と同等の身体状況である者 ②　単身世帯又は同居家族が介護できない状況である者 ③　医師の指示により基準以上の支援が必要な者 ④　住居の状況により1回の介護に1.5時間以上の時間がかかる者

| その他
決定すべき
事項 | ①　2人介護可の承認（2人介護可
　　の場合は、それぞれの支給決定基
　　準量を最大2倍で算定）
②　特別地域加算（利用者が厚生労
　　働大臣が定める中山間地域に居
　　住する場合に決定）の認定 | |

(3)　償還払い方式と法定代理受領方式

　介護給付費の支払方法は、サービスを利用した支給決定障害者（利用者）が指定事業者に報酬全額を支払い、その後利用者が市町村に申請して介護給付費の支払を受けるいわゆる償還払い方式（障害者総合支援法29条1項等）と、指定事業者が市町村から直接介護給付費を受領するいわゆる法定代理受領方式があり（同法29条4項等）、実務では法定代理受領方式が一般的に利用されている。

(4)　指定事業者が介護給付費を不正受給した場合の処理

　指定事業者が偽りその他不正の行為により介護給付費支給を受けたときは、当該事業者等に対し、その支払った額につき返還させるほか、その返還させる額に100分の40を乗じて得た額を支払わせることができる（障害者総合支援法8条2項）。

4　行政処分

　障害者総合支援法上、主に次の事由に該当する場合行政処分を受ける。処分事由に該当する場合、指定取消処分、指定の効力の一部停止処分又は全部停止処分を受ける可能性がある。

①　不正請求
②　基準違反（運営基準違反・人員基準違反・設備基準違反）
③　虚偽報告・虚偽答弁
④　人格尊重義務違反
⑤　不正の手段による指定（虚偽申請）

〔松本　　啓〕

4 子供に関する福祉

1 はじめに

「子供（子ども）」とは「児童」と同じ意味であり、「児童」とは基本的には18歳未満のすべての者を指す（児童の権利に関する条約1条参照）。

子供が健全に成長するためには、家庭内の配慮のみならず社会的な支援が必要であることから様々な社会的福祉制度の取り組みがなされている。以下では、その中の代表的なものについて述べる。

2 子どもの基本的人権

(1) 子どもの権利条約

「児童の権利に関する条約（子どもの権利条約)」は、子どもの基本的人権を国際的に保障するために定められた条約である。

この条約では、18歳未満の児童（子ども）を権利をもつ主体と位置づけ、ひとりの人間としての人権を認めるとともに、成長の過程で特別な保護や配慮が必要な子どもならではの権利を定めている。平成元年（1989年）の第44回国連総会において採択され、平成2年（1990）年に発効した。日本は平成6年（1994年）に批准している。

この条約は、以下の4つの原則に基づいている。

① 生命、生存及び発達に対する権利（命を守られ成長できること）
すべての子どもの命が守られ、もって生まれた能力を十分に伸ばして成長できるよう、医療、教育、生活への支援などを受けることが保障される。
② 子どもの最善の利益（子どもにとって最もよいこと）
子どもに関することが決められ、行われる時は、「その子どもにとって最もよいことは何か」を第一に考える。
③ 子どもの意見の尊重（意見を表明し参加できること）

子どもは自分に関係のある事柄について自由に意見を表すことができ、大人はその意見を子どもの発達に応じて十分に考慮する。

④　差別の禁止（差別のないこと）

すべての子どもは、子ども自身や親の人種や国籍、性、意見、障がい、経済状況などどんな理由でも差別されず、条約の定めるすべての権利が保障される[7]。

(2)　条　例

我が国は、子どもの権利条約を批准した際、既存の法律（児童福祉法、母子保健法、教育基本法、少年法等）により子どもの権利は既に守られているとの立場をとり、同条約の批准を機に新たな法律を制定することはしなかった。

その一方で、地方自治体においては、子どもの権利条約を踏まえた条例を制定する動きがみられた。

①　兵庫県川西市「子どもの人権オンブズパーソン条例」（平成10年（1998年）公布）

兵庫県川西市は、子どもの権利条約4条（締約国は、この条約において認められる権利の実現のため、すべての適当な立法措置、行政措置その他の措置を講ずる）の規定に基づき、子どもをめぐる状況を改善するために自治体に求められる立法・行政上の措置として、地方自治法（昭和22年法律第67号）138条の4第3項の規定に基づく市長の附属機関として、オンブズパーソンを設置することを定めた。

かかる条例は、1条において、「この条例は、すべての子どもが人間として尊ばれる社会を実現することが子どもに対するおとなの責務であるとの自覚にたち、かつ、次代を担う子どもの人権の尊重は社会の発展に不可欠な要件であることを深く認識し、本市における児童の権利に関する条約（以下「子どもの権利条約」という。）の積極的な普及に努めるとともに、川西市子どもの人権オンブズパーソン（以下「オンブズパーソン」

---

7)　参考文献：公益財団法人 日本ユニセフ協会HP　子どもの権利条約（https://www.unicef.or.jp/about_unicef/about_rig.html）

という。）を設置し、もって一人一人の子どもの人権を尊重し、及び確保することを目的とする。」と規定されており、子どもの権利条約を踏まえて制定された条例である。

②　神奈川県川崎市「川崎市子どもの権利に関する条例」（平成12年（2000年）公布）

　これは、子どもの権利に関する総合条例として制定されたものである。同条例は、子どもの権利として「安心して生きる権利」、「ありのままの自分でいる権利」、「自分を守り、守られる権利」、「自分を豊かにし、力づけられる権利」、「自分で決める権利」、「参加する権利」及び「個別の必要に応じて支援を受ける権利」の7つの権利を掲げ、これらを保障するとしている。

　その後も、川崎市に続く形で、子どもの権利に関する総合条例が、各自治体により制定されていった。[8]

(3)　こども基本法

　上記のように、平成6年（1994年）の子どもの権利条約の批准後は、子どもの権利の確保に向けた取り組みを地方自治体が条例において定めるケースがあったが、法律レベルにおいても、令和4年（2022年）にこども基本法が制定されたため、政府は、こども大綱の策定を行わなければならず（9条）、都道府県は都道府県こども計画（10条）を定めるよう努めるものとなる。「国は、こども施策が適正かつ円滑に行われるよう、医療、保健、福祉、教育、療育等に関する業務を行う関係機関相互の有機的な連携の確保に努めなければならない。」（13条）とされているため、こども大綱は本項で取り上げた各自主条例の支援内容と重なる可能性が高く、今後、こども大綱に基づき改廃される可能性がある。

8）　例えば、札幌市の「札幌市子どもの最善の利益を実現するための権利条例」（平成21年（2009年））など。

3　子どもの医療費

　医療費は、自己負担分と健康保険負担分があり、自己負担の割合は、健康保険法等で規定されている。子どもの医療費についても例外ではない。

　そこで、子どもの成長の支援のため、子どもが容易に診療を受けられるよう、子どもの医療費の自己負担部分について、条例によって医療費が減額ないし免除されている場合がある。例えば、岡山県鏡野町の「鏡野町子ども医療費給付条例」、東京都台東区の「台東区子どもの医療費の助成に関する条例」などが挙げられる。これらの条例では、子どもは治療時に健康保険証と子ども医療費受給資格者証（医療証）を示すことで、鏡野町・台東区から医療費の自己負担部分の助成を受けることができる。

4　母子家庭・父子家庭に対する援助

(1)　母子及び父子並びに寡婦福祉法

　母子及び父子並びに寡婦福祉法は、「児童が、その置かれている環境にかかわらず、心身ともに穏やかに育成されるために必要な諸条件と、その母子家庭の母及び父子家庭の父の健康で文化的な生活とが保障されるものとする。」（2条）との基本理念を掲げている。そして、同法3条において、国及び地方公共団体は、母子家庭等及び寡婦の福祉を増進する責務を有するとされており、厚生労働大臣は基本方針を定め（同法11条1項）、都道府県等は基本方針に即して自立促進計画を定める（同法12条1項）。

　当該法律の計画の内容としては福祉資金の貸付、日常生活支援など様々なものがあるが、医療費について助成する条例も存在する[9]。

(2)　母子家庭の母及び父子家庭の父の就業の支援に関する特別措置法

　平成25年には、子育てと就業との両立が困難である等の事情を踏まえ、母子家庭の母及び父子家庭の父の就業の支援に関する特別措置法も制定されている。同法は、就業支援に関する施策の充実や民間事業者に対する協力の要

---

9)　例：長久手市母子・父子家庭医療費支給条例、日南市母子及び父子家庭等医療費助成に関する条例

請等を行っている。

(3)　児童扶養手当法

　母子家庭・父子家庭（ひとり親）の家庭の生活の安定と自立の促進を目的として、児童扶養手当法が制定されており、各地方公共団体において、児童（18歳以下）が受給できる児童扶養手当の受給額を定めている。[10]

5　児童虐待の防止等

　児童の虐待の防止等については、基本法として「児童虐待の防止等に関する法律」があり、同法4条が、児童虐待の防止等に関する地方公共団体の責務を規定している。これを受けて、都道府県及び指定都市においては、児童虐待の防止等に関し条例を制定している。

　「児童虐待」の定義については、ほとんどの条例が、児童虐待防止法2条の定義を引用している。[11]　もっとも、同法2条に列挙されているものに加え、経済的な虐待（保護者による子どもの財産の不当な処分等）を挙げているもの（大阪府、埼玉県ほか）、必要な医療を受けさせないなどの不適切な養育を挙げているもの（群馬県、福岡県など）もみられる。

　とりわけ埼玉県虐待禁止条例では、養護者の安全配慮義務、虐待防止研修の義務付け、知事及び警察本部長の虐待関係情報の相互提供といった規定も設けており、他の都道府県の条例よりも虐待防止に向けた厳しいルールを設けている。

---

10)　例：江南市：児童扶養手当支給条例
11)　児童虐待防止法は、「児童虐待」について、保護者がその看護する児童について行う、①児童の身体に外傷が生じ、又は生じるおそれのある暴行を加えること、②児童にわいせつな行為をすること又は児童をしてわいせつな行為をさせること、③児童の心身の正常な発達を妨げるような著しい減食又は長時間の放置、保護者以外の同居人による前二号又は次号に掲げる行為と同様の行為の放置その他の保護者としての監護を著しく怠ること、④児童に対する著しい暴言又は著しく拒絶的な対応、児童が同居する家庭における配偶者に対する暴力（配偶者（婚姻の届出をしていないが、事実上婚姻関係と同様の事情にある者を含む）の身体に対する不法な攻撃であって生命又は身体に危害を及ぼすもの及びこれに準ずる心身に有害な影響を及ぼす言動をいう）その他の児童に著しい心理的外傷を与える言動を行うこと、のいずれかの行為と定義している。

6　いじめ防止

　いじめの防止については、基本法として平成25年6月に制定されたいじめ防止対策推進法がある[12]。これにより、地方自治体は、条例の定めるところによりいじめ問題対策連絡協議会を置けることとされた（同法14条1項）。

　なお、条例においては、単にいじめ防止対策推進法所定の事項について条例の定めを設けるのにとどまらず、さらに進んで、いじめ防止の基本理念なども含めた条例を制定している地方自治体も存在する。例えば、北海道滝川市の「滝川市子どものいじめの防止等に関する条例」では、インターネットを通じて行われるいじめに対する対策の推進等、啓発活動、いじめに対する措置、校長・教員による懲戒、出席停止制度の適切な運用等の規定もおかれている。また、「千葉県いじめ防止対策推進条例」では、重大事態への対処及び知事の調査の規定が置かれている。

7　家庭教育

　家庭教育に関しては、教育基本法において「国及び地方公共団体は、家庭教育の自主性を尊重しつつ、保護者に対する学習の機会及び情報の提供その他の家庭教育を支援するために必要な施策を講ずるよう努めなければならない。」（10条2項）と規定されており、これを受けて、平成24年、くまもと家庭教育支援条例が制定され、その後も複数の地方自治体で家庭教育の支援に関して規定した条例が制定されている。

　例えば、志木市子どもの健やかな成長に向け家庭教育を支援する条例（平成30年3月16日施行）には、フィルタリング機能を有するソフトウェアの利用の普及等、インターネットの利用に関する事項が含まれている。

8　ネットゲーム依存症に関する条例

　「香川県ネット・ゲーム依存症対策条例」（令和2年4月1日施行）は、世界

---

12)　条例レベルでは、いじめ防止対策推進法の施行に先駆けて「いじめ」の文言が入ったものも存在する。すなわち、岐阜県可児市においては、平成24年に全国で最初に子どものいじめ防止に特化した「可児市子どものいじめの防止に関する条例」を制定している。

保健機関でゲーム障害が認定されたことを契機に、ネット・ゲーム依存症対策を推進することを目的として制定されたものである。同条例では、一日の利用時間、スマートフォンの使用態様等について保護者に対して努力義務を課している。この条例に関しては、ゲームをする自由を侵害し、憲法13条の幸福追求権を侵害されたとして訴訟が提起されたが、高松地方裁判所において令和4年8月30日、趣味や嗜好の問題にとどまると言わざるを得ず、人格的生存に不可欠な利益とまではいえないとして、請求棄却の判決がなされた。[13]

　なお、ゲームの使用時間について規定した自主条例として、他にも「日高町生きる力を育む早寝早起き朝ごはん運動の推進に関する条例」が存在する。また、鳥取県青少年健全育成条例のように、インターネットの利用時間等について、青少年保護条例等に規定を置くものも存在する。

〔矢野　篤〕

5　外国人福祉

　グローバル化の進展に伴い、日本国内に居住する外国人や日本を訪問する外国人は、増加の一途をたどってきた。外国人にとっては言語の違いが日本で生活する上での大きなハンディとなるが、それ以外にも、多くの法律が日本国民（日本国籍を有する者）を対象としている結果、外国人が法律上の社会福祉制度の対象に含まれていない場合がある。このため、各自治体によって取組みが行われている。以下では、外国人（日本国籍を有しない者）に対する福祉に関する自治体の取組みについて、代表的なものを紹介する。

1　多文化共生

　各自治体において、外国人の人権尊重及び社会参画を目指し、多文化共生社会形成の取組みが行われている。

　例えば、宮城県では、多文化共生社会の形成の推進に関する条例が制定されている。

---

13)　高松地判令和4・8・30裁判所ウェブサイト掲載判例〔28302188〕

これは、多文化共生社会の形成の推進についての基本理念が定められた、全国で初めての条例であり、多文化共生を目指す社会的サービスの提供が行われている。

同条例に基づき、令和2年度に講じた多文化共生施策としては、意識の壁の解消として、多文化共生対談事業、児童向け多文化共生啓発チラシの作成・配布、言語の壁の解消として、日本語学習支援、生活の壁の解消として、みやぎ外国人相談センター設置事業といったものが報告されている。[14]

また、川崎市では、平成8年（1996年）12月に外国人市民の市政参加の仕組みとして外国人市民代表者会議を条例により設置している。代表者会議は、公募で選考された26人以内の代表者で構成され、代表者は市のすべての外国人市民の代表者として職務を遂行することとなっている。代表者会議の運営は自主的に行われ、毎年調査審議の結果をまとめて市長に報告し、報告を受けた市長は議会に報告するとともに、これを公表することとされている。[15]

2　公営団地の申し込み

外国人においても、一定の条件を満たせば公営住宅の賃借が可能である。当該地域の住民であることは外国人と日本人との間に違いはなく、申込要項において日本国籍に限定されていなければ、外国人も公営団地の申込が可能である。

基本的な運用状況としては、外国人全てが申込可能ではなく、永住者は日本人と同様に取り扱い、就労ビザによる在留資格の場合、一定年数継続して日本に在留することが予定されている者である必要がある。

例えば、小美玉市の外国人の市営住宅入居取扱要綱によれば、

① 　外国人登録を行っている者
② 　永住許可（協定永住許可を含む）若しくは日本国との平和条約に基づき日本の国籍を離脱した者等の出入国管理に関する特例法（平成3年法律第

14)　参考文献：宮城県HP　https://www.pref.miyagi.jp/site/tabunka/law.html
15)　参考文献：川崎市HP　https://www.city.kawasaki.jp/shisei/category/60-7-2-0-0-0-0-0-0-0.html

71号）附則10条の規定による改正前のポツダム宣言の受諾に伴い発する
命令に関する件に基く外務省関係諸命令の措置に関する法律（昭和27年
法律第126号）2条6項の規定により在留している者又は3年以上居住し
ている者で、かつ、市長が適当と認めるもの

の条件を満たす者については、日本人と同様に扱われる。

3　治　療

　東京都板橋区等では、行旅中に病気になった外国人に対し、人道的立場か
ら入院治療、その他必要な措置を講じるため、外国人行旅病人救護要綱を定
めている。[16)]

　なお、外国語で受診可能な医療情報を電話にて提供したり、外国人患者受
け入れに悩む日本の医療機関に外国人の医療に関する情報を提供し、スムー
ズな受け入れを支援する等を目的とした特定非営利活動法人AMDA国際医療
情報センターという機関が存在する。

4　日本語教育

　日本語教育の推進に関し基本方針等を策定し、国、地方公共団体及び事業
主の責務を明らかにすることを目的として、日本語教育の推進に関する法律
（日本語教育推進法）が令和元年6月28日に公布、施行された。[17)]

　これを受けて、群馬県で令和3年4月1日に施行された多文化共生・共創
推進条例では、教育の充実という条文を制定し、県は、外国人県民の生活の
ため、日本語教育の充実を図るよう努めるものとすると規定された（同条例

---

16)　その他の例：双葉町行旅病人及び行旅死亡人取扱要綱、河内長野市行旅病人及び行旅死亡人取
　　扱要綱
17)　神奈川県横須賀市は、日本語研修補助金交付要綱において、市内事業者が自らの雇用する外国
　　人の従業員に対して実施する日本語研修等の経費について補助金を交付し、石川県野々市市では、
　　中小企業者が雇用する1号特定技能外国人に対して実施する日本語学習について、経費の一部を
　　補助している（外国人雇用事業者日本語学習実施補助金）。
　　参考文献：横須賀市HP　https://www.city.yokosuka.kanagawa.jp/4402/youkou/documents/
　　nihongokenshuhojo.pdf
　　参考文献：石川県野々市市HP　https://www.city.nonoichi.lg.jp/soshiki/9/38099.html

11条2項[18]）。

　他にも、千葉県では、地域日本語教育推進事業プランを策定し、日本語教育の実態調査や有識者会議による検討を行っている[19]。

5　住民投票権

　住民投票には、憲法95条に基づく地方自治特別法に対する住民投票、地方自治法に基づく議会解散や議員・長の解職の直接請求による住民投票（地方自治法76条、78条、80条、81条、83条）、市町村の合併の特例に関する法律に基づく合併協議会の設置に関する住民投票（市町村の合併の特例に関する法律4条、5条）及び大都市地域における特別区の設置に関する法律に基づく特別区の設置に関する住民投票（7条、8条）などがある。

　これら憲法や法律を根拠とする住民投票は、対象が限定されており、汎用的なものではないことから、当該地域における特定の課題についての住民の賛否を問うための手続として、多くの自治体では住民投票に関する条例を定めている。

　住民投票に関する条例については、投票すべき課題が生じた場合に当該事案に関して住民投票を実施するために制定される「個別型住民投票条例」と将来住民投票をする場合に備えてあらかじめ住民投票の要件や手続等を定めておく「常設型住民投票条例」に分類することができる。

　外国人にも住民投票の投票資格を認めた自治体は40以上あり（令和4年6月時点）、永住者・特別永住者を対象とするものが多い。もっとも、常設型住民投票条例には、一定の在留資格を有し、住民票が作成された日から5年を超えて住民基本台帳に記録されているものにも投票権を認めるものも見られる（生駒市、長崎市など）。

6　福祉給付金

　年金制度上、国籍要件などによって国民年金の受給資格を得ることができ

18）　参考文献：群馬県HP　https://www.pref.gunma.jp/site/tabunka/4060.html
19）　参考文献：千葉県HP　http://www.pref.chiba.lg.jp/kokusai/nihongo_suishin/plan.html

なかった高齢者（高浜市条例2条2項：大正15年4月1日以前出生の満70歳以上）の外国人、また、身体障害・知的障害が重度（高浜市条例2条3項：身体障害者手帳1〜2級又は療育手帳区分A）の外国人に対し、生活の向上と福祉の増進のため、在日外国人福祉給付金を支給する条例がある。[20]

〔矢野　篤〕

6　障害者福祉一般

　「障害者」とは、障害者基本法において、「身体障害、知的障害又は精神障害があるため、継続的に日常生活又は社会生活に相当な制限を受ける者」と定義されている。

　障害者に対する社会福祉の代表的なものとして、差別の解消、就労支援、手帳制度及び年金に関する条例について述べる。

1　障害者差別の解消

(1)　法律・規則

　障害者差別の解消に向けた基本法として、障害を理由とする差別の解消の推進に関する法律（以下「障害者差別解消法」という）が存在する。この法律は、平成25年6月に制定されたものである。[21]

　障害者差別解消法は、障害を理由とする差別の解消の推進に関する基本的な事項や、国の行政機関、地方公共団体等及び民間事業者における障害を理由とする差別を解消するための措置などについて定めることによって、すべての国民が障害の有無によって分け隔てられることなく、相互に人格と個性を尊重し合いながら共生する社会の実現につなげることを目的としている（1条）。

　政府は、差別の解消の推進に関する施策を総合的かつ一体的に実施するため、基本方針を定めなければならない（同法6条1項）。これを受けて、厚生

---

20)　例：高浜市在日外国人福祉給付金支給条例、豊田市在日外国人福祉給付金支給条例
21)　障害者差別解消法は、「障害者の権利に関する条約」の批准に伴う国内法の整備という側面をもつ。

労働省のホームページにはガイドラインが掲載され、ガイドラインは、厚生労働省が所管する事業分野において、各事業者が障害者に対して不当な差別的取扱いをしないこと、また、社会的障壁を取り除くための必要かつ合理的な配慮を行うために必要な考え方などを記載している[22]。

(2)　条　例

　障害者の差別解消に向けた取り組みは、地方自治体においても行われてきた。中には、障害者差別解消法の制定以前に制定されたものも存在する。

①　障害者差別解消法に先駆けた取り組みの例

　千葉県：障害のある人もない人も共に暮らしやすい千葉県づくり条例（平成19年 7 月 1 日施行）

　　最初に制定された条例は、千葉県であり、個別事案解決の仕組みとして、「障害のある人の相談に関する調整委員会」の設置、議論の場として「推進会議」の設置、障害のある人への優しい取り組みをしている事業者等を紹介するといった仕組みが作られた。

　さいたま市：ノーマライゼーション条例（平成24年 4 月 1 日施行）

　　「さいたま市誰もが共に暮らすための障害者の権利の擁護等に関する条例（ノーマライゼーション条例）」は全国の政令指定都市に先駆けて制定された。

　　かかる条例では、障害、合理的配慮、差別等に対する定義を市民に啓蒙すると共に、差別や虐待を受けた場合の市の調査制度を設けた。

②　障害者差別解消法を踏まえた条例

　東京都：東京都障害者への理解促進及び差別解消の推進に関する条例（東京都障害者差別解消条例）

---

22)　厚生労働省における障害を理由とする差別の解消の推進に関する対応要領（平成27年11月27日厚生労働省訓第45号）、福祉分野における事業者が講ずべき障害を理由とする差別を解消するための措置に関する対応指針（平成27年11月11日厚生労働大臣決定）、医療分野における事業者が講ずべき障害を理由とする差別を解消するための措置に関する対応指針、衛生分野における事業者が講ずべき障害を理由とする差別を解消するための措置に関する対応指針（平成27年11月11日厚生労働大臣決定）、社会保険労務士の事業者が講ずべき障害を理由とする差別を解消するための措置に関する対応指針（平成27年11月11日厚生労働大臣決定）など。

平成25年6月に障害者差別解消法が制定されたことを踏まえ、東京都では差別解消の取組をさらに推進するため平成30年10月1日に東京都障害者差別解消条例を施行した。

事業者における障害を理由とする差別の禁止について、この条例の制定時における障害者差別解消法では民間事業者の合理的配慮の提供は努力義務（同法8条2項）とされていたところを、都条例では事業者（都内で事業を行っている者）の義務（同条例7条2項）として厳格化した点や、都民に対して差別解消推進に関する施策への協力努力義務（同条例5条）を定めている点などに特徴がみられる。

なお、障害者差別解消法は令和3年6月に改正され、事業者による合理的な配慮の提供が義務付けられることになっている。[23]

2 就労支援

(1) 障害者の雇用の促進等に関する法律（障害者雇用促進法）

障害者雇用施策については、障害者の雇用の促進等に関する法律（昭和35年法律第123号）、同法に基づく「障害者雇用対策基本方針」（平成30年度～令和4年度）等に基づき、障害者がその適性と能力に応じて、可能な限り雇用の場に就き、職業を通じて社会参加することができるよう、障害者雇用率制度をはじめとした各種施策を展開している。

平成28年4月には改正障害者雇用促進法が施行され、障害者に対する不当な差別的取り扱いの禁止（採用の拒否など）、合理的配慮の提供義務（事業主に対して過重な負担を及ぼすときは提供義務を負わない）の規定、精神障害者を法定雇用率の算定基礎に加える等の改正がなされた。

(2) 条 例

地方自治体が制定する条例においても、障害者雇用を促進するための条例の制定や、制度の創設が行われている。以下では、その例をいくつか挙げる。

---

23) この改正の施行時期は、公布の日（令和3年6月4日）から3年を超えない範囲で政令で定める時期とされている。

① 総社市障がい者千五百人雇用推進条例

　国及び地方公共団体は、障害者の雇用促進及び職業の安定を図るため必要な施策を推進するよう努めなければならず（障害者雇用促進法6条）、総社市では、この施策として障がい者千五百人雇用推進条例（平成29年9月7日施行）が制定された。

　総社市では、元々、平成29年5月に「障がい者千人雇用推進条例」（平成23年4月施行）の目標であった障がい者の就労1,000人を達成し、今後さらに障がい者の雇用促進と就労の安定化を深化・推進していくために、新たに目標数値を1,500人とし、その目標を達成するため、あらためて市や事業主の責務、市民の役割といった基本的事項を定めた。

② 大阪府障害者等の雇用の促進等と就労の支援に関する条例

　この条例は、障害者の雇用、福祉、教育に関する大阪府における基本的な施策を定めているもので、平成22年に施行された。

　特に、府の調達契約や補助金交付の相手方など、府と関係のある事業主で、雇用障害者数が法定雇用障害者数未満である者は、その雇用障害者数が法定雇用障害者数以上となるようにするため、規則で定めるところにより、対象障害者の雇入れに関する計画を作成し、知事に提出させ（同条例18条1項）、改善が見られない際には、該当事業主の公表をするというルールを設けている点に特徴がみられる。

　なお、本条例は令和2年9月に改正され、法定雇用率未達成の特定中小事業主（府内にのみ事務所・事業所を有する常用労働者45.5人以上〜100人以下の事業主）を対象に、毎年6月1日現在の障害者の雇用状況の報告、障害者雇用推進計画の作成・提出に努めなければならないとされた。

③ 静岡県の職業定着支援

　静岡県では、障害者の職場定着に関する支援として以下のような支援を行っている。

a　ジョブコーチ派遣制度：障害者の職場適応と職場定着をサポートする。

b　精神障害者職場環境アドバイザー派遣制度：精神障害者が長く働け

るよう、従業員の意識改革や理解促進に向けた支援を行う。

　c　障害者就業・生活支援センター：企業だけでは対応困難な日常生活面のサポートや就職・職場定着に向けた支援を行う。[24]

(3)　障害者優先調達推進法

ア　法律の概要

　企業の障害者雇用の支援や障害者が就労する施設などの仕事の確保を目的に、国や地方公共団体等に対して、障害者が就労している施設（就労移行支援事業所、就労継続支援事業所（A型・B型）、障害者雇用促進法の特例子会社、重度障害者多数雇用事業所、在宅就業障害者等）から優先的に物品・サービス等を購入する努力義務を定めた法律として、国等による障害者就労施設等からの物品等の調達の推進等に関する法律（以下「障害者優先調達推進法」という）がある。

　都道府県等は、障害者優先調達推進法に基づき、調達の推進を図るための方針・調達目標を作成しなければならず、調達実績を公表することとされている（9条）。

イ　障害者雇用企業・障害者福祉施設等に対する特例措置

　しかし、実際には障害者優先調達推進法では、提供できるサービスが限定的なこともあり、活用は限られている。

　地方公共団体は障害者就労施設等の受注の機会の増大を図るための措置を講ずる努力義務があることから（同法4条）、各地方自治体は、障害者の雇用推進のため、官公需における特例措置（ないし優遇制度）を設けることによって、競争入札参加資格の等級格付けの時に加点がされたり、委託を発注・入札する際に特定の業務を委託し、受託業者に対して障害者の従事の条件をつけ、障害者雇用をしている企業を優遇する措置を設けている。

　例えば、福島県では、障害者雇用推進企業からの物品調達優遇制度を設けている。具体的には、随意契約により物品等を調達するときは、当該契約が

---

24)　参考文献：一般財団法人 地方自治研究機構　地域の雇用政策に関する条例　http://www.rilg.or.jp/htdocs/img/reiki/136_employment_policy.htm、静岡県HP　http://www.pref.shizuoka.jp/sangyou/sa-220/syougai1/index.html

地方自治法施行令167条の２第１項１号に該当する場合、障害者を積極的に雇用（法で定める障害者雇用率の２倍）している県内企業（中小企業を除く）等を対象として、優先的に選定するといった制度を設けている。

　京都府では、障害者雇用に対し積極的に取り組んでいる企業（事業所として障害者の雇用率が３％以上）に対して、京都府障害者雇用推進企業（京都はあとふる企業）として認証を行う。認証された企業は、府のホームページで紹介されたり、府内の中小企業者から優先して物品を調達する優先調達制度（地域貢献企業調達）の対象となるといった利益を享受できる[25]。

3　障害者手帳

(1)　身体障害者手帳

　身体障害者福祉法所定の障害に該当すると、都道府県知事（または政令指定都市市長、中核市市長）から身体障害者手帳（等級は１級から７級まで）の交付を受けることができる。身体障害者手帳の交付を受けると、障害の等級に応じたさまざまなサービス（医療費・装具費などの助成や所得税・住民税・自動車税などの各種税金の軽減措置、公共交通機関での料金の割引サービス等）を受けることができる。

　基本的な制度枠組みに関しては、身体障害者福祉法や同法施行令、同法施行規則に定められているが、障害程度の再認定のための審査に関する必要書類等の細目的な事項については、地方自治体において施行細則などの形で定められている[26]。

(2)　精神障害者保健福祉手帳

　精神障害者保健福祉手帳は、精神保健及び精神障害者福祉に関する法律に基づいて交付されるものである。精神障害者保健福祉手帳（等級は１級から３級まで）の交付を受けると、公共料金等の割引、税金の控除・減免、生活福祉資金の貸付等を受けることができる。

　ただし、知的障害があり、上記の精神障害がない者については、療育手帳

---

25)　参考：福島県HP　https://www.pref.fukushima.lg.jp/sec/32011c/syougaisya-buppin.html、京都府HP　https://www.pref.kyoto.jp/h-ninsyo/h-company.html
26)　渋谷区身体障害者福祉法施行細則など

制度があるため、手帳の対象とはならない（精神保健及び精神障害者福祉に関する法律45条において精神障害者のうち知的障害者を除くと規定されている）。

　精神障害のために自身を傷つけ又は他人に害を及ぼすおそれのある精神障害者に対しては、適切な治療及び保護を提供するため、これを発見した警察官は最寄りの保健所長を経て都道府県知事に通報しなければならない（精神保健及び精神障害者福祉に関する法律23条）とされ、都道府県知事は指定医の診察の結果を踏まえ措置入院させるか否か判断することになる（同法29条）。

　かかる措置入院に関する内容については、従前は条例で個別に定められていたが、²⁷⁾全国の地方公共団体において措置入院の運用が適切に行われるよう、厚生労働省より平成30年3月27日（障発0327第15号）措置入院の運用に関するガイドラインが通知されている。

(3)　療育手帳

　療育手帳は、身体障害者手帳や精神障害者保健福祉手帳とは異なり、明確な法律上の根拠は存在せず、旧厚生省が昭和48年に発出した「療育手帳制度要綱」²⁸⁾をもとに、各都道府県等によって独自に運用されている。このため、名称も「愛の手帳」（東京都・横浜市）、「みどりの手帳」（埼玉県）、「愛護手帳」（青森県・名古屋市）などと、全国一律ではない。

　療育手帳は、児童相談所又は知的障害者更生相談所において、知的障害があると判定された場合に交付される。なお、判定される障害の等級や判定にあたっての基準は各都道府県で異なる。

　療育手帳の交付を受けると、障害者総合支援法に基づく障害者福祉サービスや、各自治体や民間事業者が提供するサービスを受けることが出来るほか、療育手帳の交付を受けていることが、障害児童手当、特別児童扶養手当、特別障害者手当等の自治体の給付金の条件となる場合があり、例えば、愛知県では、身体障害の等級と療育手帳IQ35以下、またはIQ50以下に応じて、在宅重度障害者手当を受けることができる。²⁹⁾

---

27)　例：新潟県精神保健及び精神障害者福祉に関する法律施行条例
28)　昭和48年9月27日厚生省発児第156号
29)　愛知県HP　https://www.pref.aichi.jp/soshiki/shogai/0000044563.html

4　障害年金と条例

(1)　障害年金

　障害年金は、国民年金法、厚生年金保険法等に基づき、疾病又は負傷によって所定の傷害の状態になった者に対して支給される公的年金である。

　障害年金を受けられるのは、公的年金に加入し、保険料納付済期間等を有し、かつ、障害の状態が一定の程度にあることなどの障害年金の支給要件を満たしている者である。等級は1級から3級までであるが、前記手帳の等級とは判断基準が異なる。

　種類としては、障害基礎年金と障害厚生年金がある。

(2)　障害者福祉給付金支給条例

　前述の通り、各自治体には障害者に対し、給付金を支給する制度を設けているところもある。

　例えば、重度身体障害者及び知的障害者並びに精神障害者に対して、追加で、障害者福祉給付金（大野町では障害の等級に応じて、年額6,000円から1万8,000円）を支給し、障害者福祉の増進を図ることを目的とする条例が存在する。[30]

〔矢野　篤〕

コラム⑰　ロクイチ（6月1日）報告とは

　障害者雇用促進法では、事業主に対して、毎年6月1日現在の高年齢者および障がい者の雇用に関する状況を、本社所在地を管轄するハローワーク（公共職業安定所）に報告することを義務づけている（同法43条7項）。この報告は、6月1日現在の状況を報告するものとなっているため「ロクイチ報告」と呼ばれている。この調査から、行政では各企業が障がい者を何人雇用しているのかを把握することができる。そして、これらの結果がまとめられて「障害者雇用状況の集計結果」となり、全国の障

---

30)　例：大野町障害者福祉給付金支給条例、八幡浜市障害者福祉給付金条例、伊方町心身障害者福祉給付金条例、小平市心身障害者福祉手当支給条例

害者雇用率が分かるようになっている。

　また、障害者の雇用において障害者の離職率も重要である。

　障害者職業総合センターの「障害者の就業状況に関する調査研究」（平成29年（2017年））では、障害者の職場定着率として、身体障害者、知的障害者、精神障害者、発達障害者の4種類の障害種類別の1年間の職場定着率が調査されたが、この際、1年後の知的障害者と発達障害者の定着率はほとんど同じで約70％、次に低いのが身体障害者約60％、そして、最も低いのが精神障害者で約49％という結果となっている。

　定着率低下の原因こそ特定できないものの、現在、精神障害者において定着率を低下させる状況が存在することは間違いがなく、この点を解決しようと、例えば、障害者支援事業を行う企業では、東京都と連携し、定着に向けたジョブコーチ支援や精神・発達障害者しごとサポーター養成講座の開催等により定着率を増加させようとする試みが見られる（参考文献：公益法人東京しごと財団HP（https://www.shigotozaidan.or.jp/shkn/yourself_supporter/））。

〔矢野　篤〕

第 **8** 章

墓地・霊園

相談内容	対応例

千葉市内に墓地等を開設したい
→ 千葉市長の許可を受ける

→ ① 開設計画を周知させるための標識の設置
　② 周辺住民への説明
　③ 市長との事前協議

周辺住民が反対している
→ 事前協議に先立って、周辺住民に対して計画を説明して周辺住民の理解が得られるよう努める

予定地に農地がある
→ 千葉市長から農地転用許可を受ける
農地が農用地区域内農地の場合、原則不許可

墓地を拡張したい
納骨堂・火葬場の施設を変更したい
→ 千葉市長の許可を受ける

→ ① 開設計画を周知させるための標識の設置
　② 周辺住民への説明
　③ 市長との事前協議

墓地等を廃止したい
→ 千葉市長の許可を受ける

→ 改葬手続の完了

ペット霊園を開設したい
→ 各自治体に確認する
（条例を制定し許可制を採る自治体が多い）

根拠法	根拠条例等
▪ 墓地、埋葬等に関する法律 10条1項	▪ 千葉市墓地等の経営の許可等に関する条例3条 ▪ 千葉市墓地等の経営の許可等に関する条例6条 ▪ 千葉市墓地等の経営の許可等に関する条例6条 ▪ 千葉市墓地等の経営の許可等に関する条例施行規則7条4項
▪ 農地法5条 ▪ 農業振興地域の整備に関する法律（農振法）8条	▪ 千葉市農地の転用の許可（第5条）審査基準
▪ 墓地、埋葬等に関する法律 10条2項	▪ 千葉市墓地等の経営の許可等に関する条例4条 ▪ 千葉市墓地等の経営の許可等に関する条例6条
▪ 墓地、埋葬等に関する法律 10条2項	▪ 千葉市墓地等の経営の許可等に関する条例5条 ▪ 千葉市墓地等の経営の許可等に関する条例8条6項
▪ 現在法律による規制なし	▪ 各自治体の条例 （例：千葉市ペット霊園の設置の許可等に関する条例、京都市ペット霊園の設置等に関する条例、秋田市ペット霊園の設置等に関する条例）

1　概　要

1　はじめに

　本章では、公共団体以外の事業者が、墓地・納骨堂・火葬場（以下「墓地等」という）を開設し、経営するための手続、開設後に墓地等を変更する手続及びそれらを廃止する手続に関する条例等の全体像について解説する。

2　関係する法律・条例

⑴　法律・規則

　墓地等の開設、変更、廃止等に関しては「墓地、埋葬等に関する法律」（以下「墓埋法」という）が基本法として制定されている。墓埋法は、墓地等の開設・経営については10条1項が、墓地等の変更・廃止については、同条2項が、それぞれ都道府県知事（市又は特別区にあっては、市長又は区長。以下同じ）[1]の許可が必要である旨を定めている。また、墓埋法は、届出や報告などといった規制の枠組みについても規定している。

> **墓地、埋葬等に関する法律**
>
> 第10条　墓地、納骨堂又は火葬場を経営しようとする者は、都道府県知事の許可を受けなければならない。
>
> 2　前項の規定により設けた墓地の区域又は納骨堂若しくは火葬場の施設を変更し、又は墓地、納骨堂若しくは火葬場を廃止しようとする者も、同様とする。

　また、墓埋法を補うものとして「墓地、埋葬等に関する法律施行規則」（以下「墓埋法規則」という）が定められている。

　その他、墓地等を開発、造成するためには、都市計画法、国土利用計画法、農地法、自然環境保全法等の土地開発規制法規による許認可等を必要とする

---

1)　墓埋法2条5号

場合があるのでこれらの法規制も遵守しなければならない。

(2)　条　例

ア　墓地等の経営許可等に関する条例

　上述のとおり、墓埋法は、墓地等の開設、変更、廃止について都道府県知事の許可を得る必要がある旨規定しているほか、規制の基本的な枠組みについても定めている。もっとも、墓地等の経営にあたっては、地域によって住民の宗教感情や風土・文化等が異なることをふまえ、具体的な運用については各都道府県において地域の実情に応じて行われることが望ましいという観点から、墓地等の指導監督に関する事務は、従前より、「団体委任事務」として各地方自治体に委ねられてきた。さらに平成12年４月の「地方分権の推進を図るための関係法律の整備等に関する法律」の施行に伴い、墓地等の指導監督に関する事務は、現在、地方自治体が自らの責任において行う「自治事務」となっている。

　これを前提に、各地方自治体では、墓地等の経営許可をはじめとする墓地等の経営管理に関し、条例・細則を独自に定め、これに従った監督等を行っている（例：東京都「墓地等の構造設備及び管理の基準に関する条例」、大阪府「大阪府墓地、埋葬等に関する法律施行条例」、横浜市「横浜市墓地等の経営の許可等に関する条例」など）。条例の内容は各自治体によってまちまちであり、必要最低限のもののみを定めるものもあれば、独自の詳細な条件を付すものもある。

　なお、この都道府県知事の許可の法的性質については諸説ある。その中には、墓埋法１条にいう国民の宗教的感情への適合及び公共の福祉に支障のないことという法の趣旨（目的）は許可の場面においても一つの判断基準となるところ、その判断については一般人の経験則に基づいてなされ得るものであり司法審査になじむものであることから、許可の法的性質は、いわゆる便宜裁量行為ではなく、羈束裁量行為と解すべきとする説もある。

　もっとも、いずれの説に立つにせよ、墓地等の経営は高度の公益性を有す

2)　昭和29年10月７日衛環第100号　環境衛生課長から京都府衛生部長あて回答参照。
3)　小松初男『墓地・納骨堂、葬送の法律相談』（青林書院、令和３年）27頁

るとともに地域的条件等も踏まえるべきとされており、現実的には法律上許可権限者である都道府県知事等に幅広い裁量を与える趣旨と解されている[4]。

イ　環境影響評価条例

墓地等の造成は、各自治体の環境影響評価条例の対象事業となっている場合も多い為、各自治体に確認した上で、必要に応じて環境影響評価条例に基づく手続を履践する。

3　定義等

墓地等に関する主な定義は以下のとおりである。

(1)　墳　墓

死体を埋葬し[5]、又は焼骨を埋蔵する施設をいう（墓埋法2条4項）。いわゆる「お墓」のうち個々人の埋葬されている部分であり、墓石等がこれにあたる。なお、あくまで「死体を埋葬」又は「焼骨を埋蔵」する施設であるので、写真や縁故品等を納めるための記念碑や慰霊碑等は含まれない[6]。

(2)　墓　地

墳墓を設けるために、墓地として知事等の許可をうけた区域をいう（墓埋法2条5項）。近年増えつつある樹木葬などについてはコラム⑱を参照されたい。

(3)　納骨堂

他人の委託をうけて焼骨を収蔵するために、納骨堂として知事等の許可を受けた施設をいう（墓埋法2条6項）。「墳墓」との違いは、①死体が対象になるか否か、②焼骨を「埋蔵」するか「収蔵」するか（すなわち、埋めるか否か）、の2点である。一定の区画を利用者に提供して焼骨を保管する施設であり、通常は室内に作られる[7]。

---

4)　小松初男『墓地・納骨堂、葬送の法律相談』（青林書院、令和3年）27頁、生活衛生法規研究会監修『新逐条解説　墓地、埋葬等に関する法律第3版』（第一法規、平成29年）48頁

5)　妊娠4ヶ月（85日）未満の死胎、手術等により切断された手足等は「死体」に該当しない。また、死体とは別個に頭髪、爪、歯のみを分割して埋める場合には、これらも死体に該当しない（昭和27年8月5日衛環第74号環境衛生課長回答、昭和31年9月19日衛環第94号環境衛生課長回答、昭和53年12月25日環企第190号環境衛生局企画課長通知）。

6)　昭和30年1月10日衛環第1号環境衛生課長回答、昭和31年11月16日衛環第113号環境衛生課長回答、昭和32年3月28日衛環第23号環境衛生課長回答

7)　墳墓に埋蔵する前に一時的に自宅に保管する場合は「収蔵」にあたらないが（昭和26年9月4

⑷　火葬場

　火葬を行うために、火葬場として知事等の許可をうけた施設をいう（墓埋法2条7項）。死者を葬る方法としては火葬のほかに土葬、水葬等があるが、現代の日本社会においては火葬がほとんどを占めている。

4　法律と条例の枠組み

　上述のように、法律上、墓地等を開設する場合、開設後に墓地の区域を拡張する場合又は納骨堂若しくは火葬場の施設を変更する場合、並びに開設した墓地等を廃止する場合には、知事又は（市又は特別区の場合）市区の長の許可が必要（墓埋法2条5項、10条1項及び2項）とされており、これらの許可に係る具体的な基準や手続については、各地方自治体の条例及びこれを受けた規則等で定められている。

　東京都の場合、都が定める「墓地等の構造設備及び管理の基準に関する条例」及び「墓地等の構造設備及び管理の基準等に関する条例施行規則」が存在するが、上述のとおり墓地等の開設等の許可権限が市長又は区長に認められているほか、一部の町村については許可に関する事務が東京都知事から当該町村の長に移譲されている。[8] このため、実際の手続においては、特別区である23区及び各市町村における条例及び規則（港区の「港区墓地等の経営の許可等に関する条例」、府中市の「府中市墓地等の経営の許可等に関する条例」など）に則って許可に係る審査及び各種監督が行われる。東京都の条例・規則と23区及び各市町村の条例・規則の内容は、項目としてはおおむね同様であるものの、細かな設備基準等に地域ごとの差異が見受けられるため、墓地等の開設などにあたっては、開設予定地に適用される条例がどの条例であるのか、正確に理解することが重要である。

〔上村　遥奈〕

　日衛環第108号環境衛生課長回答依頼）、老人ホーム等で身寄りのない老人などの焼骨を保管する行為は「収蔵」にあたる（昭和44年7月7日環衛代9092号環境衛生課長回答）。

8)　東京都では、「市町村における東京都の事務処理の特例に関する条例」によって、東京都内の瑞穂町、日の出町、檜原村、奥多摩町につき、墓埋法10条1項及び2項の各許可に関する知事の事務が各町長・村長に移譲されている（例：東京都檜原村「檜原村墓地等の経営の許可等に関する条例」）。

コラム⑱　土葬、散骨、樹木葬

　日本における火葬以外の葬送の方法について若干補足する。

　土葬（土の中に死体をそのままの状態で埋葬すること）に対応した霊園を開設することについては、墓埋法で禁止されているものではないが、衛生上の観点等から、現在多くの地方自治体では広範な地域を「土葬禁止地域」として指定し、又は土葬を原則として禁ずる定めを置いており、さらに周辺住民の理解等を得られるか否かといった問題もあることから、事実上も著しく制限されている状況である。もっとも、イスラム教徒など、宗教上の理由から土葬を求める声も少なくはなく、グローバル化に伴うひとつの課題といえよう。

　また、故人または遺族が、特定の墳墓を設けず、海などに遺灰を撒く「散骨」を希望していることもある。散骨は「埋蔵」ではないため、墓埋法による規制対象ではなく、また刑法（遺骨遺棄罪（190条））にも違反しないとされているが、散骨地域の農作物等に対する風評の問題などもあり、地方自治体によっては、条例によって散骨を規制している。かかる規制方法は様々であり、全面禁止（北海道長沼町「長沼町さわやか環境づくり条例」など）、原則禁止（埼玉県秩父市「秩父市環境保全条例」など）、散骨場の規制（長野県諏訪市「諏訪市墓地等の経営の許可等に関する条例」など）及びこれらのハイブリッド（北海道岩見沢市「岩見沢市における散骨の適正化に関する条例」）といった形がある。

　さらに近年希望者が増加しているのが、墓石の代わりに樹木を墓標とした「樹木葬」である（なお、墓地以外の場所に遺骨を埋葬することは、日本の法律上認められておらず、あくまで法律上の許可を得た墓地内の樹木に遺骨を埋める方式である）。樹木葬に対応した霊園も通常の墓地等と同様、墓埋法・墓埋法規則及びこれを受けた各条例の規制対象であるが、実際の運営にあたっては、樹木の定期的な管理が必要になる等、通常の墓地等と異なる配慮が必要となる。

〔上村　遥奈〕

② 設置の許可

1 はじめに

　ここでは、実際に墓地等を新しく開設して経営するための許可に向けた手続について説明する。既述のとおり、墓地の設置に関する許可に関する事項の詳細は、各地方自治体における条例において定められており、まずは具体的にどの条例が適用されるのかを調査して、その内容に沿って許可申請の準備をすることになる。

　ただし、各条例による許可基準は、旧厚生省（現在の厚生労働省）から各都道府県知事らに宛てて発出された通知である「墓地経営・管理の指針等について」の別添１「墓地経営・管理の指針」[9]（以下「墓地経営管理指針」という）で示された内容を原則的に採用し、その上で各地域の宗教感情や風土・文化等により具体的な基準が定められているので、その基本的な考え方は共通していると考えた上で、各地域の実情に応じた基準への検討をするのが適切である。

　本項では墓地経営管理指針で示された内容と、具体例を示す場合には比較的わかりやすい内容の条例と思われる「千葉市墓地等の経営の許可等に関する条例」を中心に解説し、その他の地域の条例についても、特徴があると思われる内容を中心に適宜紹介する。もっとも、全条例を網羅して特徴を紹介するには至らないので、繰り返しとなるが、具体的に許可申請を予定している場合は、まずは開設予定地に適用される条例を確認し、その具体的な基準を正確に把握する必要がある点にご留意いただきたい。

2 墓地等の新規経営許可を得る手続の一般的な流れ

　墓地等の新規経営許可の取得に向けては、一般的に次のような流れを辿ると考えられる。

---

9)　平成12年12月6日生衛発第1764号

(1)　事前調査

経営主体や墓地等の設置条件が整っているかを事前に調査する。

(2)　事前の近隣住民への説明

墓地等の設置の計画段階で地方自治体に相談を開始し、当該計画を近隣住民に対して周知するため計画地に標識を設置し、又は近隣住民に対し説明会を行い、標識を設置あるいは説明会を行ったことを速やかに許可権者に報告する[10]。地域によっては、個別の説明の方法で説明を行う[11]。

近隣住民から意見の申出があった場合はその近隣住民と協議を行い、その過程や結果を許可権者に提出する[12]。

なお、近隣住民への説明を行う時期については、次項(3)の許可権者との事前協議とほぼ同時期に行われることが多い。

(3)　事前協議

墓地等の経営計画について、許可権者である都道府県または指定都市等地方自治体の担当部署と具体的な相談・調整を行う[13]。

(4)　許可申請

事前協議の結果許可の要件を満たすことが確認できたら、墓地等の経営許可の申請を行う[14]。各条例に定められている経営主体、墓地の環境基準、墓地等の施設基準など全ての許可基準に適合していると認められるときでなければ、許可を得ることはできない[15]。

(5)　工　事

許可を得た後に、墓地等の工事に着手する。工事完了後、その旨の届出をして、工事が計画通り基準を満たす内容で行われたか検査を受ける[16]。

---

10)　千葉市条例6条2項、横浜市条例4条2項、さいたま市条例6条など。

11)　横浜市条例4条2項、さいたま市条例7条など。

12)　申請者に対して①公衆衛生その他公共の福祉の観点から考慮すべき意見、②墓地又は納骨堂の構造施設と周辺環境との調和に対する意見、③墓地等の建設工事の方法等についての意見の申出があった場合などを指す（千葉市条例6条3項、三鷹市条例18条参照）。

13)　千葉市条例6条1項、横浜市条例16条、さいたま市条例4条など。

14)　各自治体の規則等に開発許可申請書の書式が掲載されている（横浜市条例規則〔第1号様式〕、三鷹市条例規則〔様式第1号〕など。

15)　京都府条例3条、千葉市条例8条

16)　横浜市条例では、工事完了後に市長の検査を受け、基準適合の確認を得た後でなければ、墓地等の使用が認められていない（同条例13条1項2項）。

コラム⑲ 墓地の名義貸し

　墓地等の経営主体については、墓地経営管理指針において、「市町村等の地方公共団体が原則であり、これによりがたい場合であっても宗教法人、公益法人等に限る」旨が示されており、これに基づき、基本的にどの地方自治体でも設置主体を上記で列挙された者に限定する定めを設けている。しかしながら、墓地不足が深刻化する地方において、墓地使用権の販売等による利益を得ることを目的に、宗教法人等の名前で墓地等の経営許可を取得しつつ、実質的な墓地等の経営の実権は営利企業が握る、いわゆる「名義貸し」が少なからず行われている。

　墓地経営管理指針においては、名義貸しの例として、石材店が宗教法人に墓地経営の話を持ち掛け、石材店の資金援助のもと、宗教法人が墓地経営の許可を取得するものの、石材店と宗教法人の間では、墓地使用権や墓石の販売など、墓地の経営管理は石材店が一手に行い、宗教法人はこれに関与しない取り決めを行っているケースが指摘されている。

　こういった場合、宗教法人等は一時的に名義貸し料を事業者から得ることができるが、墓地使用権販売等の収入の大半は石材店が得ることとなり、その一部の分配を受けられるにとどまる。加えて、販売終了後の墓地の管理費用については、石材店等は負担せず、宗教法人等が負担しなくてはならないことが多い。

　また、墓地の管理運営に係る法的な責任を負うのは許可を取得した名義人たる宗教法人等であることから、使用者とのトラブル等が生じればそれに自ら対応しなければならないうえ、名義貸しが明らかとなった場合、墓地等の経営許可が取り消される可能性もあり、レピュテーション上のリスク等も無視できない（名義貸しによって墓地の経営許可が取り消された事案として、さいたま地判平成17・6・22裁判所ウェブサイト掲載判例〔28101672〕参照）。

　以上のような名義貸しによる弊害は、最終的に墓地等の利用者にも不利益をもたらしかねない。そのため、墓地経営管理指針では、経営許可の審査にあたっては名義貸しが行われないよう留意すべき旨各地方自治

> 体に指導しており、これを受けて各地方自治体では条例上様々な工夫が
> 行われている（たとえば、東京都の条例では、墓地等の設置場所を原則とし
> て許可申請者の所有する土地とし、墓地使用権の販売を含む墓地の経営権者と
> 許可申請者が基本的に一致する仕組みとなっている（東京都「墓地等の構造設
> 備及び管理の基準等に関する条例」6条1項1号、8条1号））。
>
> 〔上村　遥奈〕

3　墓地経営の許可に関する指針の基本事項

⑴　利用者の利益を重視した指針

　墓地経営管理指針によれば、墓地経営者には、利用者を尊重した高い倫理
性が求められる。また、経営・管理を行う組織・責任体制が明確にされてい
ること、計画段階で許可権者との協議を開始すること、許可を受けてから募
集を開始することも指針の基本事項として示されている。

　ここに顕れているのは、利用者に不利益が及ばない墓地等の運営を実現す
るために、許可の段階で慎重な判断をすべきであるという姿勢である。

　千葉市墓地等の経営の許可に関する条例では、19条に経営者の責務という
条文が定められ、墓地の経営者または管理者の責務を具体化している。

千葉市墓地等の経営の許可に関する条例

（経営者の責務）

第19条　墓地等の経営者及び法第12条に規定する管理者（以下「経営者
　　等」という。）は、次に掲げる事項を遵守しなければならない。

　⑴　墓地等の管理運営は、経営者等が行うこと。ただし、付随的な事
　　　務を委任する場合は、この限りでない。

　⑵　墓地等は、常に清潔を保持し、施設が破損した場合は、速やかに
　　　修理すること。

　⑶　墓地の区域の面積が2,000平方メートル以上の墓地にあっては、墓
　　　地の出入口等利用者の見やすい位置に、規則で定める事項を規則で

定める方法により表示すること。

(4) 火葬場における残骨は、宗教的感情上及び公衆衛生上支障のないように取り扱うこと。

(2) 許可権者との事前相談

　手続面の特徴としては、計画段階で許可権者との協議を開始することにあり、実際の許可申請手続に入る前に計画内容を最終案に近い形で明確化し、許可申請手続が空振りになる例を出さない仕組みが目指されている。これから許可申請を予定している者にとっては、多岐にわたる許可基準を独自に漏れなく満たすよう準備することは困難なため、事前相談をすることで無駄の無い準備が可能となる。

　千葉市墓地等の経営の許可に関する条例6条1項でも、事前協議について定められている。

千葉市墓地等の経営の許可に関する条例
　（事前協議等）
第6条　法第10条第1項又は第2項の規定による墓地又は納骨堂の経営又は変更の許可の申請をしようとする者（地方公共団体を除く。以下「申請予定者」という。）は、当該墓地又は納骨堂の工事着工前に、当該墓地又は納骨堂の経営又は変更の計画（以下「経営等の計画」という。）について市長と協議しなければならない。

(3) 周辺住民への説明

　墓地経営管理指針には、周辺住民への説明を行うことについての言及は無いものの、多くの条例では、周辺住民へ事前に計画内容の説明を行うことを定めている。その方法は計画地に標識を設置する、説明会を開催する、個別に訪問して説明する等があり、その結果を許可権者に報告することとなっている。

　これは、墓地等は周辺の生活環境との調和が求められているため、実際に

居住する者の意見を求めることが実質的に利益につながることや、経営許可後に周辺住民とトラブルが発生することは経営者ひいては利用者にとって不利益となることから、これを事前に防ぐ必要があるためと考えられる。ただし、これらの定めがある場合にも、周辺住民の同意をとることまでは必要とされていない[17]。

　千葉市墓地等の経営の許可に関する条例では、許可権者である市長との協議の前に周辺住民への説明、協議を行うよう定めている。

千葉市墓地等の経営の許可に関する条例

（事前協議等）

第6条（中略）

2　申請予定者は、経営等の計画を周知するため、規則で定めるところにより、標識を設置し、標識の設置後、経営等の計画を周辺住民等（規則で定める者をいう。以下同じ。）に説明しなければならない。この場合において、当該標識を設置したとき又は周辺住民等への説明をしたときは、規則で定めるところにより、速やかに、市長に報告しなければならない。

3　申請予定者は、前項の規定による説明をした後、周辺住民等から経営等の計画について規則で定める日までに次に掲げる意見の申出があったときは、当該申出を行った者と協議しなければならない。この場合において、当該協議をしたときは、規則で定めるところにより、速やかに、市長に報告しなければならない。

　⑴　公衆衛生その他公共の福祉の見地から考慮すべき意見

　⑵　墓地又は納骨堂の構造施設と周辺環境との調和に対する意見

　⑶　墓地又は納骨堂の建築工事の方法等についての意見

4　申請予定者は、前項の規定により協議を行ったときは、規則で定めるところにより、速やかに、同項の規定により申し出された意見に対する見解を示した文書を作成し、当該申出を行った者に送付するとと

---

17)　小松初男『墓地・納骨堂、葬送の法律相談』（青林書院、令和3年）29頁

もに、その写しを市長へ提出しなければならない。

5　第2項から前項までに規定する手続は、第1項の規定による市長と
の協議の前に行わなければならない。

4　経営主体についての許可基準

⑴　市町村等の地方公共団体が原則、例外的に宗教法人又は公益法人

　墓地経営管理指針によれば、墓地等の経営主体は、市町村等の地方公共団
体が原則であり、これによりがたい事情があっても宗教法人又は公益法人等[18]
に限られることが示され、各条例でもこの原則が定められている。

　新たに墓地等の経営の許可を得る場合の最初にクリアすべき課題は、この
経営主体についての許可の基準を満たすことである。

　このように経営主体が限られる実質的な理由は、墓地等には永続性及び非
営利性の確保が必要であり、非営利性の観点から宗教法人または公益法人等[19]
に適格性があるとされること、永続性の面ではさらに地方公共団体の方がよ
り適格性が高いことによる。

　許可に当たっては、コラム⑲でも触れた通り、近年問題事例があったこと
を受け、経営主体に名義貸しが行われていないかにつき、利用者に不利益が
及ぶことを防ぐ目的でチェックされる。

　また、名義貸しに限らず、利用者に不利益が及ぶことを防ぐため、当該経
営主体に安定的な経営管理計画が存在するかも慎重に判断される。具体的に
は、安定的な経営を行うに足りる十分な基本財産を有していること、自ら土
地を所有していること、土地に抵当権等が設定されていないこと、当初から
過度な負債を抱えていないこと、中長期的需要見込みが十分行われているこ
と、中長期的収支見込が適切であり将来にわたって経営管理が可能な計画を

---

18)　墓地経営主体が宗教法人又は公益法人である場合には、墓地経営が可能な規則、寄附行為とな
　っていることが必要である（墓地経営管理指針より）。
19)　なお、墓地経営管理指針によると、公益法人による墓地等経営の許可に当たっては、墓埋法上
　の監督と公益法人の監督が一体となっていることが望ましいこと、また、墓地等の地域的な事情
　を勘案する必要を満たすために、当該公益法人が大臣認可の法人でなく、かつ大臣認可となる予
　定がない法人に限られる。

立てていること、墓地等以外の事業を行っている場合には経理・会計を区分していること、が求められる。

(2)　「みなし墓地」の経営主体

なお、墓埋法の施行以前に許可を得て既に墓地等を経営していた場合は、同法の許可を受けたものとみなされ（墓埋法26条）、これらの墓地等は通称「みなし墓地」と呼ばれる。「みなし墓地」の経営主体には、個人や営利団体が含まれていることがある。

(3)　個人墓地開設の可否

個人が所有する土地に新しく墓地を作りたいという場合、例えば自宅の庭にお墓を作るということであっても、墓埋法ひいては各条例に則る必要がある。上述のとおり、経営主体は地方公共団体や宗教法人、公益法人に限られていることからすれば、原則として個人が経営主体となって墓地を開設することはできない。

ただし、自治体によっては、例外的に個人墓地の開設を認めている。これらの自治体では、あくまで地方公共団体や宗教法人、公益法人が墓地等の経営主体となることを原則としつつ、よほどやむを得ない事情があって、個人で墓地を作る必要がある場合に限り例外を認めるという基準となっている。

やむを得ない事情とは、付近に利用できる公共墓地がなく、かつ下記アからエのいずれかにも該当するような場合である。[20]

ア　災害又は公共事業のために墓地を移転するとき

イ　自己又は親族のために、自己又は親族の既設墓地に隣接して設置するとき

ウ　自己又は親族のために設置する場合で、近接して多数の墳墓があり、支障がないと認められるとき

エ　自己又は親族のために設置する場合で、新設しようとする場所が山間地その他交通の著しく不便な場所にあり、やむを得ないと認めるとき

---

20)　岡山県津山市条例3条、同条例施行規則2条など

千葉市墓地等の経営の許可に関する条例8条でも、原則と例外の双方を定めており、個人経営の「みなし墓地」についてはその承継と、災害発生時や公共事業実施時の移転を許可する場合があることも示されている。ただし、全く新しい個人墓地の新設経営は想定されていない。

5 設置場所と構造設備の許可基準

(1) 設置場所と構造設備の条件の概要

墓地経営管理指針によれば、墓地の設置場所について、周辺の生活環境との調和に配慮されていること、墓地の構造設備について、一定以上の水準を満たしていることが求められ、各条例による許可基準も各地域の実情に応じてその具体的な内容を定めている。

周辺の生活環境との調和という意味では、地域の実情に応じて学校、病院その他の公共施設、住宅、河川等との距離が一定以上であることが求められる。

また墓地等の構造設備は、良好な環境を保ち、利用者が気持ちよく利用できるよう、周囲に垣根を設ける、通路幅や墓地区画の面積を一定以上とする、不要となった墓石、供物等の集積場所を設けるなどの基準を設定することが求められる。[21]

千葉市墓地等の経営の許可に関する条例

（許可の基準）

第8条　市長は、法第10条第1項の規定による墓地の経営の許可の申請があった場合において、当該申請に係る墓地の経営が次の各号に規定する基準に適合し、かつ、当該墓地が次条から第11条まで及び第15条に規定する基準に適合していると認められるときでなければ、同項の許可をしてはならない。

　(1)　次のアからオまでのいずれかに該当するものであること。

---

21)　この点、都市計画法の都市計画又は都市計画事業として行う場合の基準である「墓地計画標準」（昭和34年建設省発計第25号建設事務次官通知）等も参考にすることが適切とされている（墓地経営管理指針より）。

　　ア　地方公共団体が経営する場合

　　イ　宗教法人法（昭和26年法律第126号）第４条第２項に規定する宗
　　　教法人であって、市内に５年以上事務所（同法の規定により登記
　　　された事務所に限る。以下このイにおいて同じ。）を有するもの
　　　が、同法第２条に規定する目的のために行う活動として次のいず
　　　れにも該当する土地において墓地を経営する場合。ただし、規則
　　　で定める場合にあっては、(イ)の規定は適用しない。

　　　(ア)　所有権以外の権利（市長が特に理由があると認めた権利を除
　　　　く。）が存しない自己の所有地

　　　(イ)　当該宗教法人の事務所が存する境内地（宗教法人法第３条に
　　　　規定する境内地をいう。）又はこれに隣接する土地を含む一団の
　　　　土地

　　ウ　公益社団法人又は公益財団法人であって、市内に事務所（一般
　　　社団法人及び一般財団法人に関する法律（平成18年法律第48号）
　　　の規定により登記された事務所に限る。）を有するものが、自己の
　　　所有地に設置した墓地を経営しようとする場合

　　エ　自己又は自己の親族のために設置された墓地を自己又は自己の
　　　親族のために引き継いで経営する場合

　　オ　災害の発生又は公共事業の実施に伴い、自己又は自己の親族の
　　　ために設置された墓地を移転して、新たに自己又は自己の親族の
　　　ために墓地を経営する場合で、宗教的感情上及び公衆衛生上支障
　　　がないと市長が認めた場合

　(2)　前号イ又はウに該当する墓地の経営にあっては、当該墓地の経営
　　を行おうとする者が当該墓地を経営するために十分な財産その他の
　　経済的基礎を有していると市長が認めたものであること。

２　前項の規定は、法第10条第１項の規定による納骨堂の経営の許可の
　申請があった場合に準用する。この場合において前項中「墓地」とあ
　るのは「納骨堂」と、「次条から第11条まで」とあるのは「第12条」
　と、同項第１号中「オまで」とあるのは「ウまで」と読み替えるもの

とする。

(2) 設置場所と構造設備の条件の具体的内容

　墓地等を新設する土地の条件は、具体的には下記を満たすものでなくてはならない。

・経営主体が所有すること
・抵当権等が付されていないこと
・国道、県道、市道、主要河川などから一定距離があること
・墓埋法以外の他制度に基づく許可等が必要な場合には、当該許可等を得たことを証する書類が存すること。

例）農地法上の農地転用の場合

　登記簿上の地目を「墓地」と変更するにあたり、元の地目が「田畑」の土地を地目変更するには、農業委員会への農地転用の許可申請が必要となる。この許可には時間がかかるので、早期に準備しておく必要がある。

例）環境影響評価条例の対象事業となっている場合

　墓地等の造成が環境影響評価条例に基づく環境影響評価の対象事業となっている場合には、環境影響評価の実施が必要となる。

　例として、千葉市墓地等の経営許可等に関する条例を参照すると、下記のように、墓地、納骨堂、火葬場など設置する墓地等の種類ごとに具体的な基準が条例で定められていることがわかる。墓地は環境基準と施設基準の双方があり、納骨堂、火葬場は施設基準がそれぞれ定められている。

千葉市墓地等の経営許可等に関する条例
　（納骨堂の施設基準）
第12条　納骨堂の施設は、次に掲げる基準に適合しなければならない。
　（1）　納骨堂の周囲は、相当の空地を有し、かつ、その境界に障壁又は

密植したかん木の垣根等を設けること。ただし、建物の一部におい
て堅固な障壁等で他の施設と区画して経営する納骨堂にあっては、
この限りでない。

(2)　納骨堂の出入口には、施錠のできる門扉を設けること。

(3)　納骨堂には、便所、使用水の施設、待合室及び管理事務所を設け
ること。ただし、納骨堂の利用者が使用できる便所、使用水の施設、
待合室及び管理事務所が近くにあり、宗教的感情上及び公衆衛生上
支障がないと市長が認める場合は、この限りでない。

2　前項に定めるもののほか、納骨装置の存する建物（前項第1号ただ
し書に規定する納骨堂にあっては、当該納骨堂）は、次に掲げる基準
に適合しなければならない。

(1)　耐火建築構造とし、内部の設備は、不燃材料を用いること。

(2)　内部には、除湿装置を設けること。

(3)　出入口及び納骨装置には、施錠ができること。ただし、納骨装置
の存する場所の出入りが納骨堂の管理者に限られる場合の納骨装置
については、この限りでない。

（火葬場の環境基準）

第13条　火葬場は、次に掲げる基準に適合しなければならない。

(1)　住宅等から火葬場までの距離は、100メートル以上であること。

(2)　火葬場を設置する場所は、公衆衛生上支障がない土地であること。

2　前項の規定にかかわらず、火葬場内において、当該火葬場の施設を
増築し、又は改築する場合において、公衆衛生上支障がないと市長が
認めるときは、同項第1号の規定を適用しない。

3　第1項の規定にかかわらず、火葬場の設置後において、当該火葬場
の経営者以外の者が、同項第1号に規定する距離内に住宅等を設置し
た場合において、公衆衛生上支障がないと市長が認めるときは、同号
の規定を適用しない。

（火葬場の施設基準）

第14条　火葬場の施設は、次に掲げる基準に適合しなければならない。

(1) 火葬場の境界に障壁又は密植したかん木の垣根等を設けること。

(2) 火葬場の出入口には、施錠のできる門扉を設けること。

(3) 火葬場の境界に接し、その内側に緑地帯を設けること。

(4) 火葬炉には、防臭、防じん、防音及び大気への汚染防止について、十分な能力を有する排ガス再燃焼装置等を設けること。

(5) 火葬場には、便所、使用水の施設、待合室及び管理事務所を設けること。

(6) 火葬場には、収骨容器等を保管する施設を設けること。

(7) 火葬場には、灰庫を設けること。

(8) 火葬炉が存する建物及び収骨容器等を保管する施設には、施錠ができること。

6 利用者との契約関係

(1) 標準契約約款に沿った墓地使用契約等

　墓地経営管理指針によれば、墓地使用契約等についても、安定的かつ適正な運営を担保するため、経営許可時に同時に審査することが望ましいとされる。

　そして、前掲「墓地経営・管理の指針等について」の別添2では、「墓地使用に関する標準契約約款」（以下「標準契約約款」という）が示されており、原則としてこの標準契約約款に沿った内容であることが許可の基準となる。ただし、個々の事情により、標準契約約款と異なる契約条項となることは否定されない。

(2) 標準契約約款で示されている契約の類型

　標準契約約款では、「墓地使用権型標準契約約款」と「埋蔵管理委託型標準契約約款」の2つの類型が示されている。

　前者の墓地使用権型では、これまで伝統的に広く行われてきたような代々墓が承継されていく場合の契約を想定したものであり、墓地の使用期間を定める方式と墓の使用期間を定めず解除されない限り継続して使用できるとす

る2つの方式を典型としている。その内容は、利用者とトラブルになりやすいと考えられる使用料、管理料といった金銭面、契約の更新や使用者の地位の承継といった期間面、使用者と管理者の墓地の管理の分担、使用者・管理者による契約解除と契約の終了の条件を定めるものとなっている。なお、墓地使用権型では、使用者には墓地使用権が発生すると考えられており、その法的性質は永代借地権とする裁判例が存在する（津地判昭和38・6・21判時341号19頁〔27681221〕）。[22]

　後者の埋蔵管理委託型は、承継を前提とせず始めから経営者に埋蔵及び管理を依頼する場合の契約を想定したものである。これは、近年「永代供養墓」という名称で、承継を前提としない方式が広まりつつあるものの、これらについての法理論的な構成について十分に検討されずに広まってきていることや、少子化・核家族化等の社会状況に照らし今後も需要が見込まれるといった背景を踏まえ、かかる方式に関しても適正な契約が結ばれるようにすることを目的に示されたものである。その内容は、経営者が義務を負う埋蔵及び管理（供養）の内容、委託管理料（供養料）、委託者等・経営者による契約解除の条件を明確に定めるものとなっている。その法的性質については、承継を前提とせずに経営者に埋蔵及び管理を依頼する場合、契約の実際の内容は墓地使用権の設定ではなく埋蔵及び管理の委託であるとの立場から作成されている。また、多くの場合焼骨を埋蔵される人自身が生前に契約を締結するので、経営者が義務を行う埋蔵及び管理（供養）は、死後に効果が存続する委託関係との理解に基づく内容とされている。

7　墓地等の経営と行政による監督

(1)　墓地等の経営に関する法律上の規制

　以上に述べたような許可の要件を充足し、都道府県知事による許可がなさ

---

22)　その他、墓地使用権を慣習上の物権とするもの（山形地判昭和39・2・26判時369号34頁〔27430739〕）、旧民法599条（借主の死亡による使用貸借の終了）の適用が排除された使用貸借とするもの（仙台高判昭和39・11・16下級民集15巻11号2725頁〔27402569〕）、地上権とするもの（東京高判昭和46・9・21判タ270号245頁〔27431291〕）がある。横浜関内法律事務所編『寺院法務の実務と書式〔第2版〕』（民事法研究会、令和2年）93頁。

れることで、設置者は墓地等を経営することができるようになる。

墓地等の経営に関しては、墓埋法にいくつかの規制が設けられている。すなわち、管理者の設置及び市町村長への届出（墓埋法12条）、「正当の理由」のない埋葬等の求めの拒絶禁止（墓埋法13条）、埋葬又は焼骨の埋蔵における埋葬許可証等の事前受理義務（墓埋法14条）[23]、図面・帳簿等の備置義務等（墓埋法15条）、受理した許可証の保存等の義務（墓埋法16条）、市町村長に対する埋葬・火葬の状況についての月次報告義務（墓埋法17条）である。

なお、これらの墓埋法に基づく規制は、罰則によって担保されている（墓埋法21条1号）。

(2) 許可権者による監督

墓地等の経営は、許可権者である都道府県知事による監督に服する。すなわち、都道府県知事は、必要があると認めるときは、立入検査（火葬場の場合）や墓地等の管理者による報告徴求を実施することができる（墓埋法18条）。立入検査の拒絶や報告の懈怠・虚偽報告には、罰則が設けられている（墓埋法21条2号）。

そして、都道府県知事は、公衆衛生その他公共の福祉の見地から必要があると認めるときは、墓地等の施設の整備改善、施設の使用制限や使用禁止を命じることができ、場合によっては設置許可を取り消すこともできる（墓埋法19条）。都道府県知事による上記の命令への違反に対しても、罰則が設けられている（墓埋法20条2号）。

8 無許可で墓地等を開設した場合

許可権者の許可を受けずに墓地等を開設した者に対しては、罰則（六箇月以下の懲役又は五千円以下の罰金）がある（墓埋法20条1号）。

この点、墓地経営管理指針によれば、墓地等の経営許可を受ける前に、利用者を募集する行為等は、無許可で墓地等を開設する行為とみなされる可能

---

23) 市長村長が、埋葬、改葬又は火葬の許可を与えるときに交付される、埋葬許可証・改葬許可証・火葬許可証をいう（墓埋法8条）。墓地への埋葬又は焼骨の埋蔵の場合は3つの許可証のうちのいずれかの事前の受理、納骨堂への焼骨の収蔵の場合及び火葬場での火葬の場合は、火葬許可証又は改葬許可証の事前の受理が必要とされている。

性があるため、行ってはならないことが指針の基本的事項のひとつとされている（「墓地経営管理指針 ２墓地経営の許可に関する指針(1)基本的事項」）。

〔三木 優子〕

③ 開設後の変更許可手続

1 墓地等の開設後の変更許可手続の概要

墓地等の開設後に、墓地の区域又は納骨堂若しくは火葬場の施設を変更する場合には、開設の際と同様に、都道府県知事の許可を受けなければならない（墓埋法10条2項）。変更の許可に際しては、首長との協議、標識設置による経営等の計画の周知、周辺住民への説明会の開催等の手続や申請に係る墓地等施設の構造上の基準など、開設許可の場合と同様の手続及び基準を要件として定める条例が多く、開設後も墓地等の適切な経営管理が維持されるような規制が置かれている。

2 変更許可の具体的な手続

上述のように、各自治体の条例においては変更許可に係る申請手続が定められているが、凡そ共通する内容が多い。このため、具体的な手続の内容については、これまで触れてきた「千葉市墓地等の経営の許可等に関する条例」を中心に解説する。

(1) 変更許可申請書の主な記載事項及び添付書類

ア 変更許可申請書の主な記載事項

都道府県知事の許可にあたっては、変更許可申請書の提出が義務付けられ、多くの自治体では、変更許可申請書の書式が条例や規則等に掲載されている（千葉市条例4条。ほかに三鷹市条例4条2項・規則2条など）。

千葉市墓地等の経営許可等に関する条例
（変更許可の申請）

> 第4条　法第10条第2項の規定による墓地等の変更の許可を受けようと
> する者は、第6条第1項の規定による市長との協議を経た後、次に掲
> げる事項を記載した申請書に規則で定める書類及び図面を添付して、
> 市長に提出しなければならない。
> (1)　申請者の氏名及び住所（法人にあっては、名称、代表者の氏名及
> び主たる事務所の所在地）
> (2)　墓地等の名称
> (3)　変更後の経営の計画
> (4)　変更に係る墓地等の用地の所在、地番、地目及び面積
> (5)　変更後の墓地等の構造
> (6)　変更に係る工事の着手及び完了の年月日
> (7)　変更の理由

イ　変更許可申請書の添付書類

　変更許可申請書には、書類の添付が義務付けられている。要求される書類
は、通常自治体の条例施行規則に定められており、例として「千葉市墓地等
の経営の許可等に関する条例」4条で添付を要求されている「規則で定める
書類及び図面」は、「千葉市墓地等の経営の許可等に関する条例施行規則」3
条に定められている。

> **千葉市墓地等の経営の許可等に関する条例施行規則**
> 　（変更許可申請書等）
> 第3条　条例第4条の申請書は、墓地・納骨堂・火葬場変更許可申請書
> 　（様式第2号）とする。
> 2　条例第4条の規則で定める書類及び図面は、次に掲げるとおりとす
> 　る。
> (1)　変更後の墓地等に係る前条第2項各号に掲げる書類及び図面
> (2)　改葬を必要とする場合にあっては、改葬許可証の写し及び改葬報
> 　告書

⑵　変更許可申請書の提出以外に必要な手続

　開設後に、墓地の区域又は納骨堂若しくは火葬場の施設を変更する場合においても、殆どの自治体において、開設許可の場合と同様の手続の履践が求められている（京都府条例3条2項、千葉市条例6条、三鷹市条例16条、18条、横浜市条例4条2項等）。

　下記は多くの自治体が要求する手続である（千葉市条例、三鷹市条例等参照）。

① 　首長との事前協議が必要とされる。

② 　工事着工前に標識を設置して、周辺住民へ経営等の計画の周知を図る。

③ 　標識の設置後に周辺住民への説明会（または戸別の説明）を実施する。

④ 　意見の申出があった周辺住民との協議を実施する。

※その他、横浜市条例のように、宗教法人法（昭和26年法律第126号）による宗教法人が公益事業として申請する場合に「当該墓地等の設置等に係る財務の状況について…横浜市墓地等設置財務状況審査会の意見を聴かなければならない。」（5条2項）と定め、墓地経営の安定性や永続性についての調査審議を行う手続を加重している場合もある。

3　変更許可基準

　変更許可の申請があった場合の許可基準は、開設許可の申請の基準と概ね同様の基準（墓地の環境基準、墓地の施設基準、納骨堂の施設基準、火葬場の環境基準等）を要件としている（千葉市条例8条4項・5項、横浜市条例5条3項など）。

〔伊藤　洋実〕

4　墓地等の廃止手続

1　墓地等の廃止許可手続の概要

　墓地等の経営主体が、墓地等の開設後に墓地の区域又は納骨堂若しくは火

葬場の施設を廃止する場合、開設の際と同様に都道府県知事の許可を受けなければならない（墓埋法10条2項）。廃止の許可に際しては、墓地等の従前の利用者に不利益が生じることのないよう、改葬手続が全て完了しているかが重視される（千葉市条例8条6項、5条・同条例施行規則4条2項1号、三鷹市条例4条2項・同条例施行規則3条2項1号など）。

2 廃止許可の具体的な手続

　墓地等の廃止に関しても、開設許可やその変更許可と同様、条例において手続が定められており、その内容については各自治体で凡そ共通する部分が多いことから、これまで触れてきた「千葉市墓地等の経営の許可等に関する条例」を中心に解説する。

　まず、墓地等の廃止許可を申請するに当たっては、廃止許可申請書の提出が必要である。廃止許可申請書の書式は、条例において掲載されている場合が多い（千葉市条例5条、同条例施行規則4条1項など）。

千葉市墓地等の経営許可等に関する条例

　（廃止許可の申請）

第5条　法第10条第2項の規定による墓地等の廃止の許可を受けようとする者は、次に掲げる事項を記載した申請書に規則で定める書類及び図面を添付して、市長に提出しなければならない。

　⑴　申請者の氏名及び住所（法人にあっては、名称、代表者の氏名及び主たる事務所の所在地）

　⑵　墓地等の名称

　⑶　廃止に係る墓地等の用地の所在、地番、地目及び面積

　⑷　廃止の理由

　廃止許可申請書には、許可に当たって審査を行うために必要となる書類の添付が義務付けられており、添付書類の詳細は通常、条例施行規則に定められている。

　添付書類の中で特に重要なものは、改葬許可証及び改葬が完了していることを証明する書類である（例：千葉市条例施行規則4条2項1号）。「改葬」とは「埋葬した死体を他の墳墓に移し、又は埋蔵し、若しくは収蔵した焼骨を、他の墳墓又は納骨堂に移すこと」をいい（墓埋法2条3項）、改葬に当たっては、現に死体や焼骨が存在する地の市町村長（特別区の区長を含む）の許可を要し（墓埋法5条）、許可されると改葬許可証が交付される。墓地や納骨堂の廃止の許可に関しては、墓地や納骨堂に現に埋葬されている死体や収蔵されている焼骨が残置され、又は行き場がなくなるようなことが生じないように、当該墓地や納骨堂についての改葬許可証及び改葬が完了していることを証明する書類が添付書類として要求されている。

〔伊藤　洋実〕

5　ペット霊園の開設について

1　ペット霊園の開設と墓埋法

　近年、癒しの存在として犬猫などのペットの重要性が認識される中、家族同様に生活をともにしたペットと死別した際に、その亡骸の火葬及び埋葬をペット霊園に依頼する飼主が増えている。

　ペット霊園の設置・経営は、墓埋法の規制対象外となっている。墓埋法において「墓地」とは墳墓を設けるために、墓地として都道府県知事の許可をうけた区域をいい（墓埋法2条5項）、「墳墓」は「死体を埋葬し、又は焼骨を埋蔵する施設」のことを指す（墓埋法2条4項）。そして、「死体」とは人間の死体を意味するため、動物の死体を埋葬する施設の設置は「墓地」には該当しないからである[24]。

　このように、ペット霊園の設置や管理を規制する法律がないことから、ペ

---

24)　動物の死体は、「廃棄物の処理及び清掃に関する法律」2条1項において「廃棄物」とされている。もっとも、「動物霊園事業において取り扱われる動物の死体は、廃棄物の処理及び清掃に関する法律第二条第一項の「廃棄物」には該当しない。」との回答がなされている（昭和52年8月3日環計第78号　厚生省環境衛生局水道環境部計画課長から兵庫県生活部長あて回答）。

ット霊園が無秩序に設置され、預かったペットの死体を適切に処理せず不法投棄する事案や、住宅地付近にペット霊園等を設置し、焼却の際の煙や悪臭などで周辺住民とトラブルになる事案等、ペット霊園の設置をめぐる問題が全国各地で発生する事態となった。

2　各地の自主条例によるペット霊園の設置規制

　ペット霊園の設置をめぐるトラブルが多発したことが契機となって、現在多くの自治体が独自に条例または指導要綱を整備するに至っており、ペット霊園の設置について許可制とするなどの規制を設けている。

　そこで、ペット霊園の設置を検討する事業者は、まず各自治体の条例または指導要綱の有無を確認し、それらが存在する場合には各々の設置要件や申請手続等を正確に把握することが何より肝要である。

3　ペット霊園の設置等に関する条例の主な内容

　ここでは、ペット霊園の設置等に関する条例の一例として、「秋田市ペット霊園の設置等に関する条例」（平成27年10月１日施行）（以下「秋田市条例」という）、「枚方市ペット霊園の設置等に関する条例」（平成30年７月１日施行）（以下「枚方市条例」という）を中心に規制の内容を説明する。

　なお、他の自治体のペット霊園の設置等に関する条例も概ね同じような内容であるが、許可制ではなく事前届出制を採用している自治体（八王子市など）や、規制の実効性を確保するために条例に違反した者に対して罰則（５万円以下の過料など）を定めている自治体（志木市、京都市など）もある点を指摘しておく。

⑴　ペット霊園の設置等の許可

　「良好な住環境の保持およびペット霊園と周辺の環境との調和を図り、もって市民の良好な生活環境の保全に資すること」（秋田市条例）、「良好な生活環境の保全及び利用者の保護に資すること」（枚方市条例）を目的とし、市内におけるペット霊園の設置・拡大、墳墓、納骨堂、火葬施設を増設する場合に、あらかじめ市長の許可を必要とする（秋田市条例１条、４条、枚

方市条例1条、5条）。

(2)　ペット霊園設置申請手続

　　ペット霊園の設置等を申請しようとする者は、以下の手続を行わなければならない。

①　市長の許可を得る際に、事前協議を行うこと（秋田市条例5条、枚方市条例6条）。

②　ペット霊園の計画地の見やすい場所に、標識を設置すること（秋田市条例6条、枚方市条例7条）。

③　事前に近隣住民等に対し、ペット霊園の設置等の計画に関する説明会をすること。また、近隣住民等は、ペット霊園申請予定者に意見の申出をすることができ、かかる意見の申出があった場合、ペット霊園申請予定者はその住民等と協議すること（秋田市条例7条、枚方市条例8条。なお、枚方市条例では近隣住民等からの意見の申出について定められていない）。

(3)　ペット霊園設置申請他の基準

　　ペット霊園設置申請場所の基準は、ペット霊園の区域の境界と住宅等（住宅、学校、保育園、病院、社会福祉施設、公共施設など）との距離が、おおむね50m（火葬施設を有する場合は100m）以上であること。また、墳墓の設置場所については、原則自己所有地であること（秋田市条例9条、枚方市条例11条。なお、枚方市条例では、距離を100m以上と定める）。

(4)　構造設備等の基準

　　構造設備等の主な基準は、次に掲げるとおりである（秋田市条例10条、枚方市条例12条）。

①　外部からペット霊園を見通すことができないようにするため、密植した垣根または障壁を設けること。

②　ペット霊園の区域内に、排水等が停滞しないような措置を講じ、また給水設備及びごみ置き場を設けること。

③　ペット霊園の区域内に、必要に応じて門扉、管理事務所、休憩所、便所、駐車場、緑地帯その他の附帯施設を設けること。

④　墳墓は、ペットの焼骨を埋蔵するものであること。

⑤　納骨堂は、出入口または納骨設備には施錠装置を設置し、換気設備および照明設備を設けること。

⑥　火葬施設に関する基準は、次に掲げるとおりとする（移動火葬車両も[25]同じ）。

・火葬設備に安定した燃焼を行うことができる十分な容積の主燃焼室および再燃焼室（以下「主燃焼室等」という）を設けること。

・主燃焼室等内において発生するガス（以下「燃焼ガス」という）の温度が摂氏800度以上の状態でペットの死骸を火葬することができるものであること。

・主燃焼室等に燃焼ガスの温度を摂氏800度以上に保つことができる助燃装置を設けること。

・主燃焼室等内の燃焼ガスの温度を測定することができる設備を設けること。

・バグフィルタ、サイクロンまたはこれらと同等以上の機能を有する集じん装置を設けること。

(5)　維持管理の基準

維持管理の基準は、次に掲げるとおりである（秋田市条例13条、枚方市条例14条）。

①　構造設備等の基準に適合するよう管理し、周辺の清潔を保持すること。

②　施設が破損したときは、速やかに修理すること。

③　ばい煙、汚水、廃棄物等を適正に処理すること。

④　火葬設備を使用する前に再燃焼室を予熱すること。

⑤　安定した燃焼を行うよう、十分な燃焼ガスの温度を確保すること。

(6)　移動火葬車両の使用の許可

移動火葬車両を使用してペットの火葬を行おうとする者は、あらかじめ市長に協議した上で、その車両ごとに市長の許可を受けなければならない（秋田市条例17条、18条、枚方市条例19条。なお、枚方市条例では届出制となっ

---

[25]　火葬設備を搭載した車両（道路交通法（昭和35年法律第105号）2条1項9号に規定する車両をいう）をいう（枚方市条例2条8号、秋田市条例2条7号）。

ている）。

(7)　立入検査、勧告、命令等

市長による立入検査、勧告、命令等は以下のように定められている。

①　事業者に対して報告や資料の提出を求めることができる（秋田市条例25条、枚方市条例22条）。

②　ペット霊園や移動火葬車両に対し、立入検査することができる（秋田市条例25条、枚方市条例22条）。

③　基準等に違反した者に対しては、改善を勧告し、勧告に従わない者に改善を命令する（秋田市条例26条、27条、枚方市条例23条）。

④　命令に従わない場合には、許可の取消し、施設の使用禁止命令、氏名等の公表をすることができる（秋田市条例28条、29条、30条、枚方市条例24条、25条、26条）。

〔伊藤　洋実〕

コラム⑳　納骨堂に対するニーズの増加

近年、就職を機に都心に出てきたため遠く離れた実家の墓を管理することができない、少子化・未婚化の影響から先祖の墓を承継する者がいない等の理由により、先祖代々のお墓を整理する「墓じまい」が増えている。

代わりに台頭してきたのが納骨堂に対するニーズである。納骨堂とは、「他人の委託をうけて焼骨を収蔵するために、納骨堂として都道府県知事の許可を受けた施設」（墓埋法2条6号）をいい、室内施設であることが通常である。納骨堂は、墳墓に比して使用料が廉価であり、比較的都市部に存在することが多く、参拝が容易であるため利用しやすいという特徴があり、今後納骨堂に対するニーズが増加するものと考えられる。

そこで、従前墓地を経営していた者が、当該墓地を廃止して新たに納骨堂を開設するといった場合も想定される。この場合、既存の墓地の廃止許可の手続と、新設する納骨堂の設置許可の手続の両方を履践することが必要であり、既存の墓地についての設置許可を得ていることをもっ

て新たに納骨堂を設置することはできない。

　そして、墓地の廃止許可にあたっては改葬の完了が条件となっていることからすると、墓地に納骨された遺骨を新しく開設した納骨堂に移転させるために、まず納骨堂の設置許可の手続を先行させる必要がある。スムーズに手続を進行させるためにも、各自治体の担当窓口に事前に相談しておくことが重要であろう。

〔伊藤　洋実〕

サービス・インフォメーション

――――――――――――――――― 通話無料 ――――

①商品に関するご照会・お申込みのご依頼
　　　　TEL 0120(203)694／FAX 0120(302)640
②ご住所・ご名義等各種変更のご連絡
　　　　TEL 0120(203)696／FAX 0120(202)974
③請求・お支払いに関するご照会・ご要望
　　　　TEL 0120(203)695／FAX 0120(202)973

●フリーダイヤル（TEL）の受付時間は、土・日・祝日を除く
　9:00～17:30です。
●FAXは24時間受け付けておりますので、あわせてご利用ください。

〈ヒントは条例にあり!?〉
業界別　法律相談を解決に導く法律・条例の調べ方

2023年3月10日 初版発行
2023年7月15日 初版第2刷発行

編　集　第一東京弁護士会　若手会員委員会
　　　　条例研究部会
発行者　田 中 英 弥
発行所　第一法規株式会社
　　　　〒107-8560　東京都港区南青山2-11-17
　　　　ホームページ　https://www.daiichihoki.co.jp/
ＤＴＰ　照 山 裕 爾（有限会社ミニマム）

業界別条例　ISBN 978-4-474-07852-9　C2032　(7)